yrin

ılag

Sergey Shevyrin

Le travail forcé au goulag

L'exemple des camps et des colonies dans la région de Perm (de la fin des années 1920 au milieu des années 1950)

ScienciaScripts

Imprint

Any brand names and product names mentioned in this book are subject to trademark, brand or patent protection and are trademarks or registered trademarks of their respective holders. The use of brand names, product names, common names, trade names, product descriptions etc. even without a particular marking in this work is in no way to be construed to mean that such names may be regarded as unrestricted in respect of trademark and brand protection legislation and could thus be used by anyone.

Cover image: www.ingimage.com

This book is a translation from the original published under ISBN 978-3-8433-1964-5.

Publisher:
Sciencia Scripts
is a trademark of
Dodo Books Indian Ocean Ltd., member of the OmniScriptum S.R.L Publishing group
str. A.Russo 15, of. 61, Chisinau-2068, Republic of Moldova Europe
Printed at: see last page
ISBN: 978-620-3-48698-8

Contenu

Introduction

La découverte et la déclassification des archives contenant des documents de l'époque soviétique permettent d'approfondir l'histoire sociale de cette société. La composition et la structure de la société soviétique étaient caractérisées par la complexité, l'hétérogénéité et la diversité. Sa particularité à l'époque stalinienne était la forte proportion de prisonniers forcés à travailler. La durée de l'emprisonnement dans les camps - pour un nombre considérable d'entre eux à partir de 10 ans et plus - a fait des personnes purgeant leur peine un groupe social stable avec son propre mode de vie, son organisation interne, ses attitudes et ses orientations.

L'échange constant entre les camps et la "Volya" a eu pour conséquence une diffusion de la culture des camps, y compris la culture du travail forcé, à tous les groupes de la société soviétique.

Les mémoires donnent une idée du travail des prisonniers - dur, non qualifié, primitif. Le travail pendant le goulag était la punition la plus dure pour une personne dans le camp, la norme du travail déterminait la ration alimentaire et devenait l'une des principales composantes du régime. Le travail forcé dans le camp a inculqué une attitude particulière à l'égard de ce travail - une attitude de négativité ; souvent, le résultat du travail du travailleur du camp était "un piratage flagrant et suprême...[1]. On peut supposer que le camp a développé le type de relations de production qui ne sont pas caractéristiques de la société industrielle. Le XXe siècle. - siècle de développement des machines et de la technologie, l'industrialisation rapide de l'économie mondiale. Le niveau de développement économique du XXe siècle exigeait un travailleur entreprenant, hautement qualifié et instruit et rejetait diverses formes de travail forcé. L'industrialisation de l'Union soviétique, qui a commencé à la fin des années 20 et au début des années 30, devait rattraper les pays industriellement développés de l'Ouest. Et c'est pendant les années des premiers plans quinquennaux que le travail forcé s'est solidement implanté dans l'économie du pays. En outre, les éléments du travail forcé ont été étendus à tous les citoyens valides du pays (édits du 26 juin 1940 sur la Le 26 juin 1940 "Sur le passage à la journée de travail de 8 heures et à la semaine de 7 jours et l'interdiction pour les travailleurs et les employés de quitter les entreprises et les institutions", le 10 juillet 1940 "Sur la responsabilité pour les congés non autorisés". "Sur la responsabilité pour absence non autorisée et désertion", 28 décembre 1940. "Sur la responsabilité des élèves des écoles de commerce et de chemin de fer et des écoles professionnelles en cas de manquement à la discipline et de départ sans permission de l'école (du lycée).

Ainsi, en Union soviétique, dans les années 1930, il y avait une situation dans laquelle les entreprises industrielles les plus avancées techniquement étaient construites à l'aide de relations de production complètement, semble-t-il, inadaptées, construites

---

[1] Soljenitsyne, Archipel du goulag A. I., 1918-1956 : L'expérience de la recherche artistique : En 2 vols. Vol.2 - M. : Center for New World, 1991. - C.206-207.

sur la base de la coercition. Néanmoins, des entreprises industrielles ont été construites, mais le coût et les conséquences économiques et sociales de ce mode de production ne sont pas encore totalement clarifiés.

Pour ces raisons, le thème du travail forcé est presque la clé pour comprendre les processus sociaux caractéristiques de l'époque de la formation et de l'institutionnalisation de la société soviétique.

L'étude sur "Le travail forcé dans les camps et les colonies sur le territoire de l'actuelle région de Perm (fin des années 1920 - milieu des années 1950)" devrait révéler de manière plus complète et objective les raisons qui ont conduit à un recours aussi massif et généralisé au travail carcéral en Russie soviétique. L'étude permettra de comprendre les particularités du groupe social stalinien des prisonniers, son rôle et sa signification dans l'histoire de la société soviétique.

Les **limites territoriales du travail** sont essentiellement limitées par les limites de l'actuel kraï de Perm qui, au début de la période étudiée, faisait partie de la région de l'Oural sous la forme des districts de Perm, du Haut-Kam, de Komi-Permyak et de Koungour, à partir de 1934 il faisait partie de la région de Sverdlovsk, à partir de 1938 il s'appelait Permskaya, puis Molotovskaya (de 1940 à 1957). Parfois, pour compléter le tableau ou pour examiner un phénomène particulier, ces problèmes sont considérés de manière plus large - dans le cadre de l'oblast de Sverdlovsk et du pays dans son ensemble.

Le cadre chronologique de l'étude couvre la période allant de la fin des années 20 au milieu des années 50 - le moment de l'émergence, du développement et de la propagation du système du goulag en tant que politique sociale de l'État soviétique. La frontière chronologique inférieure est liée aux premières expériences de l'utilisation du travail forcé dans le camp spécial de Solovetsky et à sa quatrième affectation sur la rivière Vishera dans la région de Perm et à la consolidation juridique de cette expérience dans la résolution de l'URSS SNK "Sur l'utilisation du travail des prisonniers du crime" du 11 juillet 1929. La frontière supérieure de la période étudiée commence après la mort de Staline, avec les tentatives de Beria de transférer les fonctions de production et de construction de la MIA aux ministères civils appropriés. Elle se termine avec l'ère des

3

soulèvements et de l'insubordination des prisonniers et la recherche active d'un nouveau concept pénitentiaire par le gouvernement au milieu des années 1950.

Le règlement sur les camps de travail et les colonies du ministère de l'intérieur du 10 juillet 1954 fixe une approche complètement différente du travail des prisonniers - uniquement pour le paiement conformément aux taux tarifaires et aux salaires officiels de la production civile concernée. Dans le rapport du ministère de l'Intérieur de l'URSS au Comité central du PCUS "Sur la réorganisation urgente du système ITL du ministère de l'Intérieur" du 5 avril 1956, le système existant a été reconnu comme inefficace ni comme système de correction, ni comme mécanisme économique.

Degré d'étude du problème.

Pour caractériser la situation historiographique actuelle en général, il convient de noter qu'il existe une expérience considérable dans l'étude de l'histoire des affaires pénales, du goulag et de la répression politique en URSS, de certains aspects de l'utilisation du travail forcé.

On peut distinguer deux grandes périodes dans l'étude de ces questions. La première période couvre la période allant de l'émergence du système du goulag au début des années 1990. les chercheurs, pour la plupart des citoyens d'autres pays, ont été privés d'une base documentaire pour leurs recherches et ont basé leurs études sur des mémoires ou sur des documents fragmentaires qui ont été accidentellement apportés à l'Ouest (par exemple, les archives de Smolensk). Cette période est judicieusement nommée par le chercheur de l'Ukhta A.N. Kustyshev "préarchivage"[2] .

La deuxième période a débuté après des changements importants dans le pays, lorsque les chercheurs ont eu accès aux archives au début des années 1990. Cette période peut être qualifiée de "traditionnelle".

Dès le début des années 1930, la presse étrangère a commencé à publier des articles sur les prisonniers en URSS et sur le recours massif au travail forcé dans les camps. En réponse, les journaux soviétiques ont publié un certain nombre d'articles réfutant les propos de la presse étrangère. Par exemple, en 1931, le journal "Izvestia" a

---

[2] Kustyshev, A.N. Le Nord européen de la Russie dans la politique répressive du XXe siècle. - Ukhta : UGTU, 2003. - C.20.

publié l'article suivant : "Personnellement, je n'ai jamais cru aux fables sur le "travail forcé". C'est un "canard" qui nous vient des journaux américains et anglais. Par exemple, dans le journal du professeur Miliukov, il était écrit qu'à Solovki, il y avait plus de 600 000 exilés. Ce serait terrible si ce n'était pas si faux. ... Bien sûr, il est impossible de mettre 600 000 sur toutes ces îles, et il est à peine possible d'en mettre même 30"[3].

Ces publications dans la presse étrangère ont probablement été les premières tentatives critiques d'étudier l'histoire du travail forcé en URSS. Dans les années qui ont suivi, l'intérêt des historiens étrangers pour l'histoire du goulag s'est poursuivi sans relâche. Des instituts spécialisés ont été créés pour l'étude de l'URSS (en Allemagne, par exemple, un tel institut a été créé à Munich en 1950). Cependant, les informations utilisées par les chercheurs étrangers étaient presque exclusivement de nature mémorielle. Ainsi, dans la première tentative de création d'un guide de l'histoire des camps de concentration en Union soviétique par B. Yakovlev (1955), il est dit dans l'introduction : "Nous avons basé notre travail, en règle générale, sur les témoignages de personnes vivantes qui ont eu la chance de s'échapper dans le monde libre. Les chercheurs étaient bien conscients que les chiffres donnés par les témoins ne pouvaient pas être exacts : "Il est tout à fait clair que ces chiffres doivent être traités avec prudence, car aucun prisonnier, à quelques exceptions près, n'a jamais su exactement combien il y avait de prisonniers dans son camp, son camp ou son groupe de prisonniers, ni le nombre de points de camp eux-mêmes". Ainsi, dans le manuel susmentionné sur la ville de Molotov, on trouve les informations suivantes : "Le camp est répertorié sous le numéro 207 et compte 20 points de camp distincts. Le nombre de détenus dans ce groupe de camps n'est pas connu". La ville de Chusovoy est référencée à la région de Sverdlovsk et aussi "le nombre de ses prisonniers est inconnu". Les données suivantes sont disponibles à propos de Solikamsk : "Le groupe de camps de Solikamsk est répertorié sous le numéro 244. Il y a environ 50 camps en tout, avec une moyenne de 1 500 personnes dans chacun d'entre eux"[4]. Néanmoins, ce fut l'une des premières

---

[3] Il est ridicule de parler de dumping // Izvestiya. - M., 1931. - 5 mars.
[4] Yakovlev, B. Camps de concentration de l'URSS. - Londres : Zarya, 1983. - C.7-8, 147, 173, 177.

tentatives de systématiser et d'analyser les activités des camps du goulag.

Dans une autre étude de B. Yakovlev et A. Lebed disposent de données sur les résultats de l'enquête de l'ONU sur le recours au travail forcé en URSS. Les données de l'ONU déterminent le nombre de prisonniers en URSS au début des années 1950, de 13 à 18 millions de personnes[5]. L'ancien officier du NKVD V.P. Artemyev, qui est resté en Occident après[6] la Grande Guerre Patriotique, a estimé le nombre de prisonniers à peu près de la même manière. Lebed et Yakovlev affirment dans leur étude que pratiquement toutes les structures hydrauliques de l'URSS ont été construites avec l'utilisation du travail forcé. À la même période, il convient de renvoyer aux études de l'université américaine de Harvard, dont le personnel a interrogé à la fin des années 1940 - début des années 1950 environ trois mille anciens citoyens soviétiques qui ont quitté l'URSS après la guerre [7].

Au milieu des années 1950, l'Union soviétique a pour la première fois commencé à parler des répressions illégales qui inondaient les camps de travail de personnes innocentes. Après le 20e congrès du parti, les premières publications de mémoires d'anciens prisonniers du goulag - A.I. Soljenitsyne et V.T. Shalamov - sont devenues possibles en URSS.

Malgré l'apparente exagération du nombre de prisonniers en URSS, les études de la période préarchivale ont révélé les principales tendances du développement du goulag et les principales caractéristiques du travail forcé.

Les archives ont été partiellement ouvertes au début des années 1990, après quoi un processus actif de recherche et de publication de documents caractérisant les activités du goulag et de l'appareil répressif en général a commencé. L'un des premiers à publier ses recherches a été V.N. Zemskov ; ses recherches ont fourni d'importants documents statistiques et démographiques [8]. Ces données ont permis d'obtenir des informations plus précises sur le nombre de prisonniers et de colons spéciaux - les

---

[5] Lebed, A., Yakovlev B. Importance du transport des structures hydrauliques de l'URSS. - Munich, 1954. - C.167.
[6] Artemyev, V.P. Régime et protection de l'ITL du ministère de l'intérieur. - Munich, 1956. - C.9-11.
[7] Kodin, E. "Smolensk Archive" et la soviétique américaine. - Smolensk : SGPU, 1998. - C.19.
[8] Zemskov, V.N. Prisonniers, colons spéciaux, exilés et exilés : Un aspect statistique et géographique) // Histoire de l'URSS. - M., 1991. - N°5 ; Ego. GULAG : Historique et sociologique [en russe] // Etudes sociologiques. 1991. - N°6 ; Ego. Goulag (Le goulag de la victoire) // Native Land. - M., 1991. - №6-7 ; Ego. Spetseselentsy (1930-1959) // Population de la Russie dans les années 1920-1950 : chiffres, pertes, migrations. - M., 1994.

colons du travail en URSS, ce qui est très important pour déterminer le rôle du travail forcé dans l'histoire du pays. Plus tard, des collections de documents provenant des archives du goulag ont commencé à être publiées, ce qui a considérablement élargi le champ des chercheurs.

La plupart des chercheurs modernes considèrent le goulag comme faisant partie du mécanisme répressif d'un État totalitaire. Mais il existe des études qui considèrent le goulag et les répressions de masse comme une nécessité historique. S.I. Kouzmine estime que sans le mécanisme punitif et pénitentiaire, il aurait été impossible de forcer l'industrialisation [9]. Entouré d'ennemis, le pays a besoin de développer l'industrie et l'armée en peu de temps, de se préparer à la guerre et de détruire l'opposition interne. La victoire dans la Grande Guerre Patriotique, selon ce groupe de chercheurs, prouve la justesse des répressions de masse et la nécessité historique du goulag et du travail forcé [10].

Un grand groupe de chercheurs étudie le goulag du point de vue de l'économie. O. Khlevnyuk dans son ouvrage "Le travail forcé dans l'économie de l'URSS en 1929-1941" [11] voit une des raisons des camps de travail dans la nature mobilisatrice de l'économie soviétique. Dans ses études, Hlevnyuk soulève les problèmes de l'efficacité du travail dans les camps et son importance pour l'économie du pays [12]. G.M. Ivanova considère le goulag comme un phénomène socio-économique de la société soviétique, et le travail forcé comme une partie intégrante de cette société [13]. Presque tous les auteurs de cette ligne de recherche sont d'accord pour dire que le travail forcé a un effet dégradant sur l'économie de tout le pays. Les chercheurs sont fondamentalement différents lorsqu'il s'agit d'évaluer l'efficacité du travail forcé dans les camps. Ainsi, A.S. Smykaline note les indicateurs de production élevés du goulag, qui étaient assurés par l'organisation rigide de la main-d'œuvre et la bonté de cette main-d'œuvre [14]. G.M. Ivanova pense que les indicateurs élevés de travail au Goulag sont le résultat de

[9] Kuzmin S.I. IITU : Histoire et modernité // L'homme : crime et châtiment. Bulletin de l'école supérieure de Ryazan de la MIA RF. - Ryazan, 1995. - C.46-58.
[10] Tryakhov, V.N. Gulag and War : Cruel Truth of Documents. - Perm : Canon, 2005.
[11] Khlevnyuk, O. Le travail forcé dans l'économie de l'URSS en 1929-1941 // Svobodnaya Mysl. - 1992. - №13.
[12] Klevnyuk O.V. Économie de l'OGPU-NKVD-MIA de l'URSS en 1930-1953 : échelle, structure, tendances du développement // GULAG : Économie du travail forcé. - M. : ROSSPENS, 2005.
[13] Ivanova, G.M. Goulag dans le système d'État totalitaire. - M. : MONF, 1997.
[14] Smykaline, A. S. Colonies et prisons en Russie soviétique. - Ekaterinbourg, 1997. - C.134.

nombreuses fraudes et "mensonges".

Un autre groupe de chercheurs a étudié en détail l'histoire du système pénitentiaire et du goulag du point de vue juridique et législatif. A. S. Smykalin a examiné la genèse du système pénitentiaire et du droit pénal en URSS de 1917 au début des années 1960. [15]M. G. Detkov a étudié la structure organisationnelle et managériale du système pénal, la réorganisation de cette structure, a analysé le système d'organisation du travail dans le camp - le régime du camp, la motivation du travail des prisonniers, l'impact des conditions de vie sur le potentiel de travail des prisonniers [16]. M.G. Detkov est l'un des auteurs du manuel destiné aux établissements d'enseignement supérieur "Droit pénal exécutif de la Russie : théorie, législation, normes internationales, pratique nationale de la fin du XIXe siècle - début du XXe siècle". Ce manuel examine de manière suffisamment détaillée la formation du système d'utilisation du travail des prisonniers, le fonctionnement de ce système et son effondrement au milieu des années 1950. Le manuel montre également l'évolution du régime dans les lieux de détention et les actes législatifs régissant le régime et le travail dans les colonies et les camps[17] .

Le goulag, en tant que communauté sociale spéciale ayant sa propre histoire, ses lois, son organisation interne et son mode de vie, a été étudié par de nombreux scientifiques. Il s'agit principalement de chercheurs régionaux : L. I. Gvozdkova[18], V. M. Kirillov[19], N. A. Morozov[20], V. A. Berdinskikh[21] et autres. En étudiant l'histoire du goulag dans une région particulière du pays, ces chercheurs abordent un large éventail de questions, y compris l'histoire sociale. Les travaux de ces auteurs traitent des questions de la vie dans les camps, de la vie des prisonniers, de l'organisation interne des prisonniers et des gardiens, de la culture des camps et des attitudes envers le travail.

---

[15] Smykaline, A. S. op. cit.

[16] Detkov, M.G. Le contenu de la politique punitive de l'État soviétique et sa mise en œuvre dans l'exécution de la sanction pénale sous forme d'emprisonnement en 1930-1950 ans. - M., 1992.

[17] Droit pénal exécutif de la Russie : théorie, législation, normes internationales, pratique nationale de la fin du XIXE siècle et du début du XXe siècle. - M. : Norma, 2002.

[18] Gvozdkova, L. I. Histoire des répressions et des camps de Staline au Kouzbass (30-50-ies) - Kemerovo : Kouzbassvuzizdat, 1994.

[19] Kirillov, V.M. Histoire des répressions dans la région de Nijni Taguil dans l'Oural dans les années 20 - début des années 50 : En 2 parties. Deuxième partie : Représentations 1920 - 1930 - Nijni Taguil : Université pédagogique d'État de l'Oural, 1996.

[20] Morozov, N.A. Goulag dans le Komi Kray 1929 - 1956. - Syktyvkar, 1997.

[21] Berdinskikh, V.A. Histoire d'un camp (Vyatlag). - Moscou : Agraf, 2001.

8

Ces chercheurs révèlent une organisation sociale très complexe du camp qui comporte plusieurs hiérarchies et vecteurs de développement. La structure de gestion du camp inscrite dans les actes législatifs était souvent complètement différente dans la réalité, et les buts et objectifs du camp prescrits dans le code pénal et correctionnel ne correspondaient pas à la réalité.

L'histoire des camps et des colonies sur le territoire de la région de Perm est activement étudiée par A. B. Suslov. Sa monographie "Contingent spécial dans la région de Perm (1929-1953)" traite de l'utilisation du travail carcéral, de l'efficacité du travail carcéral et de l'organisation du travail forcé. Il fournit une méthodologie intéressante pour l'analyse comparative de l'efficacité du travail des détenus et des citoyens libres sur l'exemple de secteurs spécifiques de l'économie. Les données[22] d'après-guerre ont été prises pour comparaison et analyse . Cette monographie traite des questions liées à l'histoire de toutes les catégories de "spetskontinent" - prisonniers de guerre, spetsseposelenets, prisonniers. Le problème de la formation du système de travail forcé en URSS et au Goulag a été examiné par V. A. Shmyrov en utilisant l'exemple du [23]camp de Visherovka . [24]N.S. Kruk et V.I. Zhuk ont examiné l'histoire du bureau d'études des camps qui était situé dans la région de Molotov pendant la guerre.

L'analyse de l'historiographie sur le thème de la recherche suggère que les questions liées à l'émergence du goulag, à son fonctionnement et à sa genèse ont été étudiées de manière assez détaillée. Néanmoins, de nombreuses questions importantes restent controversées jusqu'à présent. Par exemple, de nombreux chercheurs pensent que l'une des causes fondamentales de l'émergence du goulag était le besoin urgent d'un grand nombre de travailleurs non libres, tandis que d'autres chercheurs sont convaincus que le goulag est un mécanisme d'intimidation et de punition, et que ses activités productives sont d'une importance secondaire. La recherche au niveau régional nous permet d'examiner cette question à l'aide d'exemples spécifiques. Il n'y a pas encore eu d'étude complète sur la formation du système de travail forcé des prisonniers sur le

---

[22] Suslov, A.B. Concentration spéciale dans la région de Perm (1929-1953) - Ekaterinbourg - Perm, 2003.
[23] Shmyrov, V.A. Au problème de la formation du goulag (Vishlag) // Années de terreur. - Perm : Bonjour, 1998.
[24] Kruk, N.S. Armes de la victoire ; Matériel pour l'histoire de l'OKB №172 ; Zhuk, V.I. Développement de l'OKB-172 // Mémorial de Vestnik. - SPb : NIC Memorial, 2001. - №6.

9

territoire de Perm. A. B. Suslov et V. A. Shmyrov avaient déjà commencé à étudier cette question, mais ils ne l'ont examinée qu'à l'exemple de la construction de l'usine de pâte et papier Visher et de l'ITL Visher (ancienne branche 4 du SLON). Un certain nombre de colonies et de camps de travail correctionnels ont été laissés sans attention.

Bon nombre des travaux ci-dessus examinent la dynamique du travail forcé pour l'ensemble du pays ou pour un camp spécifique. Une telle étude des camps et colonies permiens n'a pas encore été réalisée.

L'efficacité de la production des camps a également déjà été étudiée par de nombreux chercheurs. Les principales conclusions sont que le travail forcé des prisonniers a été efficace en raison de sa mobilisation, c'est-à-dire que lorsqu'il était nécessaire de concentrer d'importantes ressources de main-d'œuvre avec des infrastructures et des salaires minimaux, les masses de prisonniers se sont avérées les plus efficaces. Le travail spécifique des prisonniers, en revanche, était inefficace pour de nombreuses raisons. Cette étude sur le matériel historique spécifique du Permien devrait confirmer ou réfuter les conclusions d'autres chercheurs.

Ainsi, l'analyse de la situation historiographique nous permet d'affirmer que malgré la publication des monographies et des articles ci-dessus consacrés à l'histoire du travail forcé au goulag et sur le territoire de Perm, ce sujet doit être approfondi.

En tenant compte de l'actualité et du degré d'apprentissage du sujet, l'**objectif de cet article** est d'étudier le système d'organisation du travail forcé dans les camps et les colonies à l'exemple de la région de Perm-Molotov pendant la période de formation, de développement et de crise de ce système (fin des années 1920 - milieu des années 1950). L'objectif de ce travail implique la résolution des **tâches de recherche** suivantes :

1.   Étude et identification des raisons qui ont conduit à l'utilisation massive du travail forcé en Russie soviétique sur l'exemple de la région de Perm Kama. Identification des facteurs influençant la préservation du travail dans les camps pendant une longue période et des facteurs et raisons qui ont conduit à l'effondrement de ce système. Etudier la place et le rôle du système de travail forcé des prisonniers dans l'économie du pays à l'exemple de la région Molotov.

2.   Identification des particularités et des principes d'organisation du travail

forcé. Étude de la genèse de l'organisation du travail forcé. Examen du problème de l'influence mutuelle du régime de camp et de la production, stimulation du travail de camp dans différentes périodes incluses dans le cadre chronologique du travail.

3. Identification de la dynamique de la production et des activités économiques des camps et colonies de la région Molotov sur la base des rapports des camps. Analyse de l'efficacité de la production du camp.

Source base.

L'un des groupes de sources les plus importants est celui des documents de gestion des dossiers et des rapports. Ils comprennent des instructions, des directives, des rapports, des plans, des résumés et des notes. Une particularité de ces sources est que les instructions et directives sont souvent de nature déclarative, et que les rapports et résumés produits par les autorités des camps ne sont pas fiables dans toutes leurs données. Par exemple, les rapports des camps indiquent souvent que les détenus sont logés et nourris. Les documents d'inspection du ministère public pour la même période donnent des chiffres complètement différents. Les rapports de production des camps donnent souvent des chiffres exagérés. Mais, les documents des audits comptables supérieurs donnent des chiffres plus précis. Les ordres, directives et circulaires sont souvent de nature déclarative. Par exemple, ils ont exigé des améliorations dans la vie des prisonniers, une augmentation des rations, un espace de vie, des soins médicaux. Cependant, la répétition des mêmes demandes d'année en année indique que rien n'a changé sur le terrain. La justification de l'ordonnance cite souvent des faits crédibles qui ont conduit à la rédaction du document. Les sources douteuses peuvent être vérifiées par des données provenant de notes de service d'organisations supérieures ou de partenaires commerciaux (par exemple, la remise de bois par les camps d'exploitation forestière était souvent effectuée par la fiducie civile Kamlesosplav, qui ne voulait pas être responsable des ajouts aux camps). Ainsi, ce groupe de sources, lorsqu'il est correctement analysé, constitue un matériel important et informatif pour l'étude de l'histoire du goulag. La majeure partie de ce matériel est contenue dans le fonds des Archives de l'État

Fédération de Russie (GARF), Archives d'État de l'histoire contemporaine de Perm

11

(PERMGANIE), Archives d'État de la région de Perm (GAPK).

Le groupe suivant de sources est constitué par les lois et les règlements, publiés ou non. Il s'agit notamment des codes pénal et correctionnel de diverses époques, des instructions et règlements régissant le régime et le travail dans les camps, et des décrets introduisant de nouveaux types de régime ou d'exemption. Ces sources aident à reconstruire les principes et les intentions des autorités dans le domaine du travail forcé et du goulag. Un grand nombre de documents relatifs à l'histoire du goulag ont été publiés récemment[25]. Certaines instructions et réglementations n'ont pas encore été publiées et sont conservées dans le GARF (fond p-9401).

Un autre groupe de sources peut être le matériel des organismes de contrôle. Tout d'abord, il s'agit des documents du bureau du procureur et des documents du Comité régional du Parti communiste de l'Union soviétique. Le bureau du procureur était obligé de vérifier les conditions de vie et de travail dans les camps, et le CPSU Obkom recevait souvent des lettres de détenus se plaignant de "violations de la loi sociale". Une particularité de ces documents est qu'ils ont été compilés par des personnes extérieures au système du goulag et indépendantes de ce système. Par conséquent, les documents contiennent souvent des critiques du système des camps et révèlent des faits autres que les rapports sur les camps. Les comparaisons entre les données des organisations de contrôle et les registres des camps peuvent ajuster de manière significative les informations générales sur la vie et le travail dans les camps. Ces documents sont contenus dans les fonds du GAPK (fonds du Département du Ministère de la Justice de la RSFSR dans la région Molotov, du Bureau du Procureur de la région Molotov[26]) et PERMGANI (fonds du Comité exécutif régional de Perm [27].

Le groupe de sources contenant du matériel statistique sur le nombre, la mortalité et la morbidité, la composition sociale et par âge des prisonniers est devenu important pour l'étude. Ces données permettent de déterminer l'importance et le rôle de la

---

[25] GULAG (Direction principale des camps), 1918-1960 : Documents. - M. : Materik, 2002 ; Gvozdkova, L.I. Forced Labour : Correctional Labour Camps in Kuzbass (30-50s). En 2 volumes. - Kemerovo : Kuzbassvuzizdat, 1994 ; Histoire du goulag de Staline. Fin des années 1920 - première moitié des années 1950. Collection de documents en 7 volumes. - M. : ROSSPEN, 2004.
[26] GAPK. F.P-1461 ; P-1365 ; P-1366.
[27] PERMANENCE. Ф.105.

production des camps dans l'économie de la région et du pays en général, d'identifier les périodes d'exploitation maximale des prisonniers et de compiler la dynamique des activités de production du goulag. Les données statistiques sont contenues dans des collections de documents déjà publiés, des documents d'inspection du bureau du procureur et des rapports de camp.

Une place particulière parmi les sources est occupée par les mémoires et les œuvres de fiction. Ce bloc de sources est important pour comprendre la culture du camp, l'attitude particulière face au travail et à la vie, et l'organisation sociale des prisonniers. Si certaines procédures de critique des sources sont suivies, ces données peuvent révéler de nombreux aspects de l'histoire[28] du camp.

Base méthodologique de la recherche.

Dans l'étude de la production et des activités économiques des camps de travail correctionnels et des colonies du goulag, les méthodes développées dans les travaux de plusieurs auteurs nationaux seront appliquées.

La théorie de la modernisation est importante pour comprendre les processus qui se sont déroulés dans la société soviétique pendant la période étudiée. La modernisation est comprise comme un processus de transition de la société traditionnelle à la société industrielle, qui comprend des transformations dans toutes les sphères de la vie sociale[29]. Le processus de modernisation a ses propres forces motrices, conditions préalables et lois. Le vecteur de développement de la civilisation mondiale est orienté vers la société industrielle, de sorte que pour les sociétés traditionnelles arriérées, la principale incitation à la modernisation est le désir de rattraper les sociétés industrialisées. Alors que les sociétés "pionnières" se développent de manière évolutive, sur une longue période et avec des conditions préalables suffisantes pour la modernisation, les sociétés arriérées se lancent souvent dans la modernisation en vertu d'une "nécessité d'État". Le processus de modernisation dans ces sociétés est pris en charge par le gouvernement, et par conséquent, une variété d'institutions (par exemple

---

[28] Brodsky, Y.A. Solovki : Vingt ans de mission spéciale. - M. : ROSSPEN, 2002 ; Margolin, Y.B. Journey to the country of zeka. - Tel-Aviv, 1997 ; Labeznikov, A. Chansons joyeuses. - Tel-Aviv, 1987.
[29] Leibovich, O.L. Modernisation en Russie : à la méthodologie d'étude de l'histoire intérieure moderne. - Perm, ZUUNTs, 1996. - C.25.

13

le goulag) et de modèles socio-économiques très différents du modèle - les sociétés industrialisées - peuvent émerger dans la société. Ces modèles de nouvelles sociétés peuvent comporter des éléments régressifs dans leur structure - vestiges de la société traditionnelle, organisation non libre du travail. Ces éléments régressifs devraient finalement soit disparaître, soit conduire à une crise systémique. La base méthodologique de l'étude, en tant que système de procédures cognitives, est constituée de dispositions et de principes développés dans les travaux d'auteurs nationaux et étrangers. Pour cette étude, qui repose principalement sur des documents d'archives, les principes de la critique des sources sont particulièrement importants - prise en compte de la source dans le contexte de la réalité sociale dans laquelle elle est apparue, identification des conditions et des objectifs de l'émergence d'une source particulière, authenticité de la source, vérification par d'autres sources. Ainsi, dans le cadre de cette étude, il est nécessaire de vérifier la déclaration des camps au Goulag et au Comité du Parti par des actes d'inspection et de révision par des autorités supérieures. Puisque les motifs et les impulsions de distorsion de la réalité et de tromperie délibérée présents dans les documents proviennent de tous les participants à la production et aux activités économiques du goulag. La technique de l'analyse factorielle a été utilisée pour analyser l'efficacité du travail dans les camps. La technique de l'analyse factorielle est basée sur l'identification des principaux facteurs significatifs qui déterminent les principaux résultats de l'activité économique de l'entreprise, en considérant le développement de ces facteurs, tant positifs que négatifs, l'interaction et l'influence mutuelle des facteurs, le rôle de chaque facteur dans l'indicateur de résultat[30]. Le "facteur" dans l'analyse de l'activité économique de l'entreprise est compris comme les conditions nécessaires à la conduite du processus économique et les raisons, les forces motrices de ce processus. Dans notre cas, nous considérerons les facteurs socio-économiques (niveau d'éducation, conditions de logement, etc.) et les facteurs de production et économiques qui caractérisent l'utilisation des ressources productives de l'entreprise[31]. Nous examinerons des facteurs tels que la productivité du travail, les conditions techniques de production

---

[30] Berdnikova T.B. Analyse et diagnostic de l'activité financière et économique d'une entreprise. - MOSCOU : INFRA-M, 2004. - C.18.
[31] Kovalev, V.V. Analyse de l'activité économique de l'entreprise. - Moscou : Prospect, 2000. - C.59.

(mécanisation), le coût de production, les pertes dues aux défauts et aux "duds", le pourcentage du groupe "A"[32] . Ces facteurs devraient théoriquement s'influencer mutuellement, c'est-à-dire que la croissance de la mécanisation des processus de travail devrait augmenter la productivité d'un travailleur, augmenter la quantité de produit fabriqué pendant un certain temps, réduire les coûts de main-d'œuvre et, par conséquent, réduire le coût de production. Dans le même temps, il devrait y avoir une diminution de la main-d'œuvre non qualifiée et une augmentation de la main-d'œuvre hautement qualifiée. Groupe "A" - prisonniers employés directement dans la production, la diminution du pourcentage de ce groupe devrait agir comme un facteur d'appréciation de la production. La recherche sur "La production et l'activité économique des camps de travail et des colonies de travail correctionnel sur le territoire de la province de Perm en 1920-1950" permettra de révéler de manière plus complète et objective le rôle du travail forcé dans l'économie nationale et régionale, de dévoiler le mécanisme de l'économie des camps et la dynamique de l'activité économique du Goulag. Sur l'exemple d'une région de l'Union soviétique, les particularités de l'économie de cette période historique, les traits distinctifs et similaires de l'histoire du goulag et du pays en général, les raisons de l'émergence et de l'existence du travail forcé en Russie soviétique - les problèmes et questions énumérés doivent encore être résolus.

---

[32] Les prisonniers se livrent à une production directe.

Chapitre 1 : Création et développement du système de travail forcé en Russie soviétique (étude de cas de la région de Perm)

1.1 Formation du système de travail forcé en URSS dans des conditions d'industrialisation intensive (fin des années 20 à 30)

L'idée de socialisme, exprimée par Marx, contenait le vecteur du mouvement de la société vers une phase industrielle très organisée de son développement. Le socialisme était censé être l'étape finale du développement du capitalisme, pour remplacer le capitalisme qui avait épuisé ses possibilités. Selon ses idéologues, la phase socialiste du développement de la société devrait non seulement promouvoir l'utilisation maximale des forces productives, mais aussi représenter une étape qualitativement nouvelle du développement industriel basé sur les systèmes automatisés.

À la fin du XIXE siècle, la Russie venait d'entamer le processus de modernisation - le passage d'une société traditionnelle à une société industrielle et capitaliste, mais ce processus a été interrompu par la révolution de 1917 et la guerre civile. Le développement économique post-révolutionnaire de la Russie a été perçu par ses dirigeants comme la poursuite du développement de l'industrie, la transition vers la prédominance du secteur industriel dans l'économie, et plus loin, sur la base d'un développement significatif des moyens de production mécanisés, la transition vers un système planifié plus fortement organisé de son organisation. Le vecteur du mouvement de la société soviétique était idéologiquement déterminé dans la direction de la société industrielle, dans la même direction que celle des pays avancés d'Europe et d'Amérique.

La crise économique et les bouleversements sociaux de l'époque du "communisme de guerre" ont conduit à la restauration partielle des formes capitalistes de gestion économique (NEP). Les chefs d'État ont considéré la NEP comme une "défaite et un recul" temporaires nécessaires à la mise en œuvre des programmes de l les conditions préalables à la transition vers le socialisme (la nécessité d'un capitalisme développé avec son haut niveau de développement technologique inhérent). Au début des années 1920, les bolcheviks victorieux n'allaient pas attendre que le développement naturel du capitalisme atteigne ses plus hauts sommets. Après la victoire de la révolution prolétarienne mondiale, la Russie aurait reçu toutes les réalisations techniques des pays industriellement développés de l'Ouest. Ainsi, le stade de l'industrialisation aurait été grandement accéléré et facilité, et la Russie, de l'avis des bolcheviks, se serait beaucoup plus rapprochée du socialisme.

Au milieu des années 20, le développement économique et politique des sociétés capitalistes avancées de l'Occident avait clairement démontré le caractère illusoire des espoirs d'une révolution prolétarienne mondiale et la diffusion consécutive des progrès technologiques à l'URSS qui en résultait. En même temps, les contradictions de la politique économique de l'État soviétique ont provoqué un mécontentement massif parmi les paysans et les ouvriers. Les dirigeants du pays ont dû repenser la stratégie de développement et trouver un moyen de sortir de la crise.

La nouvelle stratégie pour le développement de la société a été incarnée dans la théorie de "la construction du socialisme dans un pays". Dans des discours publics en 1925. Staline a clairement formulé ce problème : "Soit nous considérons notre pays comme la base de la révolution prolétarienne, nous avons, comme le dit Lénine, toutes les données pour construire une société socialiste complète - et alors nous pouvons et devons construire une telle société, dans l'attente d'une victoire complète sur les éléments capitalistes de notre économie nationale ; Ou bien nous ne considérons pas notre pays comme la base de la révolution, nous n'avons pas de données pour construire une société socialiste complète, - alors, au cas où la victoire du socialisme serait reportée dans d'autres pays, nous devons accepter le fait que les éléments capitalistes de notre économie nationale prévaudront, le gouvernement soviétique se désintégrera, le Parti renaîtra". Une telle formulation a eu des conséquences de grande portée. Premièrement, il a été clairement établi que l'URSS ne s'intégrerait pas dans l'économie mondiale, et plus encore - l'économie de L'URSS était opposée aux économies des pays capitalistes. Cela impliquait que le développement de l'économie de l'URSS serait basé uniquement sur les ressources nationales. Deuxièmement, une telle opposition impliquait en fin de compte une confrontation militaire. Dans son rapport au XIVE Congrès du Parti (décembre 1925), Staline parle explicitement de l'inévitabilité de la guerre[41].

Naturellement, les sentiments isolationnistes des dirigeants du pays n'impliquaient pas la préservation de la société agraire traditionnelle dans le pays. Le vecteur théorique global du développement du pays n'a pas changé - l'URSS devait devenir une puissance industrielle développée. Seuls les éléments de justification théorique du socialisme ont été modifiés, ce qui a permis de formaliser considérablement l'étape de la construction d'une nouvelle société, c'est-à-dire de "passer à l'offensive" et de construire artificiellement une nouvelle société - socialiste, sans attendre la participation des pays industriellement développés à cette construction et, de plus, sans attendre le développement naturel du capitalisme dans leur propre pays. La confrontation militaire prévue avec les pays capitalistes a permis de justifier idéologiquement le rythme rapide de l'industrialisation du pays et une détérioration significative du bien-être de la population au détriment de la concentration de toutes les ressources du pays dans un but particulier.

Ainsi, la nouvelle impulsion de modernisation en URSS dans la seconde moitié des années 1920 présentait des caractéristiques claires d'un modèle de rattrapage de la modernisation initié par les autorités[42]. En même temps, les autorités avaient leurs propres objectifs à ce stade de la modernisation - atteindre la parité militaire et politique (et idéalement, la supériorité) avec l'Occident. Les intérêts et les besoins de la population ont été non seulement ignorés, mais aussi sacrifiés aux objectifs des autorités. Le caractère autoritaire de la voie choisie pour la modernisation de la Russie a permis aux dirigeants du pays non seulement de mener des expériences socio-politiques et économiques, en utilisant toutes les ressources et les moyens, mais aussi de renforcer et de resserrer l'exploitation de la population du pays.

---

[41] Tsakunov, S.V. Dans le labyrinthe de la doctrine. De l'expérience du développement du cours économique du pays dans les années 1920. - Moscou : La jeune Russie, 1994. C.150-151,158.
[42] Leibovich, O. L. Modernisation en Russie : à la méthodologie de l'étude de l'histoire moderne de la patrie. - Perm : ZUUNTs, 1996. C.89-90.

Le processus de modernisation, compris comme le passage de la société de l'état traditionnel à l'état industriel, comprend des transformations dans toutes les sphères de la vie sociale - économique, sociale, politique, culturelle. La nature de la modernisation russe, menée dans le cadre de l'idée socialiste, a déterminé les caractéristiques et le cadre d'une certaine dynamique de transformation menée dans le pays à la fin des années 1920 - milieu des années 1950. L'une des principales caractéristiques était que les autorités, coordonnant strictement le processus de modernisation, y ont introduit des contradictions déstabilisantes qui ont conduit à des crises socio-économiques. Les autorités ont vu une issue à la crise dans la montée de la répression, mais la véritable solution était d'effacer ou de changer certaines des institutions de l'État soviétique qui étaient fondamentalement incompatibles avec la société industrielle. Le travail forcé en général et le goulag en particulier peuvent être attribués à ces institutions.

Le développement inégal du processus de modernisation dans la société soviétique, dû à la nature autoritaire de son modèle russe, était particulièrement évident en ce qui concerne le village. L'intensification de l'agriculture précède généralement l'industrialisation. Mais en Russie soviétique, la transformation agraire - la "collectivisation" - était un moyen de retirer une partie importante de la production agricole afin d'accumuler des fonds pour l'industrialisation. Ce transfert constant de fonds de l'agriculture vers l'industrie a entraîné un déséquilibre dans le développement de secteurs économiques interdépendants et, en fin de compte, des pénuries alimentaires persistantes en Russie soviétique.

Une autre conséquence du développement inégal des secteurs les plus importants de l'économie a été un déficit important du marché du travail[43]. Cela s'est produit à un moment où le développement rapide de l'industrie et les transformations agraires exigeaient de plus en plus de ressources en main-d'œuvre. La baisse importante du niveau de vie dans le village, créée artificiellement, a entraîné le départ des paysans vers la ville. Jusqu'à la fin des années 20, chaque année, près d'un million de personnes

---

[43] À la fin des années 20 et au milieu des années 30, il existait encore un marché du travail. La plupart des travailleurs et des paysans étaient personnellement libres et pouvaient vendre leur capacité de travail aux entreprises et organisations qui pouvaient offrir de meilleures conditions.

quittaient les zones rurales pour les zones urbaines[44]. En 1930, environ 2,5 millions de paysans s'installent en ville, et en 1931, 4 millions, mais [45]cela ne suffit pas à répondre aux besoins en personnel de l'industrie en plein essor. Avec la prédominance du travail manuel dans la construction, l'ampleur prévue de la construction industrielle a rapidement absorbé le chômage disponible pendant la NEP, mais il y avait toujours un besoin de dizaines de milliers de travailleurs.

La stratégie choisie par les autorités pour atteindre leurs objectifs impliquait un asservissement complet de la société. Par conséquent, face au problème du déficit sur le marché du travail, les autorités ont pris les premières mesures visant à détruire le marché du travail.

La tendance croissante de l'exode de la main-d'œuvre du village que l'État a commencé à réglementer à l'aide de la fixation obligatoire de la population dans les lieux de résidence. Un certain nombre de décrets de la CEC et du CPC de l'URSS ont été adoptés, parmi lesquels - "Sur l'établissement d'un système de passeport unifié en URSS et l'enregistrement obligatoire des passeports" (décembre 1932). Ce document prévoyait la délivrance de passeports "...à tous les citoyens de l'URSS à partir de 16 ans, résidant de façon permanente dans les villes, les colonies de travailleurs, travaillant dans les transports, les fermes d'État et les bâtiments nouvellement construits", c'est-à-dire que les paysans étaient exclus de cette liste. En d'autres termes, ceux qui n'avaient pas de passeport (".non engagés dans un travail socialement utile, hébergeant des koulaks, des criminels et d'autres éléments antisociaux"), devaient quitter la ville dans les 10 jours. La loi "Sur l'ordre de départ des fermes collectives" (mars 1933) impose un grand nombre de restrictions pour un paysan qui souhaite quitter le village. Toutes ces réglementations visaient à limiter l'exode de la main-d'œuvre du village. À cette époque, la pénurie de produits agricoles avait conduit à un système de cartes dans les villes et à l'apparition de la faim dans les villages.

La planification directive dans l'industrie, la prédominance absolue du

---

[44] Tyazhelnikova V.S., Sokolov A.K. Attitudes to Labor : Factors of Change and Conservation of Traditional Workers' Labor Ethics in the Soviet Period. // Histoire sociale. Annuaire. - M., 2004. - C.90.
[45] Fitzpatrick, les paysans de S. Staline. Histoire sociale de la Russie soviétique dans les années 30 : Le village. - MOSCOU : ROSSPAN, 2001. - C.96.

développement des "moyens de production" ont conduit à une pénurie de biens de consommation[46], combinée à l'absence de conditions de vie et à la faiblesse des salaires ; ceci a entraîné une réticence naturelle de la main-d'œuvre à se rendre dans les zones de construction ou d'exploitation "choc". Le gouvernement avait son propre objectif - la construction d'entreprises industrielles dans les plus brefs délais possibles, il a donc commencé à prendre des mesures visant à restreindre le marché du travail, et idéalement - à le remplacer par un système de distribution planifié. En conséquence, toute la population devait être affectée à une certaine localité et à certaines entreprises, ce qui, en substance, allait rétablir des éléments de la société traditionnelle (les domaines). Ainsi, l'État avait un besoin urgent de travail forcé des prisonniers et des colons spéciaux déjà attachés à un certain endroit en raison de leur statut social.

Un exemple concret est l'histoire de la construction des plus grandes entreprises industrielles de la région de Kama au cours des cinq premières années.

Ainsi, la construction "choc" du Combinat chimique de Berezniki, commencée en mai 1929, a été bloquée en raison du manque de main-d'œuvre, les travailleurs indépendants ne voulant pas se rendre à Berezniki, où il y avait une crise du logement et une pénurie d'approvisionnement. En 1929, les journaux étaient pleins d'avis sur le processus de construction insatisfaisant de l'usine chimique de Berezniki : "Le journal du commerce et de l'industrie" a parlé de la construction extrêmement lente de l'usine, dans un autre numéro du même journal, il a été écrit : "La construction de l'usine chimique de Berezniki connaît une pénurie aiguë de main-d'œuvre. Il manque environ 1 000 charpentiers, 500 à 600 ouvriers et 250 porteurs tirés par des chevaux[47]". Les ouvriers recrutés dans la province de Tver ont même écrit une lettre à Staline pour se plaindre de l'écart entre les salaires et les prix à Berezniki : "... La société Chemstroy donne aux ouvriers 1,2 roubles par jour, alors que le coût élevé des produits leur fait vivre au moins 1,5 roubles". [48]

Dans l'acte de "l'Inspection de la préparation du Combinat chimique de

---

[46] Mau, V. Réformes et dogmes, 1914-1929. Essais sur l'histoire de la formation du système économique du totalitarisme soviétique. - M. : Delo, 1993. - C.223-234.
[47] GAPK. F.R-319. Opt.1. Д.72. Л.158,261.
[48] PERMANENCE. F.156. d. 1. Д.215. Л.77.

Berezniki pour réaliser le programme de production pour 1929 - 1930", le logement des ouvriers était appelé "konurki", où 2 - 3 familles vivaient ensemble. Un salaire moyen de 65 roubles par famille de 5 à 6 travailleurs dépensait 33 roubles pour la nourriture (aliments de base : farine, viande, sucre, thé, sel, poivre, oignons), près de 20 roubles pour les vêtements, les chaussures, le bois et le kérosène (éclairage), 8 à 10 roubles pour la vodka et 1 rouble pour les abonnements aux journaux[4950]. De plus, les prix sont donnés en coopération et non en fonction du marché. Dans les magasins des coopératives, il n'y avait souvent pas de marchandises nécessaires. Le rapport entre les prix du marché et les prix des coopératives pourrait diverger des dizaines de fois.

Tab. n° 142. Le coût de la nourriture dans les années 1930.

	Marché	Coopération
Une livre de farine	20-30 p.	3 p.
Kg de viande	3-4 p.	70 flics.
Kg. de pommes de terre	56 flics.	8 kop.
Un litre de lait	1p	
Kg de beurre	[7] p.	1-3 p.
10 œufs	[2] p.	50 cents.

Ainsi, un ouvrier avait une nourriture plutôt maigre, une "niche" pour 2 ou 3 familles, un faible salaire, et tout cela dans un climat rude dans une région inhabitée.

La vie des ouvriers du bâtiment de Perm était également insatisfaisante. Les inspections de 1933 ont révélé que "les services sanitaires et domestiques des - travailleurs de Goznak, de la base pétrolière de Kamskaya, de Kamkhimstroy, de Sudozavod, de Superzavod et de Permgrazhdanstroy sont totalement insatisfaisants, les baraquements n'étant généralement pas isolés, les installations sanitaires (bains, laveries, désinfecteurs) fonctionnant avec de très grandes interruptions dues au manque d'eau, de bois de chauffage". Les logements des casernes des constructeurs étaient "généralement" en dessous de zéro degré Celsius, les casernes étaient sales et les latrines de la cour étaient surpeuplées43 .

En conséquence, dans les années 1930 - 1933, il y avait presque toujours un manque de main-d'œuvre sur les principaux chantiers de construction industrielle de

[49] Ibid. F.156. Op.1. Д.291. P.71-71ob.
[50] Tableau compilé par : Osokina, E. Derrière la façade de "l'abondance de Staline". Distribution et marché de l'approvisionnement de la population dans les années d'industrialisation 1927-1941 ans. - MOSCOU : ROSSPEN, 1998. - C.78.

Perm (l'usine de moteurs d'avion n° 19 de Staline, le chantier naval, la Combine "K" (explosifs), la modernisation de l'usine métallurgique de Motovilikha, les immeubles d'habitation, etc.

Tableau n° 244. Disponibilité des travailleurs en pourcentage des besoins

L'entreprise	Disponibilité des travailleurs en % du nombre requis
1930 г.	
Construction de la moissonneuse-batteuse "K	50.7%
Branche forestière de Perm	68.7%
Construction de l'usine n°19	43.4%
Organismes de constructionVerkhne-Kamskoye District	40%
1931 г.	
Construction de la moissonneuse-batteuse "K	40.6%
Construction de l'usine n°19	42.7
Construction de la conduite d'eau B. Kamsky. ville de	47.3%
Construction d'un chantier naval (Perm)	49%
Construction de la ZMM	42.8%
Construction de l'usine de Chusovskoy	48.5%
Construction de l'usine Lysva	51.9%
Construction de l'usine de Gubakha	63.2%
Construction urbaine (Perm)	35.4%
1932 г.	
Construction de l'usine n°19	99.8%
Construction urbaine (Perm)	103.3%
Construction de la KCBK	24.4%
	59
Usine Red Builder	
1933 г.	
Construction du BHC	67.2%
Usine de superphosphate de Perm	57.6%

[43] PERMMGANIE. Ф.58. Opt.1. D.28. L. 472.
[44] Tableau compilé à partir de : PERMMGANI. Ф.58. Op.1. Д.1. L.88 ; D. 16. L. 222 ; D. 951. P.18 ; F.59. Op.1. D.8. L.99 ; D.77. L.8,13,15.17.22.25.36.40 ; F.1. Д.569. 12ob,69.79 ; D.736. Ligne 2ob.44 ; F.156. Д.295. Л.22.

	57.4%
Usine Red Builder	

Le nombre de salariés correspond à la mise en œuvre des plans, soit une moyenne de 52,4 % pour les mêmes années.

Tab. 345. Exécution des plans de production de la construction

L'entreprise	% de réalisation du plan de production
1930 г.	
Construction de la moissonneuse-batteuse "K	19%
Zone d'exploitation forestière de Verkh-Borovskoye	34%
1931 г.	
Construction de la moissonneuse-batteuse "K	43.9%
Construction de l'usine n°19	72.8

23

Construction d'un chantier naval (Perm)	48.2%
Construction de la ZMM	43.8%
Construction de l'usine de Chusovskoy	59.4%
Construction de l'usine Lysva	55.1%
Construction de l'usine de Gubakha	56%
Construction urbaine (Perm)	50.1%
Construction de la KCBK	102%
1932 г.	
Construction de la moissonneuse-batteuse "K	129.4%
Construction de l'usine n°19	86.1%
Construction d'un chantier naval (Perm)	58.7%
Construction de la ZMM	55.2%
Construction de la KCBK	17.1%
Verrerie Sylvensky	26%
Usine Red Builder	37.8
1933 г.	
Construction du BHC	61.8
La plante Shpagin	23.4
Usine Red Builder	65.2
Vêtements Permo	10.6
Brasserie	20.5
Programme semestriel de production d'entreprises industrielles dans le district de Perm en moyenne	83.8

La plupart des travailleurs ont quitté leur emploi en raison d'un mauvais approvisionnement, comme l'a admis la direction des entreprises[51][52]. L'offre de main-d'œuvre de ces années-là comprenait une petite liste des biens les plus nécessaires, qui étaient souvent en rupture de stock.

Tab. n° 447. Fourniture de travailleurs à Perm en pourcentage des besoins

	Entreprises de construction à Perm	Fourniture de travail à Perm	
	Février 1932.	**1932 г.**	**1933 г.**
Farine	121.1	72.3	78.7
Grits	31.7	54.3	81.3
Viande	17.6	49	81.7
Poissons	33.7	75.3	85.4
Graisses	Pas de données	52.7	55.2
Sucre	Pas de données	73.5	80.5
Produits du tabac	9.7	Pas de	Pas de données
Ménage. Savon	31	Pas de	Pas de données
Chaussures	41	Pas de	Pas de données

---

[51] Tableau compilé à partir de : PERMMGANI. Ф.58. Op.1. Д.1. L.88 ; D.16. L.222 ; D.21. L.6 ; F.59. Op.1. Д.77. Л.8.13.15.17.22.25.36.40. Д. 569. L.11ob,69 ; D.736. Ligne 43.67 ; F.156. Д.291. L.99 ; F.1. op.1. Д.951. Л.1.
[52] PERMANENCE. F.1. Д.736. P.13ob.

Cette situation était typique pour l'ensemble du pays. Selon les calculs de E.A. Osokina, en 1928, 12 m de toile de coton, 0,8 m de toile de laine, une demi-chaussure, 1 chaussette, 5 kg de viande et de poisson, 8 kg de sucre, moins d'une boîte de conserve[53][54] ont été produits par citoyen de l'Union soviétique. En 1935, la situation était la même - 0,5 m de tissu de laine, 16 m de chintz, 1 chaussure par personne par an[55]. La re-tarification de toutes les branches de l'industrie, effectuée en 1930, a encore aggravé la situation des travailleurs : les normes de production ont été relevées et les taux ont été abaissés, ce qui a affecté les salaires, qui ont diminué de 1,5 à 2 fois. Il est tout à fait naturel que les travailleurs recherchent de meilleurs emplois, ce qui explique un tel roulement et un tel manque de personnel, auxquels sont confrontés presque tous les chantiers et entreprises de la région de Kama. Le tableau №5 indique le ratio des travailleurs embauchés et licenciés dans les entreprises de construction de la région de Kama. Dans certaines entreprises de construction, le nombre de personnes licenciées était deux fois plus élevé que le nombre de personnes embauchées. Ainsi, à l'usine de Perm "Krasny Stroitel" au début de 1932 "... le nombre de départs de l'usine était 1,5 - 2 fois plus élevé que le nombre de nouveaux arrivants"[56]. La rotation de la main-d'œuvre a eu un impact négatif sur la construction et la production : une grande partie du temps a été consacrée à des besoins non productifs : la recherche de nouveaux travailleurs et leur formation. En outre, les nouveaux arrivants ont une faible productivité jusqu'à ce qu'ils acquièrent les compétences et les capacités nécessaires. De plus, le roulement était souvent inégal, car les travailleurs expérimentés étaient remplacés par des travailleurs ruraux illettrés et peu habitués à la discipline de l'usine. Au début de 1932, 63 % des travailleurs des usines chimiques de Berezniki avaient moins d'un an[57][58].

Tableau n° 552. Chiffre d'affaires des entreprises de construction

L'entreprise	Copie	Rejeté	

---

[53] Tableau compilé à partir de : PERMMGANI F.1. Д.736. P.46 ; D. 950. Л.18.
[54] Osokina, E.A. op. cit. - C.39-40.
[55] Trotsky, L. Révolution trahie. - Moscou : Institut de recherche sur la culture, 1991. - C.17-18.
[56] PERMANENCE. Ф.58. Op.1. D.16. P.222ob.
[57] PERMANENCE. Ф.59. Opt.1. Д.74. Л.19.
[58] Tableau compilé à partir de : PERMMGANI. F.1. d. 1. Д.569. Ligne 13. 69ob ; D.951. P.20 ; F.58. Op.1. D.21. L.6 ; F.59. Op.1. Д.50. P.172 ; D.77. Л.8.13.15.17.22.25.36.40 ; Л. Ф.5551. Op.29. D.107.

1931 r.			
Construction navale	981	579	59
Construction de la moissonneuse-batteuse "K	760	503	66.1
Construction d'une usine de papier	499	118	23.6
Construction de la ZMM	1071	343	32
Construction de l'usine de Chusovskoy	139	125	90.4
Construction de l'usine Lysva	194	167	85.9
Construction à Gubakha	557	401	72
Construction urbaine (Perm)	230	183	79.7
Construction de l'usine n°19	6665	4617	69.2
Construction du BHC	1076	599	55
1932 r.			
Kizelgresstroy	2201	3190	144.9
BHC	5838	6416	109.9
Kaliostroy	2286	3401	148.7
Construction du BHC	721	1067	147.9
Verrerie Sylvensky	69	165	239.1
La plante Shpagin	386	480	124.3
Usine de superphosphate	822	644	78.3
Usine Red Builder	1037	1175	113.3
1933 r.			
Construction du BHC	399	287	71.9
La plante Shpagin	306	592	193.4
Usine Red Builder	552	426	77.1
L'usine de Permodezhda	478	652	136.4

Les rapports politiques du NKVD donnent une idée de l'humeur des travailleurs indépendants. En mai 1933, les dockers du quai de Perm, ne recevant pas de nourriture normale ("...un seul repas de mauvaise qualité") refusent de travailler. Au même moment, les débardeurs de Zaozero disaient : "... prendre un fusil et tirer sur un homme deux chefs, en fait ils ordonnaient de travailler, mais ne donnaient pas de pain...", "... la situation est de plus en plus grave, il semble que la révolution ne passera pas encore". A Perm, parmi les travailleurs, on pouvait entendre : ".il n'est pas nécessaire d'aller travailler, alors tout sera donné, et le pain et la nourriture seront meilleurs" [59].

Le système de cartes introduit au début des années 1930 pour la distribution de denrées alimentaires et de biens de consommation peut également être considéré comme un moyen de rattacher les travailleurs aux entreprises. Les cartes n'étaient délivrées qu'aux personnes travaillant dans des entreprises d'État[60]. Acheter quoi que ce

---

[59] PERMMANENCE. F.1. vol. 1. REP. 1, D. 952 P. 259-260.
[60] Osokina, E.A. op. cit. - P. 89 ; Sokolov A.K. Le travail forcé dans l'économie soviétique des années 1930 - milieu des années 1950 (en russe) // GULAG : économie du travail forcé. - MOSCOU : ROSSPEN, 2005. - C.33.

soit au magasin était très problématique, avec des marchés "noirs" spontanés que le gouvernement combattait avec acharnement. Il ne restait plus que les cartes de rationnement pour les "repas de travail". Pour donner un exemple, on peut citer les normes suivantes :

Tab. 6[61] . Normes de distribution des denrées alimentaires pour octobre 1933 pour la DIS [62] "Soyouzkali"

	Liste spéciale			Liste n° 1		
	Hindou. Rab.	Autres travailleurs et travailleurs équivalents.	Service. et. Membres de la famille des travailleurs et des employés	Hindou. Rab.	Autres travailleurs et travailleurs équivalents.	Service. et. Membres de la famille des travailleurs et des employés
Farine	16 kg	16 kg	8	16 kg	16 kg	8 kilogrammes.
Grits	2 kg	1,5 kg	0,5 kg	1,5 kg	1 kg	0,4 kg
Sucre	1 kg	1 kg	0,8 kg	0,8 kg	0,8 kg	0,8 kg
Vivant.	0,4 kg			0,4 kg		
Margarine	1,2 kg			1,2 kg		
Viande	1 kg			1 kg		

En comparant les normes alimentaires du travailleur de l'ORS "Soyuzkali" (Solikamsk) en 1933 (pour la comparaison, on a pris "la liste spéciale", c'est-à-dire la norme la plus élevée pour le travailleur de l'entreprise industrielle) avec les normes alimentaires de l'ITK №5 pour la même année, on constate que la ration et les normes alimentaires sont presque identiques (les tableaux №7 et 8 montrent évidemment la similitude des normes d'un travailleur et d'un prisonnier).

Tab. n° 758. Normes alimentaires par jour et par personne travaillant pour installation industrielle

Farine	533 gr.
Grits	66,6 grammes.
Sucre	33,3 grammes.
Pétrole	13,3 gr.
Margarine	40 gr.
Viande	33,3 grammes.

Tab. n° 859. Normes différenciées de nutrition dans le ITK n° 5 en 1933.

	travaillant	aux inactifs
pain	900 gr.	600 gr.

---

[61] Tableau compilé par : PERMMGANI F.59. Opt.3. d.33. l.183.
[62] Division des fournitures de travail.

grits	65 gr.	35 gr.
poisson	40 gr.	26 gr.
pétrole	7g.	3 gr.
sucre	14 gr.	6g.
produits cond.	14 gr.	6g.

Les citoyens libres ont essayé de trouver des lieux de résidence où le salaire était meilleur, où il y avait de bonnes fournitures et de bons logements. La direction politique du pays à cette époque était principalement préoccupée par l'augmentation du taux d'industrialisation. Cela allait à l'encontre des besoins des travailleurs.

Les autorités ont trouvé une solution aux problèmes de personnel sous la forme d'une consolidation administrative de la main-d'œuvre et d'un recours important au travail forcé des prisonniers et des colons spéciaux. C'était un résultat naturel de la politique interne du gouvernement soviétique et du système de relations entre l'État et la société établi et projeté par les bolcheviks. Les principes de la contrainte extra-économique au travail et du maintien de la discipline du travail par la peur de l'emprisonnement incarnée par Staline en 1940 se retrouvent dans les œuvres de Lénine (1918) : "...Le pouvoir soviétique devra passer de la conscription du travail appliquée aux riches, ou plutôt, doit simultanément se fixer pour tâche d'appliquer les principes correspondants à la majorité des ouvriers, des travailleurs et des paysans". [63] [64][65]En ce qui concerne les mesures punitives en cas de non-respect de la discipline du travail, elles doivent être plus strictes. La sanction est nécessaire, pouvant aller jusqu'à l'emprisonnement..."[66].

L'associé le plus proche de Lénine, L. Trotsky, dans un discours prononcé en 1920 lors du 3e Congrès des syndicats de Russie (6-13 avril 1920), a déclaré : "Nous connaissons le travail d'esclave, nous connaissons le travail de serf, nous connaissons le travail forcé et régimenté des ateliers au Moyen-Âge. Nous connaissons le type de travail salarié que la bourgeoisie appelle travail libre. Nous opposons cela à un travail

---

[63] Le tableau est basé sur le tableau 6.
[64] Tableau compilé à partir de : PERMMGANI. Ф.58. Opt.1. D.28. P.32.
[65] Lénine, V. I. La version originale de l'article "Tâches prioritaires du pouvoir soviétique" / V. I. Lénine // Œuvres complètes. en 55 volumes. - ed. 5-e. - M., 1962. - T. 36. - C.144.
[66] Lénine, V. I. Discours à la réunion du Présidium du Soviet suprême de l'économie nationale le 1er avril 1918 / V. I. Lénine // Œuvres complètes. en 55 vol. - ed. 5-e. - M., 1962. - T. 36. - P. 213 ; Soloukhin V. La séparation avec l'idole. - New York, 1991. - C.10-14.

socialement réglementé sur la base d'un plan économique qui est contraignant pour toute la population, c'est-à-dire imposé à chaque travailleur du pays. Il ne peut y avoir de transition vers le socialisme sans cela. Il ne peut y avoir d'autre voie vers le socialisme que celle du centre économique pour répartir toute la force de travail du pays et pour répartir cette force selon les besoins du plan économique national. Nous avons reconnu ... le droit de l'État des travailleurs d'envoyer chaque travailleur et chaque ouvrier à l'endroit où ils sont nécessaires pour effectuer des tâches économiques. De même, nous reconnaissons le droit de l'Etat ouvrier de punir un travailleur et une travailleuse qui refusent d'exécuter les ordres de l'Etat, qui ne subordonnent pas leur volonté et celle de la classe ouvrière à ses tâches économiques". [67]. La position de l'"État travailleur" vis-à-vis des citoyens est exprimée de manière très précise, bien que, d'après le texte, il ne s'agisse plus des citoyens, mais plutôt du "contingent".

Les problèmes rencontrés par les ouvriers lors de la construction de l'usine de pâte et papier Krasnovishersky avec l'arrivée d'E.P. Berzin, tchékiste au sein du personnel, ont été résolus par la création des camps spéciaux de Viège en 1929. Le nombre de travailleurs de la construction et de journaliers passe de 800 en avril 1930 à 16 000 en septembre 1931.

r.[68] En conséquence, la population des camps de Vishersky a également augmenté. Le fait qu'il s'agissait d'une tendance nationale est attesté par le fait qu'en 1929, le Commissariat du peuple pour le travail a suggéré au Collège de l'OGPU que 4000 travailleurs valides (prisonniers) de l'UVLON (Administration des camps spéciaux de Visscher) soient détenus à Bereznikihimstroi[69].

Dans le secteur économique de l'industrie du bois, les mêmes problèmes se posent en matière de ressources humaines. Lors de la réunion à Moscou sur les questions des travaux d'exploitation forestière en juin 1930, il a été noté : "Nous avons un grand manque de main-d'œuvre... Certains sites sont complètement nus et n'ont pas de travailleurs. Sur certains sites, l'offre de travailleurs atteint 10 %". La région de

---

[67] Tchernykh, A. La formation de la Russie soviétique. 20 ans dans le miroir de la sociologie. - Moscou : Monuments de la pensée historique, 1998. - C.224-225.
[68] 18 mois qui ont créé le Combinat Vishkhimz. - Krasnovishersk, 1933. - C.38.
[69] GARF. Ф.5515. Opt.17. d.7. l. 29-32.

l'Oural a été particulièrement remarquée : "... Le problème de la fourniture de main-d'œuvre est le plus misérable". Au cours de la discussion sur la manière de surmonter ce problème, l'idée a été exprimée - "t. Ende - Je propose de prendre de telles mesures dans les domaines où le travail des prisonniers peut être appliqué - d'appliquer leur travail"[70] . Le problème des ressources humaines dans le secteur forestier de la région de Kama au début et au milieu des années 1930 a été résolu avec l'aide du flux de colons spéciaux. Plus de 25 000 familles (environ 100 000 personnes) des dépossédés de la deuxième catégorie ont été logées dans les districts du nord de la région de l'Oural (à l'époque, la région de Perm faisait partie de la région de l'Oural)[71].

L'expérience "réussie" de l'utilisation de la main-d'œuvre carcérale dans la construction de l'usine de pâte et papier Krasnovishersky, qui a été construite en 18 mois au lieu des 27 mois prévus[72], a donné un exemple à de nombreuses organisations de la région de Kama. Les autorités locales, les comités régionaux, les comités de district, les établissements pénitentiaires ont commencé à recevoir des demandes de diverses organisations économiques pour la main-d'œuvre des prisonniers. Elle a été racontée à l'été 1930 à Moscou dans le rapport du camarade Tolmachyov sur l'activité du NKVD (extrait du compte rendu in extenso du rapport) : "Procédant à des questions d'ordre économique t. Tolmachev (NKVD) a souligné la préoccupation des organisations économiques concernant la main-d'œuvre peu exigeante des prisonniers. En témoignent les nombreuses demandes de main-d'œuvre qu'ils ont envoyées au NKVD" [73].

Pendant les années d'industrialisation forcée (fin des années 1920 - début des années 1930), une situation s'est créée lorsque les intérêts des autorités ont divergé de ceux des travailleurs. Le marché du travail qui existait dans le pays, c'est-à-dire la possibilité pour un citoyen libre de vendre ses capacités de travail à une entreprise pouvant offrir de meilleures conditions de travail et de meilleurs salaires, est devenu contraire à l'économie planifiée et distributive qui se dessine. La seule façon de sortir

---

[70] Ibid. D.132. P.124-125,132,128.
[71] Suslov, A.B. Concentration spéciale dans la région de Perm (1929-1953). - Ekaterinbourg - Perm, 2003. - C.368.
[72] Tiunov, V. Plan quinquennal industriel de l'Oural occidental. - Perm : maison d'édition permienne, 1977. - C.70.
[73] GAPK. F.R-122. Op. 3, D.8, P.5ob.

de la crise du système de relations entre le gouvernement et la société en URSS était de détruire le marché du travail. D'autres moyens d'attirer les travailleurs sur les chantiers et dans les entreprises se sont soldés par un échec. Staline, dans son discours à la réunion des directeurs économiques le 23 juin 1931, a appelé à la fin de la fluctuation du personnel avec la fixation économique des travailleurs pour l'entreprise, la consolidation à l'aide de salaires élevés, l'amélioration de l'offre et le logement des travailleurs [74]. Mais les fonds pour l'industrialisation forcée et en même temps pour l'augmentation des salaires et l'amélioration des conditions de vie des travailleurs n'étaient pas suffisants. Ainsi, le président de la commission du plan quinquennal du Comité du district de Perm a écrit en 1928 à l'Institut d'économie nationale Plekhanov de Moscou : "... la question de la main-d'oeuvre pour l'industrie chimique dans l'Oural ne pouvait pas devenir aiguë ; l'industrie métallurgique n'absorbe pas toute la main-d'oeuvre, d'ailleurs, avec l'augmentation du niveau de vie l'afflux de main-d'oeuvre serait assuré... [75]». En réalité, le niveau de vie coûteux n'a pas été relevé et, par conséquent, il n'y a pas eu non plus d'afflux de main-d'œuvre (indépendante). Probablement, au cours des cinq premières périodes, il y a eu une recherche empirique active pour trouver une solution à cette situation, une recherche de diverses manières d'attirer la main-d'œuvre, des mécanismes de stimulation du travail. La recherche se déroulait simultanément dans des directions radicalement différentes. Ainsi, le Comité central du Parti communiste bolchevique de toute l'Union adopte un décret "sur la réorganisation de la gestion industrielle" (5 décembre 1929) qui oblige les entreprises à devenir autosuffisantes[76]. La même année, un autre décret du Politburo du Comité central du Parti communiste de l'Union des bolcheviks et du Conseil des commissaires du peuple de l'URSS a été adopté - "Sur l'utilisation du travail des prisonniers". Le [77]décret a fourni une autre façon de résoudre le problème de la pénurie de main-d'œuvre. Par conséquent, deux méthodes coexistaient dans l'économie soviétique : les incitations

---

[74] Staline, I.V. Nouvelle situation - nouvelles tâches de la construction économique. - Moscou : Gosudolitizdat, 1952. - C.20-21.
[75] GAPK. F.R-319. Opt.1. Д.72. P.150ob.
[76] Ovsyannikov, V.A. Brigade d'auto-comptabilité et discipline du travail. // Bulletin de l'université de la Volga, nommée d'après Tatishchev V.N. - Togliatti, 1999. - C.86.
[77] L'économie du goulag et son rôle dans le développement du pays, années 1930 : Collection de documents. - M., 1998. - C.17-20.

et la contrainte au travail, ce qui se reflétait dans toutes les sphères de l'économie. Les camps de travail correctionnels ont introduit un système de primes[78] et de paiement à la pièce pour le bon travail, et la législation du travail du pays contient des clauses interdisant aux travailleurs de quitter l'usine ou l'institution, renforçant ainsi la discipline du travail. Mais la principale tendance des premiers plans quinquennaux était la destruction du marché du travail dans le pays et son remplacement par le système de distribution prévu. En théorie, dans le cadre du système de distribution prévu, les relations de travail devaient être basées sur la conscience des employés ; cependant, en raison du manque essentiel de fonds pour la stimulation économique du travail, il s'est avéré que la "conscience" en tant qu'incitation ne fonctionnait pas. Les autorités, confrontées à une crise des relations de travail, ont choisi la pratique du recours massif au travail forcé.

Ainsi, la pénurie de main-d'œuvre lors de la construction de la mine de potasse à Solikamsk en septembre 1930 a été partiellement couverte aux dépens des prisonniers de Domzak. Prenant constamment du retard sur le plan de construction du "Kombinat "K"[79] (1T1931 - 19%, avril - 26%, mai - 12%), le Conseil de l'Oural a décidé de surmonter avec l'aide de 1500 "travailleurs forcés", c'est-à-dire des prisonniers. [80]c'est-à-dire les prisonniers.

Un autre exemple. En 1931, seulement 47% du nombre requis d'ouvriers étaient employés à la construction du système municipal d'approvisionnement en eau de Perm. La principale raison des licenciements était le manque de logements : les casernes ne pouvaient accueillir que 370 personnes alors qu'il fallait en accueillir 1150. Le chef de Vodokanaltrest ne voyait la solution au problème de personnel que dans l'obtention de la main-d'œuvre nécessaire dans les camps de la colonie n°5 et de Vishersky.

Au printemps 1932, les prisonniers de l'UWITL travaillaient dans les usines de

---

[78] Extrait de la résolution sur le rapport sur l'état et le fonctionnement du trust "VISHKHIMZ. 1929 // PERMMGANI. F.156. d. 1. Д.291. P.5 (1929 - Visherlag, "") ; Ordre de l'Autorité de construction du canal Moscou-Volga n° 126 du 14 août 1933 "Sur le paiement d'une prime supplémentaire pour un travail de haute qualité" // GARF. Ф.9489. Dépt.2. Д.45. P.216 ; Informations sur la rémunération du travail des prisonniers et la nécessité de transférer les camps de travail et les colonies pénitentiaires au budget de l'État. Note de référence sur la question du paiement du travail des prisonniers et la nécessité de transférer les camps de détention au budget de l'État. V. Chernyshev. 06.1948 // GARF. F.R-9414. Opt.1. D.368, etc.
[79] La future usine de poudre à canon de Perm.
[80] PERMANENCE. Ф.58. Département 1. Д.1. Л.88.

chlore, de potassium et de produits chimiques du district de Berezniki. En février 1933, lors de la construction du Combinat chimique de Berezniki 1863, 5333 ouvriers étaient prisonniers et 907 étaient des spetselenets, c'est-à-dire que 51,9 % des ouvriers étaient contraints de travailler.

Plus de trois mille prisonniers de la colonie n° 5 de Perm en 1933 ont travaillé à la construction de nouveaux ateliers de l'usine de canons Molotov, à la construction des usines Superphosphate et n° 19.

Dans les zones septentrionales de la région de Kama, le nombre de personnes réprimées de diverses manières était important. Par exemple, au printemps 1932, dans le district de Berezniki, les prisonniers de l'UVITL, Solikamsk Domzak, les réinstallés spéciaux valides, les prisonniers administratifs et les "personnes privées locales" représentaient 35 % de la population adulte totale[81].

La théorie d'une nouvelle société "sans classes" acceptait l'existence du marché et la stimulation économique du travail, mais les considérait comme temporairement nécessaires et comme un vestige du passé. Dans ces conditions, les responsables économiques du pays n'avaient qu'une seule issue : recourir au maximum aux mesures de travail forcé extra-économiques et au travail forcé de diverses catégories de population non libres (prisonniers, colons spéciaux).

Dans les années des prochains plans quinquennaux d'avant-guerre, la relation entre le gouvernement et la société n'a pas changé. Les représentants des autorités étaient fermement convaincus qu'ils pouvaient et devaient utiliser tous les moyens pour atteindre leurs objectifs, y compris le recours massif au travail forcé. Dans l'économie, le développement prioritaire de l'industrie du groupe "A" (production de moyens de production) s'est poursuivi avec un retard important dans le développement du groupe "B" (production de moyens de consommation).

En 1935, le directeur de l'industrie du bois de Berezniki a écrit au Comité régional : "...conditions de vie dégoûtantes.... créer des les discours contre-révolutionnaires. Par exemple, l'un des travailleurs de la pré-conscription m'a dit, ainsi qu'au chef du parti du LPH : "Ils nous gardent pire qu'en prison. Lors de l'inspection en 1937, l'image suivante

---

[81] Ibid. Ф. 58. Op.1. F.58. Op.1. Д.77. P.4 ; D.74. Л.18.

a été révélée : "Les conditions de vie ne sont pas créées. Il n'y a ni tasses, ni cuillères, ni literie. Les travailleurs déclarent que si les conditions ne sont pas créées, nous rentrerons chez nous. L'offre s'est récemment détériorée, la cantine est alimentée en viande salée, il n'y a pas de pommes de terre"[77]. La principale raison pour laquelle les travailleurs ont quitté l'industrie forestière dans le nord de la région de Perm était le manque de logements (au lieu de 55 400 mètres carrés, il n'y avait que 26 000 mètres carrés, soit deux fois moins), le manque d'écoles, de clubs, de jardins d'enfants, de crèches, de blanchisseries78. Ces conditions de vie ont entraîné une pénurie chronique de personnel et, par conséquent, la non-application des plans. Ainsi, dans la confiance des Ouralzapadoles, la diminution des travailleurs indépendants permanents pendant 2 ans (1936 - 1937) s'est élevée à 43,4%79, des travailleurs saisonniers à 72,7%80. En conséquence, la quantité de bois récolté par la fiducie a diminué de 77,6 % (de 1860 000 festmeters à 41581). La même tendance a été observée dans le département d'exploitation forestière de Glavlezhstyazhprom.

Tab. n° 982. Diminution de la récolte de bois dans le département de l'exploitation forestière "Glavlyostyazhprom

1935 г.	1936 г.	1937 г.
23 millions f.m.	20 millions f.m.	13,2 millions f.m.

[77] PERMGANY.F.59. Op.1. Д.246. P.1 ; D.247. Л.19,25,39.
[78] GAPK. F.R-1074. Opt.1. D.17. P.21ob.
[79] PERMMANIE. Ф.105. Opt.7. d. 98. Л.43.
[80] Ibid. Ф.105. Opt.5. d. 184. Л.5.
[81] GARF. F.R-5446. Op.4a. Д.485. Л.3.
[82] Tableau compilé à partir de : PERMMGANI. Ф.105. Opt.5. d. 184. Л.3.

La politique intérieure de l'État soviétique en 1936-1937 a conduit à l'aggravation des relations socio-économiques entre le gouvernement et la société. Le niveau de vie continue de baisser, les problèmes d'approvisionnement, typiques au début des années 1930 pour les chantiers "choc", commencent à toucher les grandes villes industrielles.

Les organes du NKVD ont enregistré des milliers de cas de critique du pouvoir soviétique au sein de la population. La mauvaise récolte de 1936 et la nouvelle Constitution déclarative ont encore aggravé la situation dans la société[82]. Le pouvoir a trouvé une issue dans des mesures coercitives et répressives, justifiant idéologiquement les répressions par la "lutte avec les parasites" qui, "...dans le but d'aigrir la population

---

[82] Par exemple, le rapport du chef du NKVD de la région de Kungursky A. V. Permyakov sur les humeurs dans le district en rapport avec la publication du projet de nouvelle Constitution de l'URSS du 23 décembre 1936 // Répressions politiques dans la région de Kama, 1918-1980. - Perm : Pushka, 2004. - C.226-228.

contre le Comité Central du PCUS (b) et le Gouvernement," a [83]mené la politique de destruction des entreprises industrielles et des fermes collectives. Dans la région de Kama, des centaines de chefs d'entreprises, des milliers de simples ouvriers, d'employés de bureau et de paysans ont souffert des répressions de 1937 - 1938. Ce sont les répressions qui ont soulagé les tensions sociales, c'est-à-dire qui ont "trouvé" et détruit des "ennemis" spécifiques - "la racaille de Trotskyite-Boukharine", les "agents du fascisme", qui "opéraient" dans les fermes et entreprises collectives dans le but de ruiner le travail[84] . Mais les problèmes économiques, enracinés dans le modèle de la modernisation socialiste de la société, n'ont pas été résolus, mais au contraire, se sont aggravés.

Dans les années suivantes, la tendance à la mobilisation non économique des ressources en main-d'œuvre non seulement s'est poursuivie mais a atteint son apogée dans les décrets de 1940 (décrets du 26 juin "Sur le passage à une journée de travail de 8 heures, à une semaine de travail de 7 jours et sur l'interdiction du départ non autorisé des travailleurs et employés des entreprises et institutions", du 10 juillet "Sur la responsabilité des congés non autorisés et de la désertion", du 28 décembre 1940. "Sur la responsabilité des élèves des écoles professionnelles, des écoles ferroviaires et des écoles de formation professionnelle pour violation de la discipline et pour congé non autorisé de l'école". Ces décrets ont fortement renforcé le droit du travail du pays et ont introduit des éléments coercitifs dans tous les domaines de l'activité professionnelle et ont considérablement augmenté le nombre de prisonniers (seulement pendant les 16 années du décret, 723 000 personnes ont été condamnées pour absentéisme scolaire, retard et absence non autorisée du travail[85]). La coercition reste le principal levier pour mobiliser et retenir les ressources en main-d'œuvre sur les chantiers, les entreprises et les sites d'exploitation forestière.

En 1938, selon la mission du Comité régional du parti, le roulement de la main-

---

[83] Extrait du dossier d'archives et d'enquête de P.A. Vladimirov // PERMMGANI. F.641\1. op. 1. Д.6857. Л.14.
[84] Résolution de la réunion des travailleurs et des employés de Koyanovskaya MTS // The Star. - Perm, 1937. - 16 septembre ; à Koyanovo, c'est malheureux // Zvezda. - Perm, 1937. - 23 octobre.
[85] Nachapkin, M.N. La législation du travail dans l'avant-guerre, les périodes militaires, et son impact sur la vie des travailleurs et des paysans. // L'Oural dans l'histoire militaire de la Russie : traditions et modernité. Matériaux de la Conférence scientifique internationale. - Ekaterinbourg : Institut d'études orientales de la branche ouralienne de la RAS, 2003. - C.8.

d'œuvre dans les organisations de construction de la région de Kama a été analysé. Le pourcentage moyen de rotation était de 98, et dans certaines organisations, il atteignait 160. Dans leur analyse de ces taux élevés, les spécialistes du comité régional du parti ont écrit à propos de "...l'attitude négligente envers les conditions culturelles et de vie des travailleurs - cela est démontré par le fait que le programme de conditions culturelles et de vie et de construction de logements en 1938, pour 29 chantiers principaux, n'a été rempli qu'à 50%"[8687]. En conséquence, le niveau des effectifs était en moyenne de 47,2 % du nombre requis.

Tableau n° 1088. Rotation de la main-d'œuvre dans les grandes entreprises de construction La région de Kama en 1938. (Tableau établi par les spécialistes du comité régional du parti. Données pour 1938)

Nom du site de construction	En cours				Note
	Arrivés en cours	disparu	%		
Stroytrest n° 29	3777	3193	85		Situation similaire
Severuraltyazhstroy	2679	3187	136.9		pour tous les autres
PSN	3922	2796	71		projets de
Construction de la 19ème	2151	2047	94		construction dans
Kambumstroi	1250	2101	160		la région
Zacamtez	804	935	116		
OKS Chusovskoy Zavod	189	165	87		
Total	14742	14426	98		

Tableau n° 1189. De la mise à disposition en personnel des principales organisations de construction de la région de Kama en 1938.

L'entreprise	% de mise à disposition des travailleurs au régime
Confiance #29	45
Kambumstroi	29
Zacamtez	60
Construction "F."	55

En conséquence, les organisations de construction de la région de Kama ont réalisé le plan en 1938 à hauteur de 62 % en moyenne, ce qui signifie qu'aucune des principales organisations de construction ne s'est acquittée de cette tâche.

Tab. n° 1290. Réalisation du plan de production par les principales organisations de construction de la région de Kama en 1938.

Nom de l'organisation		Coût des ventes		
		Diminuer	Augmentation des	
Stroytrest n° 29	29	-	4543 p.	76
Severuraltyazhstroy	30	-	5530	
Kambumstroi	42	-	3500	
Zacamtez	70	-	290	4
Construction de la 19ème usine	78	-	6147	8.3
Construction de 172 usines	83	-	1480	4.8

---

[86] PERMANENCE. Ф.105. Opt.5. d. 187. Л.2.
[87] Tableau compilé par : PERMMGANI F.105. Opt.7. d. 98. Л.7.

36

NSR (New Mine Administration)	67	-	3322	18
L'OCS de l'usine de Chusovskoy	85	-	1663	19
Perm k-ra Soyuzteplostroy	99	-		
Bustroy (Solikamsk)	62.3	-	13005	51
Total	**62**	**-**	**27775**	**10**

La situation était similaire dans d'autres domaines de production. Par exemple, la direction du trust "Sverdlezh[88][89][90]expliqué le taux élevé de chiffre d'affaires par le fait que la société n'a pas créé "des conditions culturelles et de vie minimales"[91] . La direction de l'usine de potassium-magnésium de Solikamsk a estimé les causes de la rotation du personnel comme suit : "Faibles salaires, manque de logements, 40% des logements - casernes déjà en mauvais état" [92].

Dans la ville de Krasnovishersk, d'après les données des organisations professionnelles, l'offre était la suivante la même année "...par habitant et par trimestre : viande - 200 gr, huile - 115 gr, conserves - 1 boîte pour 5 personnes, poisson - 500 gr." [93]La plupart des marchandises entrantes sont allées dans des chaînes de vente au détail fermées. Bien que les cartes aient été supprimées, il était très difficile pour une personne qui n'était pas employée dans le secteur public de vivre en ville. Il n'y avait presque pas de marchandises qui entraient dans le réseau commercial ouvert. Par exemple, en 1940, le commerce ouvert de Krasnovishersk recevait un peu plus qu'une boîte de conserve par personne, un demi-œuf, 1,5 kg de sucre.

Tab. №13[94] . Biens disponibles dans le commerce ouvert de Krasnovishersk en 1940 pour par personne et par an

Viande	Non
Huile var.	357 gr.
Poissons	286 gr.
Sucre	1,5 kg.
Pâtisserie	2,3 kg.
Macaroni	607 gr.

[88] Tableau compilé à partir de : PERMMGANI. Ф.105. Opt.5. d. 187. Л.3.
[89] Tableau compilé à partir de : PERMMGANI. Ф.105. Opt.4. d. 89. Л. 1,5-9.
[90] Une organisation d'exploitation forestière.
[91] GARF. F.R-5446. Op. 4a. Д.485. Л.6.
[92] PERMMANENCE. Ф.105. Opt. 6. Д.312. Л.30.
[93] Ibid. Ф.105. Opt.5. d. 188. P.39ob.
[94] Tableau compilé par : PERMMGANI F.105. Opt.7. d. 98. Л.7.

Oeufs pcs.	0,5 pc.
Conserves	1,14 canettes

À Kizel, à mesure que le nombre de mines augmentait, le nombre de travailleurs augmentait et l'offre diminuait régulièrement. Étant donné que dans la région (selon les données du comité régional du parti) "... il n'y a pas de marché du tout, car la région est presque exclusivement industrielle", la vie des travailleurs était très dure. En conséquence, en 1940. 50 % des mineurs étaient des travailleurs colons (le nombre total de travailleurs était de 8884, dont 4430 travailleurs colons[95]), qui sont venus à Kizel pour travailler dans les mines non de leur plein gré.

Fig. n°197. Dynamique du nombre de mineurs et de leur approvisionnement à Kizel [9697]

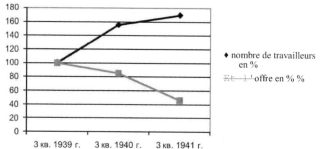

La conséquence de ces conditions de travail et de vie était la rotation du personnel et tous les problèmes qui y sont associés. Même si le responsable du chantier ou de l'entreprise pouvait augmenter le salaire, les problèmes d'approvisionnement restaient sans solution. Les chefs d'entreprises et de chantiers ont écrit des mémos au comité régional du parti et aux autorités supérieures en demandant une aide urgente, avant tout pour la main-d'œuvre des prisonniers spéciaux.

Par exemple, en 1938, le Construction Trust №29, soulignant l'énorme chiffre d'affaires (jusqu'à 65%), a demandé "d'organiser un camp GULAG pour 2 à 3 mille

---

[95] PERMMANENCE. Ф.105. Opt. 6. Д.87. P.51ob.
[96] Dessin compilé à partir de : PERMMGANY. Ф.105. Opt.7. d. 96. Л.59.

[97] le nombre de mineurs et leurs normes d'approvisionnement au 3ème trimestre 1939 a été pris comme 100%.

personnes sur le site" [98]. Dans une lettre adressée au chef du GULAG au sujet du travail du KGBK, le comité régional du parti de Perm[99] a demandé d'augmenter le nombre de travailleurs du CTI jusqu'à 700 - 800 personnes. En 1940, le conseil d'administration de l'usine de bois de Krasnovishersky, qui avait besoin de 800 à 900 travailleurs supplémentaires, a demandé "de compenser ce manque de personnel en faisant appel à des cadres spéciaux par l'intermédiaire du NKVD"[100]. Les exemples pourraient être poursuivis.

Pour la gestion des entreprises et des chantiers de construction, le recours au travail des prisonniers et des colons spéciaux n'était pas gratuit. Les directives, les règlements et le code du travail correctionnel exigent le paiement du travail de la même manière que pour les travailleurs libres effectuant un travail similaire, moins un pourcentage fixe pour l'entretien de l'administration, du camp, du règlement spécial, etc. Mais il y a une différence importante : si les travailleurs indépendants, insatisfaits des conditions de travail et de vie, pouvaient se déplacer vers d'autres secteurs de l'économie, les prisonniers et les colons spéciaux étaient privés de ce droit.

Les décrets de 1940, visant à renforcer la discipline de travail, ont intensifié l'exploitation extra-économique des ouvriers et des employés. Les heures de travail accrues et, par conséquent, les coûts de la main-d'œuvre n'ont pas été payés. Mais ceux qui ont mené "...de fausses discussions sur le fait que ces mesures n'augmentent pas les salaires" ont été déclarés "désorganisateurs de la production" [101]et les normes des nouveaux décrets leur ont été appliquées. L'essence du décret du Présidium du Soviet suprême de l'URSS "sur l'adoption de la journée de travail de 8 heures, de la semaine de travail de 7 jours et sur l'interdiction pour les travailleurs et les employés de quitter les entreprises et les institutions sans autorisation" du 26.06.1940 a été clairement et précisément exprimée par un des militants du parti BHC : "Le nouveau décret va

---

[98] PERMMANENCE. Ф.105. Opt.4. d. 89. Л.9.
[99] Usine de pâte et papier Kamsky.
[100] PERMANENCE. Ф.105. Opt.6. D. 128. L. 67.
[101] Extrait du discours de Gusarov (secrétaire du Comité du parti communiste de l'Union) lors de la réunion des militants du parti, des syndicats et de l'économie du Berezniki Goskhimkombinat. 29.06.1940. // PERMMGANI. Ф.105. Opt. 6. Д.304. Л.20.

maintenant les freiner et les faire fonctionner"[102].

Le chiffre d'affaires des entreprises a diminué après les décrets de 1940. Dans certaines entreprises, il a été multiplié par dix. Par exemple, à l'usine de potassium-magnésium de Solikamsk, au cours de la première moitié de 1940, 215 personnes ont été licenciées par mois en moyenne, en juillet - 22 seulement. Des mesures sévères ont permis d'atteindre cet objectif - en juillet, des documents concernant 82 personnes ont été envoyés au tribunal, dont 49 ont été condamnées. L'administration de l'usine n°19 a, dans le même temps, envoyé 626 dossiers au tribunal, dans lesquels 370 personnes ont été condamnées. Mais l'effet du décret a été suffisant pendant littéralement un mois - la dynamique du nombre d'absences à l'Usine militaire n° 19 de mai à août 1940 montre qu'en juillet le nombre d'absences a diminué, mais en août il a recommencé à augmenter[103].

Dans le domaine des relations de travail des free-lances, les décrets n'ont pas produit les résultats escomptés, notamment l'incapacité de "...placer les intérêts de l'État au-dessus des intérêts personnels". [104]. Extra-économique, La contrainte administrative au travail n'a pas servi d'incitation efficace pour augmenter la productivité du travail, mais a conduit à une certaine stratégie de comportement du travailleur : penser non pas aux résultats du travail, mais à l'achèvement le plus tôt possible de la journée de travail. Ainsi, à l'usine Ocher, le plan de juillet pour le puits a été réalisé à 68,6 %, alors que l'offre de main-d'œuvre était de 140 %. La direction de l'usine a écrit dans le rapport qu'en théorie, la productivité devrait augmenter de 14,3 % (soit 114,3 %) après le passage à une journée de travail de 8 heures et à une semaine de travail de 7 jours, mais en fait, le plan de juillet n'a été respecté qu'à hauteur de 71,7 %. Dans le même temps, près de 60 % des travailleurs étaient des Stakhanovites. À l'usine mécanique Pavlovsky, en juillet, le nombre d'ouvriers qui ne respectent pas sciemment les normes de production, espérant une réduction de ces normes, a augmenté. À l'usine №19, en juillet 1940, les travailleurs ont également obtenu de moins bons résultats - la production brute a diminué et le nombre de ceux qui ne respectaient pas les normes a augmenté (en juin

---

[102] PERMANENCE. Ф.105. Opt. 6. Д.304. P.18ob.
[103] Ibid. Ф.105. Op. 6. DOC. 111. L. 42-44.
[104] Ibid. Ф.105. Opt.6. Д.304. P.18ob.

- 15 % en moyenne, en juillet - 20,6 %, pendant 2 décennies d'août - 26,9 %). Le coût des rejets en juillet a augmenté de 37% par rapport à juin[105].

La conclusion est donc que les décrets n'ont pas résolu le problème de la rotation du personnel, mais ont seulement aggravé la situation en introduisant des éléments de coercition dans les relations de travail des free-lances. La direction des entreprises a demandé au comité régional du parti et à la haute direction économique de recruter de plus en plus de "travailleurs coercitifs", c'est-à-dire des prisonniers et des colons spéciaux.

Par exemple, au 1er avril 1941, la région de Molotov de l'UITLK[106][107]disposait de colonies et de camps de travail industriel et contractuel : à Molotov - PromITK №1, ITK №4 (Zakamsk №2, station Khimgrad), ITK №5 (Motovilikha), OLP (district de Staline, village Yeranichi) ; à Krasnokamsk - ITK №3 ; à Kungur - ITK №4 (Kungur). À Berezniki - ITK №6 (station Usolskaya). Les prisonniers travaillaient le métal   et le bois, l'exploitation forestière, la production de couture, la fabrication de chaussures, de meubles, d'instruments de musique. Ils ont travaillé dans le cadre d'accords contractuels avec l'usine de papier et de pâte à papier de Krasnokamsk, le Building Trust № 29 (bâtiment de l'usine № 98 à Zakamsk), l'usine № 172 im. Molotov, Berhimkombinat de Sévuraltyazhstroy (usines de soude et de tubes d'azote à Berezniki), l'usine "Krasny Oktyabr", le State Building Trust № 12 (bâtiment de l'usine № 19-33 BIS). Le nombre moyen de prisonniers de l'OITC[108] était de 8 510. En plus de l'OITK, 2 grands camps, directement subordonnés au goulag, opéraient sur le territoire de la région : Usolsky et Solikamsky.

En 1940, le nombre de prisonniers (environ 40000 personnes) parmi tous ceux employés dans l'industrie dans la région de Perm (124 677 personnes[109]) était de plus de 30%, ce qui indique l'importance et le rôle du travail forcé pour le développement économique.

---

[105] PERMMANENCE. Ф.105. Opt. 6. VOL. 111 P. 11-16,26-29.
[106] Gestion des colonies de travail et des camps de travail correctionnels.
[107] GARF. F.R-9414. Opt.1. Д.1162. Л.30.
[108] Département des services correctionnels et du travail.
[109] Région de Kama. Siècle du XXe siècle. - Perm : Le monde du livre, 1999. - C.140.

Les théoriciens et les praticiens de l'État soviétique ont reconnu le travail forcé comme un élément obligatoire de la "nouvelle société", au moins jusqu'au début de sa phase de développement, qu'ils ont appelé "communisme". Ainsi, la résolution du Politburo de 1929 du Comité central du Parti communiste de l'Union des bolcheviks et du Conseil des commissaires du peuple de l'URSS "Sur l'utilisation du travail par les condamnés à mort", la résolution de 1930 du Conseil des commissaires du peuple de l'URSS "Sur les mesures d'application de la colonie spéciale", et la résolution de 1929 du Conseil des commissaires du peuple de l'URSS "Sur l'utilisation du travail par les condamnés à mort". "Sur les mesures de mise en œuvre de la colonisation spéciale dans les territoires du Nord et de la Sibérie et dans la région de l'Oural", décrets de 1940, qui ont considérablement accru la responsabilité en matière d'absentéisme, de retard et de départ non autorisé de l'entreprise.

L'utilisation à grande échelle du travail forcé et l'extension de ses éléments à tous les citoyens valides du pays correspondaient autant que possible au système de distribution prévu. L'existence d'un marché du travail ne correspondait pas à une planification rigide, dont la théorie reposait sur les principes de subordination totale des masses ouvrières et paysannes. Le mécanisme de subjugation était idéalement compris comme la soi-disant conscience de l'homme. Les tentatives d'attirer des travailleurs libres grâce à l'autofinancement, à des négociations progressives et à des primes ont souvent échoué, car il n'y avait rien à acheter avec l'argent gagné, pas de place pour les enfants des travailleurs pour étudier, et même le logement posait problème. Puis le gouvernement a introduit des éléments de travail forcé pour tous les citoyens du pays à l'aide de décrets renforçant la discipline du travail et limitant la possibilité de passer d'un emploi à un autre.

Dans les années des premiers plans quinquennaux, lorsque de grandes masses de travailleurs ont dû être concentrées sur des sites industriels importants, où il n'y avait ni salaires ni logements décents, ni écoles, ni jardins d'enfants, ni crèches, ni clubs, le système du travail forcé a inévitablement commencé à se former. Ce système était attrayant pour les opérateurs économiques, tout d'abord en raison de la mobilisation d'importants contingents de travailleurs, mais aussi en raison de leur caractère peu exigeant. Les casernes de camp, et plus tard même les tentes, ont été construites très rapidement, et la concentration de ressources de travail considérables n'a pas nécessité un long "recrutement", une persuasion, comme dans le cas des travailleurs indépendants.

L'application massive du travail forcé s'est produite principalement dans les secteurs les plus instables de l'économie - la construction et l'exploitation forestière. C'est également dans ces secteurs que le travail manuel lourd prédomine, avec une faible mécanisation des processus de production.

1.2 Le travail forcé des prisonniers pendant la Grande Guerre patriotique

Le temps de guerre a apporté ses propres particularités aux ressources en main-d'œuvre de la région de Molotov[110]. Suite à la mobilisation, des milliers de travailleurs et d'employés sont partis au front, ils ont été remplacés par des enfants, des femmes, des retraités, des invalides et un nombre considérable de prisonniers et de prisonniers spéciaux.

Le plan économique militaire, approuvé par le PCC de l'URSS et le Comité central du PCUS le 16 août 1941, pour le 4ème trimestre 1941 et 1942 dans la région de la Volga, l'Oural, la Sibérie occidentale, le Kazakhstan et l'Asie centrale, prévoyait une forte augmentation de la production d'armes, de matériel militaire, de munitions et d'équipements, de la production de carburant, d'électricité, de la production de métaux ferreux et non ferreux, de machines-outils, de chaudières, de turbines, d'équipements métallurgiques, miniers et autres [111]. Sur le territoire de la région de Molotov, de nouvelles usines ont été construites et les anciennes ont été agrandies - potasse et magnésium de Berezniki, magnésium et pâte à papier de Solikamsk, alcool sulfité, usine de canons de Perm № 172, poudre № 98, usine de moteurs d'avion № 19, usine de carburateurs № 33 bis et bien d'autres. Sur le territoire de la région, 124 entreprises ont été évacuées. La plupart des entreprises évacuées sont arrivées avec une importante pénurie de travailleurs. En outre, il fallait des travailleurs pour le déchargement et

---

[110] De 1940 à 1957, la région de Perm a été appelée "Molotovski".
[111] L'Oural au front. - Moscou : économie, 1985. - C.45.

43

l'installation des équipements, la construction de nouveaux ateliers et usines.

Les décrets du Présidium du Soviet suprême de l'URSS "Sur la durée du travail des ouvriers et des employés en temps de guerre" (juin 1941), "Sur la responsabilité des ouvriers et des employés des entreprises de l'industrie militaire en cas de démission non autorisée des entreprises" (décembre 1941). (décembre 1941), "Mobilisation de la population urbaine valide pour le travail dans la production et la construction en temps de guerre" (février 1942), le travail supplémentaire obligatoire jusqu'à 3 heures par jour a été introduit, les jours fériés ont été abolis, les travailleurs des entreprises de défense ont été considérés comme mobilisés et affectés à des entreprises pour un travail permanent pendant toute la guerre. Les congés non autorisés étaient assimilés à une désertion de l'armée. Les adolescents et les retraités ont participé aux travaux. Mais la pénurie de main-d'œuvre persiste : il manque environ 12 à 13 millions de travailleurs[112] dans tout le pays.

Le nombre de prisonniers dans la région a augmenté de façon spectaculaire pendant les années de guerre, notamment en raison de l'évacuation des camps et des colonies des régions de la ligne de front. Pendant les années de guerre, 27 camps et 210 colonies ont été évacués dans tout le pays des zones situées à proximité immédiate de la zone de guerre[113]. Environ un million de prisonniers ont été évacués[114]. Parmi les premiers à être évacués, on trouve les condamnés de l'article 58 (politique). Ainsi, pendant les 4 premiers mois de la guerre, 14 000 prisonniers ont été envoyés à Solikambustroi[115]. Le 20 avril 1942, il y avait 2354 prisonniers d'instruction (clause 58) des républiques baltes, des régions occidentales de l'URSS et de la région d'Oryol à Usollag. A l'UITLag de la région de Molotov ont été évacués les ITK des régions d'Odessa, de Staline, de Poltava en URSS, et des régions de Leningrad, de Koursk et de Carélie-Finlande. Dès octobre 1941, les colonies de l'UITLK abritaient 21862 prisonniers[116].

---

[112] Harrison, M. Production soviétique 1941-1945. Réévaluer // La Russie au XXe siècle. - M., 1994. - C.495.
[113] Contribution des prisonniers du goulag à la victoire de la Grande Guerre nationale // Histoire nouvelle et contemporaine. 1996. - № 5. - C.135.
[114] GARF. F.R-9414. Opt.1. Д.328. Л.2.
[115] Ibid. F.R-9414. Op.1. D.41. P.14.
[116] Suslov, A.B. Concentration spéciale dans la région de Perm (1929-1953). //années de terreur. - Perm : Bonjour, 1998. - C.176.

L'augmentation du nombre de prisonniers a été favorisée par les ordres et les directives du NKVD de l'URSS (#221 du 22.06.1941) concernant l'arrêt de la libération des contre-révolutionnaires, des bandits, des récidivistes et autres criminels dangereux des camps et des colonies. Ces catégories de bagnards sont restées dans les camps et les colonies jusqu'à la fin de la guerre. A Molotov UITLK, il y avait déjà des détenus avec libération sur la base de la directive NKVD n° 221 en juin 1941. 328 personnes[117].

En ce qui concerne les personnes condamnées pour agitation antisoviétique, crimes de guerre graves, vol à main armée et vol qualifié, ainsi que les récidivistes, les éléments socialement dangereux et les membres de la famille de traîtres à la mère patrie, l'ordre de libération a été modifié. Après avoir purgé leur peine, ces prisonniers ont été affectés au camp jusqu'à la fin de la guerre, comme travailleurs indépendants et employés. Ainsi, quelque 50 000 personnes ont été affectées au camp dans tout le pays.

Un certain nombre de décrets, de circulaires et de directives (décret du Présidium du Soviet suprême "Sur la libération des prisonniers condamnés pour certaines catégories de crimes" du 12 juillet 1941, du 24 novembre 1941, directive 308 du NKVD[118] du [119]31 juillet 1942 et autres) prescrivent la libération des prisonniers condamnés sur la base du décret de 1940. (discipline du travail), pour les crimes domestiques, qui ont eu moins d'un an pour rester en détention. Mais, malgré cela, le nombre de prisonniers dans la région de Molotov ne cesse d'augmenter - de 41 000 en 1941 à 79,7 000 en 1945.

Tab. n° 14120. Nombre de prisonniers dans les camps et colonies de la région de Molotov pendant la guerre

Camp	01.01.41	01.07.41	01.01.42	01.04.42	01.01.43	01.01.44	01.01.45
Usolskiy ITL	27.1* [120]	27.2*	37.1*	30.8*	25.1*	20.6*	28.8*
Construction de l'usine de pâte et papier de	6.5*	3.4*	10.5*	8.7*	5.9*	2.3*	9.1*
Ponyshsky ITL						3.8*	0.1*
Shirokovsky ITL					2.3*	2.2*	4.8*

[117] GAPK. F.R-1366. Opt.1. Д.53. Л.166,172.
[118] Ibid. Д.650. Л.8.
[119] Tableau compilé à partir de : "Le système des camps de travail correctionnels en URSS". - M., 1998. P.492, 272, 359, 514, 340, 535 ; Suslov A.B. Détention spéciale dans la région de Perm (1929-1953) / / Gody tyro (Années de terreur). - Perm, 1998. - P.176 ; GARF. F. R-9414. Opt.1. DOC. 1162 ; RÉGION DE PERM. Ф.2464. Op. 1. D.19. LIT. 3 ; GAPK. F.R-1366. Op.1. Д.651. P.24 ; D.652. Л.160.
[120] Les données marquées d'un "*" sont tirées du manuel "Le système des camps de travail correctionnels en URSS". - M., 1998. C.492, 272, 359, 514, 340, 535.

Nyrobsky ITL							13.4*
UITLC	7.8*	8.5	21.8	23	22.3	18.6	23.5*
total	**41.4**	**39.1**	**69.4**	**62.5**	**56.8**	**47.5**	**79.7**

Le nombre croissant de prisonniers correspond à la demande croissante de leur travail. Le trust de construction Uralhimstroi, qui travaille dans d'importantes usines de défense, au 2e semestre 1941 ayant un manque important de main-d'œuvre (l'usine Molotov №90 avait besoin de 1135 travailleurs, seulement 474 ou 41,3%, l'usine d'azote-fluor de Berezniki avait besoin de 723 travailleurs, seulement 205 ou 28,4%, etc.) a conclu un contrat avec ITK №6 et 9 pour 2000 et 500 travailleurs respectivement[121]. Evacuées vers l'usine de teinture d'aniline de Berezniki '620 (de Stalinogorsk) et l'usine chimique de Rubezh en décembre 1941 ont été restaurées avec l'aide de la "colonie d'invalides" '7 (après la reconstruction, l'usine chimique de Rubezh a dû produire des médicaments). Créé par la résolution du Comité central du Parti communiste bolchevique et du PCC de l'URSS du 16.08.1941, le département de la construction de l'usine d'azote de Goubahinsk n'avait que 120 travailleurs au 24.09.1941 et a fait appel au Comité régional Molotov avec la demande suivante : "Nous vous demandons d'organiser sur le chantier le nombre de travailleurs - 1000 personnes en octobre et jusqu'à 5000 personnes au 1.01.1942"[122] et ainsi de suite.

En septembre 1941, les prisonniers travaillaient sous contrat dans 13 usines qui exécutaient des commandes militaires : à Molotov - usine № 19, 339, 172, 10, à Berezniki - usine chimique, etc. Au cours de la seconde moitié de 1942, plus de 20 000 prisonniers ont travaillé dans les entreprises du Commissariat populaire aux munitions, situé dans la région[123].

En septembre 1942, des prisonniers des RSS d'Azerbaïdjan et de Géorgie (1000 personnes chacun) et des camps de travail de Saratov et de Nijnevoljsk[124] ont été transférés dans la région de Molotov pour fournir de la main d'oeuvre aux entreprises de l'industrie de la défense.

Au début de la guerre, la production de l'UITLK était également axée sur les

---

[121] PERMMANENCE. Ф.105. Opt.7. d. 91. Л.58. P.116ob.
[122] Ibid. Ф.105. Opt.7. d. 94. Л.21-22.
[123] GARF. F.R-9414. Opt.1. Д.1182. Л.1,3,6-6a,9-10,12-13,16,18-19,30,40,50.
[124] Ordre n° 001868 du 2.09.1942 // GARF. F.R-9401. Op. 1a. D.114, P.155-156ob.

besoins du front. Le décret gouvernemental du 6 août 1941 ordonna au NKVD d'organiser la production de munitions dans 14 entreprises - corps en fonte pour mines à fragmentation de 50 mm, mines antichars PMD-6, grenades à main RGD-33. Les résumés du Goulag donnent des données sur l'évolution du nombre d'OITK, engagés dans la production de produits de défense : juin 1941 - 8 OITK, juillet - 20, août - 32, septembre - 33, octobre - 37[125].

Parmi ces OITK, il y avait les ITK de la région de Molotov. En janvier 1942, la colonie industrielle Molotov a reçu le plan de production de mines de 50 mm, et l'ITC de Kungur a reçu le plan de production de grenades RGD-33. Depuis le 3ème trimestre 1942, en vertu du décret du GOKO du 04.07.1942 n° 1960, la production de mines de 82 mm a été lancée dans la colonie industrielle de Molotov et de Kungur. En plus des mines, l'UITLK a produit des couvertures pour l'usine de systèmes d'artillerie № 172 (usine de canons), des emballages pour les mortiers de bataillon, des plateaux pour les mortiers, des fermetures spéciales (boîtes pour les obus), des articles en cuir (décret de l'URSS SNK du 3.Le 3.08.1941 No. 5922-rs à Kungur sur la base de l'ITK No. 5 il a été organisé une entreprise double de la Sokolniki ITK No. 1 de Moscou sur la fabrication de produits en similicuir[126] (y compris pour les chars).

Pendant la guerre, le camp d'Usolag a considérablement élargi son assortiment et a commencé à stocker de l'argent aérien, du ponton, du ponton, du contreplaqué pour l'aviation, de la balance (la balance est le principal composant de la cellulose, et de la poudre à canon en cellulose était fabriquée) ; il a produit des pelles à ski, des pelles à fusil et des bouchons spéciaux. Usollag fabriquait également des traîneaux, des skis et des bâtons de ski pour l'Armée rouge[127]. De nouveaux ateliers ont également été mis en service : TVZ (commandes militaires en cours), électrolyse, en même temps que la construction de l'usine de carbite-calcium, la production de pièces de rechange pour le parc d'autotracteurs, l'exploitation forestière et les outils de métallurgie dans les ateliers de réparation locaux ont également été organisés. Le savon, les allumettes, les ustensiles ménagers et un certain nombre d'autres articles de consommation ont été produits pour

---

[125] GARF. F.R-9414. Opt.1. D.41. P.4.
[126] Ibid. F.R-9414. Op.1. Д.45. Л.94.
[127] PERMMANENCE. Ф.105. Opt.7. d. 80. Л.61.

ses propres besoins.

Dans les années de guerre suivantes, l'importance du travail des prisonniers n'a fait que croître. En 1942, le Comité de défense de l'État (GKO) décrète la création du Lagotdelo n° 4 à Gubakha pour la construction d'une usine de tubes d'azote[128]. Par le décret du Comité de défense de l'Etat (GOKO) n° 2305/s du 13 septembre 1942 à la mine de Kospashugol Trust n° 40, "...le camp n° 16 du Goulag NKVD a été organisé pour la détention de prisonniers parmi les anciens travailleurs de la région minière de Kizelov"[129]. L'usine n° 577 de NKB (Commissariat aux munitions, production de poudres de nitroglycérine), a été construite avec l'aide de la main-d'œuvre de Solikamsk ITL. Pour augmenter la production de pièces de mines dans les usines ¹ 10, ¹ 333, "Kommunar", les prisonniers de l'UITLK ont été affectés. En automne 1942, le GKO a obligé le Commissariat du peuple pour les affaires intérieures à construire trois centrales hydroélectriques sur les rivières de la région de Molotov - Ponyshskaya sur la rivière Chusovaya, Shirokovskaya sur la rivière Kosva et Viluhinskaya sur la rivière Usva. La date d'achèvement des travaux de toutes les centrales hydroélectriques a été fixée en juillet 1944. [130]À la fin de 1942, deux camps de construction de ces centrales, Ponyshlag et Shiroklag (Shirokvilukhstroy), ont été organisés. Le Ponyshlag a été organisé sur la base de Yagrinlag (ville de Molotovsk, aujourd'hui Severodvinsk, région d'Arkhangelsk), site de construction n° 203, Tagilstroy et Solikamstroy. Shiroklag - sur la base des ressources libérées par la construction de chemins de fer (Sviyazhsk - Oulianovsk, Stalingrad - Saratov)[131].

Dans les rapports des lieux de détention pour 1943, il y a des informations sur les prisons spéciales de l'usine n° 172 (usine de canons) et de l'usine n° 98 (explosifs) avec [132]respectivement 150 et 20 personnes. Ils ont été évacués du "sharashki" de Leningrad - les bureaux de recherche du camp. La guerre a considérablement élargi le champ de la servitude dans la région de Molotov - de la construction et de l'exploitation forestière prédominantes avant la guerre à la production de produits militaires et à la

---

[128] Ibid. Ф.2464. Op.1. D.6. P.30.
[129] GAPK. F.R-1366. Opt.1. Д.654. Л.8.
[130] PERMANENCE. Ф.105. Opt.9. d. 108. l. 9.
[131] GARF. F.R-9414. Op.1a. Д.115. P.152ob.
[132] GAPK. F.R-1366. Opt.1. Д.651. Л.23.

création de bureaux d'études. Outre les prisonniers, de nouveaux groupes de travailleurs forcés arrivent dans la région : à la fin de 1944, 5300 Tatars de Crimée sont ajoutés aux trusts forestiers "Uralzapadols" et "Komipermles"[133]. Au même moment, Krasnovishersky LPH a demandé l'aide du comité régional du parti pour fournir de la main-d'œuvre à la société de bois Krasnovishersky avec des "prisonniers spéciaux" d'Usollag. Le Comité du parti régional Molotov, après avoir examiné le bilan de la main-d'œuvre pour 1945, a demandé au Sovnarkom "...de permettre la résorption du déficit dans les secteurs industriels et économiques les plus importants de la région Molotov en important d'autres régions et républiques les colons spéciaux en nombre non inférieur à 70-80 mille personnes pour la résidence permanente" [134]. Malgré les conditions de travail et de vie insupportables dans les camps et les colonies pendant la guerre, les rapports de travail ont constaté une augmentation de la productivité des prisonniers. En 1941, l'Union soviétique a réalisé son plan de travail et même ".pour la première fois de son existence, selon les données préliminaires, a économisé à l'Etat 1 million 500 mille roubles. Le camp a dépassé l'objectif fixé pour les produits de défense spéciaux (skis, bois spéciaux)" [135]. En 1942, l'Usolleg a dépassé le plan d'exploitation, a complètement réalisé le plan de livraison du bois au Commissariat populaire aux forêts, a augmenté la productivité et a réduit le coût de production. Néanmoins, ces rapports des autorités du camp doivent être traités avec prudence. La réalisation des indicateurs prévus est souvent obtenue en réduisant le plan lui-même et les normes prévues, ce qui est clairement visible dans les figures 2 et 3, qui montrent la dynamique du plan et des normes prévues Usollag. En fait, la quantité de produits fabriqués pouvait fortement diminuer (par exemple, la figure 4 montre la quantité réelle de bois récolté par l'Usollyag en 1940-1945). Ainsi, en 1941, il y a eu une augmentation des indicateurs, plus tard - une baisse constante, c'est-à-dire que le travail des prisonniers du camp d'Usolie s'est détérioré, dans les rapports on pouvait voir une augmentation de l'exécution du plan. La figure 5 est compilée sur la base des rapports des camps.

---

[133] PERMANENCE. Ф.105. Opt.10. d. 142. l. 50.
[134] Ibid. Ф.105. Opt.11. Д.172. Л.14.
[135] Ibid. Ф.4460. Op.1. D.25. P.10.

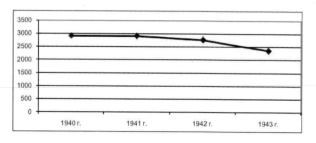

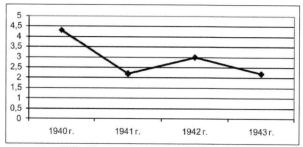

Fig. 2[136][137] : [138]Dynamique de l'objectif annuel dans l'Usollyag
Fig. 4139. Quantité réelle de bois récolté par Usollag (en milliers d'hectares) [139]

Fig. n°3138. Dynamique des normes planifiées dans Usollyag pour l

[136] Le chiffre est compilé à partir de : GARF. F.R-9414. Opt.1. D. 853 ; GARF. Ф.9401. Rep. 1a. DOC. 137. L.59 ; GARF. Ф.7637. Op.5. d.81. P.7 ; PERMMGANIE. Ф.105. Op.7. D.400 ; F.4460. Op.1. Д.1. P.24 ; Op.8. D.141 ; D.189.
[137] Compilé à partir de : GARF. Ф.9414. Département 1. D.853 ; D. 331. P.3 ; PERMMGANI. Ф.105. Op.7. D.400 ; Op.8. l.141 ; Op.12. Д.491. LIGNE 63 ; F.4460. Op.1. D.28. LIGNE 35 ; D.25. LIGNE 41.43.
[138] Dessin compilé à partir de : PERMMGANY. Ф.105. Op.7. D.400 ; Op.8. D.94 ; Op.10. D.608. LIGNE 8 ; F.4460. Op.1. D.25. P.10.
[139] Une forte diminution du bois récolté en 1945 est liée à la division du camp en 2 camps indépandants - Usolskiy et Nyrobskiy.

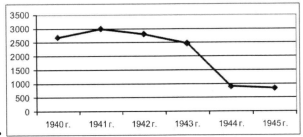

Figure n°

Amélioration de la nutrition, car en 1942, une disposition a été introduite pour
augmenter de 25 % l'allocation alimentaire des prisonniers employés dans l'industrie
des munitions[140][141][142]

(лесозаготовка) в Усольском ИТЛ

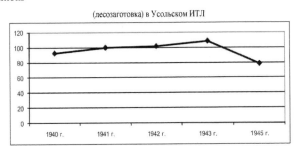

Figure n° 6143. Production de boyaux de mines de 50 mm et 82 mm dans la colonie industrielle n°
1 de Molotov

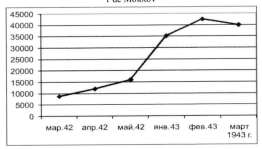

---

[140] Le chiffre est compilé à partir de : GARF. F.R-9414. Opt.1. D.853 ; D. 332. P.233 ; D.331. P.3 : PERMGANIE.
Ф.105. Op.7. D.400 ; Op.8. D 141 ; D.189. L.217 ; Op.12. Д.491. LIGNE 63 ; F.4460. Op.1. D.28. P.35.
[141] Le chiffre est compilé à partir de : GARF. F.R-9414. Département 1. Д.1996. Л.31.37,46. Д.2015. Л.9,14,17.
[142] GARF. F.R-9414. Op.1. Д.1919. Л.51.

Selon les résultats de la compétition entre les entreprises du NKVD de l'URSS, produisant des munitions, en janvier 1945, le gagnant a été ITK '3 à Kungur, région de Molotov. ITK No.3 a produit des coques pour des mines de 120 mm.

Selon les données officielles, la productivité des prisonniers en 1943 a augmenté de 80% par rapport à 1941. En conséquence, le coût de la production militaire dans les entreprises individuelles est passé de 20 à 50 %[143]. Dans le même temps, la teneur calorique des aliments, selon les calculs des chercheurs, a été réduite de 30%[144], c'est-à-dire que des indicateurs économiques élevés ont été atteints par l'exploitation la plus brutale du "contingent".

Selon les statistiques du Goulag, 352560 personnes sont mortes dans tous les camps et colonies en 1942,[145] et 267807 personnes sont mortes en 1943. Le taux de mortalité le plus élevé a été observé parmi les prisonniers évacués, qui se sont retrouvés dans les camps et les colonies nouvellement formés, et donc les plus inaptes à la vie.

Par exemple, en 1942, un ordre spécial a créé l'unité lagunaire numéro 4, qui n'était pas correctement préparée. Les prisonniers étaient placés dans des abris souterrains. En 24 jours de décembre, 210 personnes sont mortes. Autre exemple, en juin de la même année, le premier lot de personnes est arrivé dans la lagune n°3 de la gare de Baskaya. Trois mois plus tard, ils ont été contrôlés : il y avait 0,98 mètre carré de surface habitable par personne, mais il n'y avait ni matelas ni paillasse, les prisonniers dormaient sur des lits superposés nus, les vêtements sales et humides séchaient sur les gens. Il n'y avait pas d'eau dans le camp. Il n'y avait pas de bains publics. L'eau des flaques et des fossés était utilisée pour boire. Un membre de la commission d'inspection, un médecin, a vu un groupe de prisonniers courir après une charrette sur laquelle se trouvait un baril d'eau, en essayant de mettre la main dessus. En ce qui concerne l'alimentation, la farine était le principal aliment de base. En trois mois, 273 prisonniers sont morts, certains sur le tas[146]. Le travail est éreintant : les prisonniers posent la voie ferrée. Il suffit de dire que selon les rapports d'octobre 1942

---

[143] Contribution des prisonniers du goulag à la victoire de la Grande Guerre nationale // Histoire nouvelle et contemporaine. 1996. - № 5. - C.145,149.
[144] Smykaline, A.S. Colonies et prisons de la Russie soviétique. - Ekaterinbourg, 1997. - C.139.
[145] GARF. F.R-9414. Opt.1. Д.328. Л.82.
[146] PERMMANENCE. Ф.2464. Opt.1. D.6. P.6,30.

seulement, 56 hommes sont morts dans cette lagune chaque jour. En 1943, une commission a trouvé dans l'un des retardataires de Shiroklag : "Il n'y a pas de literie dans les casernes, il fait froid, les poêles fument. Les gens ne dorment pas à cause du froid et s'assoient près des poêles. De nombreuses casernes n'ont pas de fenêtres ni de lits. Il n'y a pas d'eau potable et les gens boivent l'eau des flaques et des ruisseaux près des casernes. Il n'y avait pas de latrines et les gens déféquaient près des casernes, près des flaques et des ruisseaux où ils buvaient de l'eau. La nourriture est mauvaise, la soupe n'est que de l'eau, pas de bouillie et elle ne sent même pas les graisses. Il n'y avait pas d'ustensiles et les gens mangeaient à partir de boîtes de conserve qu'ils avaient ramassées au camp. Le taux de mortalité est de 3 à 4 par jour". En conséquence, en septembre, octobre et novembre 1943, 233 personnes, soit 19,4 % des détenus répertoriés, sont mortes. Le reste des prisonniers a été "mis en arrêt de travail"[147].

La ration alimentaire, réduite en raison de la guerre, a été réduite à plusieurs reprises ou remplacée par des produits hypocaloriques : Lagotniki Unité 2 (Berezniki) : "Nous avons des maladies, qui se développent sur une alimentation monotone - farine, pain"[148]. Dans le camp d'Usolsk, les prisonniers n'ont pas eu de repos pendant 2,5 mois et pendant cette période, il n'y avait pas de graisse ni de viande dans leurs rations, ce qui a entraîné un épuisement massif, des maladies et la mort[149], etc. En 1942, le Goulag a même dû distribuer une circulaire spéciale n° 69 du 20.11.1942 sur l'interdiction pour les chefs de camps et de chantiers de réduire arbitrairement les normes alimentaires des prisonniers[150]. Cependant, le plus souvent, cette circulaire n'a pas été respectée sur le terrain. L'inspection de l'apport calorique des prisonniers de la 2e division d'Usollag, effectuée à l'hiver 1942, a révélé que "«... La quantité de produits alimentaires délivrée à cette section pour les chaudières 2 et 3 est considérablement inférieure à la teneur calorique établie et ne compense pas les coûts physiques du travail forestier"[151]. Au [148] [149] Panyshlag, durant l'hiver 1943, la ration du camp, déjà rare, a été réduite de près d'un [150] [151] tiers : les denrées alimentaires de base - viande, poisson, graisses, sucre, légumes - [152] [153]

GAPK. F.P-438. Opt.1. Д.1. P.4-4ob.
PERMANENCE. Ф.3480. Opt.1. Д.2. Л.124.
Ibid. Ф.105. Opt.8. d. 94. Л.72.
Circulaires pour 1942 // GARF. F.R-9401. Op.1a.
PERMANENCE. Ф.105. Opt.8. d. 94. Л.46.

n'ont pas été distribuées en totalité, le camp a économisé 32,2%[152].

Malgré tout, les prisonniers ont fabriqué pendant la guerre 35 millions de mines à fragmentation, 47 millions de grenades à main, 15 millions de grenades perforantes et antichars, 10 millions d'autres types de munitions dont des bombes aériennes. Jusqu'en juin 1945, les ITC de Molotov et de Kungur ont fabriqué : 55,8 mille mines de 50 mm ; 2.145 mille mines de 82 mm ; 852,8 mille mines de 120 mm[153]. Pendant les années de guerre, Usollag a donné au pays 4,5 millions de pieds de bois et a produit 171 000 jeux de bouchons spéciaux[154]. Au sujet des autres produits de l'Usolgag, les prisonniers ont dit au chef adjoint de la production : "...chaque culasse de fusil est la crosse d'un fusil qui a brisé la tête d'aucun fasciste, notre équilibre, en donnant de la poudre, n'a pas fait exploser un seul train ennemi, un seul entrepôt, un seul poste de tir"[155]. Grâce aux prisonniers, de nombreuses usines de défense importantes ont été construites et les usines existantes ont été agrandies.

La période de guerre a considérablement augmenté l'ampleur du travail forcé et l'éventail des contingents non libres (prisonniers, colons spéciaux, travailleurs migrants, prisonniers de guerre). Ainsi, au 11 mai 1945, plus de 3 millions de personnes valides[156] étaient à la disposition du ministère de l'Intérieur. Dans la région de Molotov, le nombre de prisonniers a presque doublé et l'étendue de leur travail est devenue beaucoup plus large - du simple travail aux développements scientifiques. Un certain nombre de nouveaux camps sont également apparus - Ponyshlag, Shiroklag, Nyroblag. L'exploitation des prisonniers est devenue beaucoup plus intense, mais dans le même temps, les normes alimentaires ont continué à être réduites et les conditions de vie se sont détériorées, entraînant la mort massive de prisonniers. Selon les données officielles, 8 22418 personnes sont mortes[157] dans les camps et les colonies du goulag entre juillet 1941 et décembre 1944, et plus d'un million de prisonniers pendant toute la guerre[158]. Pendant les années de guerre, la tendance à recourir au travail forcé et à

Ibid. Ф.1915. Op.1. Д.2. Л.1
GARF. F.R-9414. Opt.1. Д.77. Л.12-19,195.
PERMMANENCE. Ф.4460. Opt.1. Д.60. P.4-4ob.
PERMMANENCE. Ф.4460. Op.1. D.41. P.95.
GARF. F.R-9414. Op.1. Д. 1230. Л.29-30.
Ibid. F.R-9414. Opt.1. Д.328. Л.82.
158 Khlevnyuk, O.V. Économie de l'OGPU-NKVD-MVD de l'URSS en 1930-1953 : échelle, structure, tendances du

diverses formes de coercition dans l'organisation du travail pour tous les citoyens du pays s'est accrue.

1.3 Recours à la servitude des prisonniers après la Grande Guerre patriotique. Crise du système de recours massif au travail forcé des prisonniers

La fin de la guerre et le passage à la production en temps de paix ont entraîné de nouvelles difficultés pour fournir de la main-d'œuvre aux entreprises et aux chantiers de l'économie nationale. La mort de millions de soldats pendant la guerre - anciens ouvriers, fermiers collectifs et employés - a considérablement aggravé la pénurie de main-d'œuvre. L'abolition des décrets de mobilisation, le passage à des horaires de travail normaux, l'octroi de congés réguliers, la ré-évacuation, l'assistance au personnel dans les zones touchées par la guerre ont eu un impact négatif sur la région de Molotov. En temps de guerre, des technologies spéciales qui réduisaient le temps de production, souvent au détriment de la qualité, étaient en vigueur. Le retour à des normes de qualité plus élevées et à forte intensité de main-d'œuvre pour la production en temps de paix a également nécessité des travailleurs et des spécialistes supplémentaires.

En 1945, le déficit total de main-d'œuvre dans la région était d'environ 179,4 milliers de personnes. Malgré tout, le Gosplan a exigé *"... la mise en service* (en 1945) de nouvelles capacités, l'installation d'équipements supplémentaires et l'extension de la production dans les usines et les établissements existants". L'expérience d'avant-guerre et de mobilisation des ressources en main-d'œuvre par des incitations non économiques a été activement utilisée dans la période d'après-guerre également. Il a été suggéré au Comité régional du parti Molotov de mobiliser 82,6 mille personnes pour le temps de la campagne de récolte - écoliers, étudiants, artisans, femmes au foyer. Le Gosplan a envoyé une demande au Conseil des Commissaires du peuple de l'URSS afin d'amener 70-80 mille de colons spéciaux[159] dans la région de Molotov. Selon le plan, ils devaient augmenter le nombre de colons et de prisonniers spéciaux déjà existants dans la région de Molotov respectivement de 68351 et 79700 (au 1er janvier 1945).

---

développement. GULAG : L'économie du travail obligatoire. - MOSCOU : ROSSPENSE PUBLISHER, 2005. - C.72.
[159] PERMANENCE. Ф.105. Opt. 11. Д.172. Л.8,13-14.

Déjà en septembre 1945, sur le territoire de la région de Molotov, sur la base du décret du GKO du 18.09.1945, 15 000 rapatriés et 5923 colons spéciaux[160] ont été amenés pour le débardage. En 1945, les administrations des entreprises et des chantiers n'ont pratiquement pas demandé aux prisonniers de fournir de la main-d'œuvre supplémentaire. Il est probablement lié à la ré-évacuation des prisonniers et au décret du Présidium de l'organe suprême de l'URSS du 07.07.1945 "Sur une amnistie en rapport avec la victoire sur l'Allemagne hitlérienne". Dans le cadre de l'amnistie des camps et colonies de la région de Molotov le 01.10.1945, [161]15434 personnes ont été libérées. Sur les chantiers et dans les entreprises aussi, arrivent de nombreux "contingents" de prisonniers de guerre, de rapatriés et de déportés spéciaux.

La guerre a pris fin, mais la position des organes économiques - le Gosplan, les organisations spécifiques et les trusts - est restée la même : assurer l'afflux de travailleurs non pas par des incitations économiques (augmentation du niveau de vie des travailleurs, des salaires, du bien-être), mais par l'attraction forcée des ressources de travail. En d'autres termes, la tendance à recourir au travail forcé, qui s'est développée au début des années 1930, s'est renforcée et a été considérée comme acquise. L'intensification de la main-d'œuvre, c'est-à-dire le recours à des spécialistes hautement qualifiés et la mécanisation, pourrait certainement réduire les coûts de la main-d'œuvre, mais cette façon de procéder exigerait, selon le gouvernement et les responsables soviétiques, des "coûts improductifs". Les fonctionnaires n'étaient pas enclins à attirer des spécialistes, pour lesquels il fallait créer des conditions de vie confortables et payer de bons salaires.

Un cercle vicieux s'est formé - l'économie nationale en développement de l'après-guerre a continuellement augmenté sa production   ,
Les nouvelles usines et manufactures, les moissonneuses-batteuses et les centrales hydroélectriques furent modernisées et construites, mais les formes d'organisation du travail restèrent dans une large mesure serviles et, par conséquent, accusèrent un retard

---

[160] Ibid. Ф.105. Opt.12. Д.491. Л.38,40.
[161] GAPK. F.R-1366. Opt.1. Д.653. P.94-94ob.

important dans le développement des moyens de production et des nouvelles technologies, ce qui entrava considérablement l'introduction de la mécanisation et de la rationalisation. En général, les relations entre les travailleurs et l'administration sont restées les mêmes et, par conséquent, tous les problèmes découlant de ces relations sont restés les mêmes.

Considérons les par l'exemple de la région de Molotov. Ainsi, dans les trois plus grandes sociétés d'exploitation forestière - Uralzapadoles, Komipermles, Molotovbumles - la majorité des travailleurs ont été placés en hiver 1946 "...dans des baraquements non équipés, mal isolés, surpeuplés, dans des conditions insalubres, sans literie, sans lumière. D'où l'énorme rotation de la main-d'œuvre"[162] . L'offre de travailleurs sur les sites d'exploitation forestière était la suivante : ".denrées alimentaires - 27 à 30 % des produits nécessaires : farine - 24,7 % ; gruau - 11 % ; avoine - 34,4 % ; viande - 6,5 % ; poisson - 0,2 % ; pas de graisses du tout, sucre - 14 % ; sel - 16 %" [163][164]. Il en va de même pour l'offre de travailleurs dans l'industrie du charbon. En conséquence, les travailleurs fuient la région.

Tab. №15[165]. Offre de travailleurs de l'industrie charbonnière au deuxième trimestre 1946 en % des besoins

	Molotovugol	Kizelshakhtstroy
Produits à base de viande	72	Pas de données
Produits de la pêche	42.1	22.3
Graisses animales	33.4	11.25
Graisses végétales	24.2	26.6
Sucre	88.6	Pas de données
Confiserie	97.5	Pas de données
Farine, gruau.	35.6	Pas de données
Vodka	32.1	25

Les conditions de vie sur les sites de construction de Kama étaient également insatisfaisantes. L'inspection de la vie quotidienne des travailleurs effectuée en mai

---

[162] PERMANENCE. Ф.105. Opt.13. d. 586. l. 25.
[163] Ibid. Ф.105. Opt.12. Д.491. Л.105-106.
[164] Tableau compilé à partir de : PERMMGANI. Ф.105. Opt.12. D.156. P.62.

1946 a révélé que les dortoirs de "Molotovneftestroy" étaient ".des casernes composées de plusieurs grandes chambres de 40 à 50 lits chacune, avec des matelas sales sur les lits et certains d'entre eux sans couvertures. Il n'y a pas de tables de chevet ni de tiroirs pour ranger la nourriture et le pain, et tout le monde garde sa nourriture sous les matelas, et la foule dans ces pièces est incroyable. ...Il n'y a pas de bancs, de tabourets ou de chaises dans le dortoir. Personne n'a reçu de savon cette année. Il n'y a pas de laverie. Les chambres ne sont surveillées par personne et les vols se multiplient dans les casernes. Il y a également une cantine à proximité, qui est difficile à décrire car elle est extrêmement sale et, selon le personnel de la cantine, pleine de rats. Il y avait environ 250 personnes qui y mangeaient, mais il n'y avait qu'une trentaine de cuillères. Il en est de même dans les dortoirs de l'usine "Goznak", "KCBK" "Krasnokaskneft"[165].

Le comité du parti communiste régional Molotov a conclu : "Le déficit intrarégional de 39 000 personnes découvert en 1946 ne pouvait être couvert qu'en attirant la main-d'œuvre d'autres régions (principalement un contingent spécial) pour l'utiliser dans la construction et la sylviculture"[166]. Le secrétaire du comité régional Molotov du Parti communiste de l'Union soviétique K.Khmelevsky, dans sa lettre du 25 avril 1946 au vice-président du Conseil des ministres de l'URSS Kossyguine, suggère de faire le plein d'ouvriers de Shirokstroy du ministère de l'Intérieur[167]. De nombreuses lettres de l'administration de l'Ouralmaz concernant la pénurie de travailleurs ont abouti à la création de la Kusya ITL à l'automne 1946, chargée de travailler dans les installations de l'Ouralmaz, de construire une centrale électrique sur la rivière Kusya et de construire des routes[168].

La pénurie constante de travailleurs dans l'industrie forestière a entraîné une augmentation du nombre de prisonniers et d'exilés dans l'industrie forestière. Ainsi, à l'été 1947, un autre camp d'exploitation forestière fut organisé par le ministère des Affaires intérieures "Kizelovsky" pour l'approvisionnement en bois et en bois industriel des mines du[169]bassin houiller de Kizelovsky. Le nombre total de prisonniers dans les

[165] GAPK. F.R-1366. Opt. 1. P.130. L.36,38-39.
[166] PERMANENCE. Ф.105. Opt.12. D.138. P.6.
[167] Ibid. Ф.105. Opt.12. Д.145. Л.67-68.
[168] GARF. F.R-9414. Op1a. Д.216. Л.5-11.
[169] Ibid. F.R-9401. Op.1a. Д.225. Л.78.

camps forestiers de la région de Molotov en 1947 était de plus de 60000, et en 1950 le nombre de prisonniers a atteint le chiffre de 66900.

Tab. n° 16171. Dynamique du nombre de prisonniers engagés dans l'exploitation forestière dans l'oblast de Molotov

	Usollag	Nybroblag	Kizellag	La forêt d'Usolgidro	Total	Nombre total de détenus dans la région [170][171]
1938	32714* [172]				32714	38350
1939	30452*				30452	
1940	27150*				27150	41526
1941	37111*				37111	69504
1942	25119*				25119	59870
1943	20601*				20601	51395
1944	28849*				28849	66339
1945	16409*	12475*			28884	79700
1946	20582	14065*			34647	
1947	25156*	24870*	11343*		61369	
1948	23048	21089	13373*		57510	102611
1949	21537*	20282*	15067*		56886	
1950	22365	24810*	19729*		66904	110882
1951	21453*	22317	17170*		60940	
1952	22575*	25113*	21285*	3574*	72547	108071
1953	14950*	15043*	12373*	3468*	45834	82188
1954	19180*	16851*	15090		51121	
1955	18926*	17552*	12927*		49405	

À la fin des années 1940, l'économie du pays avait été restaurée et avait même dépassé le niveau d'avant-guerre dans certains secteurs. En même temps, il y a eu un processus actif de mécanisation de toutes sortes d'industries[173], y compris l'exploitation forestière et la construction. Par exemple, dans l'industrie forestière, de nouveaux moteurs et de nouvelles scies électriques ont été introduits. Par exemple, la scie à chaîne CNIIME-k-5 développée par les ingénieurs soviétiques avait complètement remplacé une scie à main en 1948 selon les données officielles[174]. Au début des années 1950, de nouvelles technologies d'exploitation forestière ont commencé à être introduites - le débardage par tracteur des arbres avec cimes jusqu'à l'entrepôt supérieur, puis la

---

[170] Tableau compilé à partir de : "Le système des camps de travail correctionnels en URSS". - MOSCOU, 1998 ; PERMGANY. Ф.4460. Оп.1. Д.104. Fac. 4ob ; GAPK. F.P-1366. Оп.1. Д.324. P.5 ; GARF. F.R-9414. Оп.1. Д.1302. P.81,86 ; Оп.Ia. Д.169. LIGNE 4 ; F.8360. Оп.1. Д.4. Л.202.
[171] Les années pour lesquelles les données les plus complètes sont disponibles sont indiquées.
[172] Les données marquées d'un "*" sont tirées de l'ouvrage de référence "Le système des camps de travail correctionnels en URSS". - Dans la plupart des cas, les chiffres sont pris à partir du 01.01 de l'année suivante.
[173] Tiunov, V. Plan quinquennal industriel de l'Oural occidental. - Perm : maison d'édition permienne, 1977. - C.196228.
[174] Kremnev, A.I. Économie de l'industrie forestière de l'URSS. - Moscou : Goslesbumizdat, 1958. - C.73.

transformation du bois [175].

Le degré de mécanisation du travail forestier dans la région de Molotov augmente rapidement.

Tab. n° 17177. Degré de mécanisation forestière dans l'oblast de Molotov en pourcentage

	1950 г.	1955 г.
Abattage	50.3	90.2
Dérapage	50.4	89
A emporter	61	83
Chargement dans les entrepôts aériens	34	63

En conséquence, la productivité du travail était théoriquement censée augmenter, mais en fait elle diminuait. Si l'on compare la productivité du personnel permanent (bûcherons libres) et du personnel mobilisé (paysans, colons spéciaux), on peut constater que la productivité du personnel permanent en moyenne par 4 trusts de récolte pour 1945 était de 105,6% du plan. Productivité des cadres mobilisés - 78%. Au premier trimestre 1947, la productivité des cadres mobilisés était de 62%[176][177]. En 1947, les experts du Comité régional du Parti communiste ont comparé les résultats des travaux des 3 principaux trusts forestiers de la région en 1940 et 1947. Le nombre de travailleurs en 1947 a légèrement augmenté (en 1940, il y avait 17442 personnes, en 1947 - 17754 personnes). Le nombre de scies à moteur dans toute la région a augmenté de plus de 30% (900 en 1940, 1148 en 1946), le bois a été coupé en 1947, soit 22% de moins qu'en 1940. (3483 t.f.m. en 1940 et 2739 t.f.m. en 1947) [178]. La conclusion est donc qu'à mesure que le recours au travail forcé dans l'industrie forestière a augmenté, la productivité du travail a diminué. Les paysans mobilisés ont tout fait pour éviter de se lancer dans l'exploitation forestière. Par exemple, en 1948, le district de Bardymsky a dû envoyer 1230 personnes à l'exploitation forestière dans le nord de la région. Au cours de ce voyage, 350 personnes se sont échappées, dont 15 ont été condamnées à 1

---

[175] Bederson, A. M. Advanced technology in lespromkhozes region / A. M. Bederson, I. K. Kamashev // Issues of Economics of the forest industry : collection d'articles / éd. par A. M. Bederson. - Molotov, 1956. - C.18.
[176] Tableau compilé par : Bederson A.M.. Komenko S.K. Les richesses forestières de la région de Molotov et le développement de l'exploitation forestière dans le cadre des 5e et 6e plans quinquennaux // Voprosy ekonomiki lesnogo promyshlennosti. - Molotov, 1956. - C.13.
[177] PERMANENCE. Ф.105. Opt.12. Д.491. P.66 ; Op.13. D.312. Л.41.
[178] Ibid. Ф.105. Opt.13. d. 586. l. 22 ; GAPK. F.R-493. Opt.4. D.1220. Л.43.

an de prison "pour évasion de la mobilisation"[179]. Les ingénieurs et les techniciens qualifiés ont également évité l'exploitation forestière. En 1949, dans la région de Molotov, plus de 80 % des ingénieurs et 70 % des techniciens ne suffisaient pas à entretenir les équipements et machines disponibles dans le secteur forestier, c'est-à-dire que le principe de mobilisation de la formation de la main-d'œuvre dans l'industrie forestière à la fin des années 1940 était en crise profonde. Ainsi, dans l'après-guerre (jusqu'en 1949), les 3 principaux trusts forestiers de la région de Molotov ont reçu 440 camions, 275 tracteurs, 1911 scies électriques, 87 treuils électriques, et 64,8% de ces techniques (en 1949) ont été utilisées. Il n'y avait personne pour y travailler. La rotation du personnel de ces trusts était très élevée - 6395 personnes sont arrivées en un an, 5355181 personnes sont parties. La crise croissante dans les relations de travail, qui s'exprime de manière très vive dans le secteur forestier, ne peut plus être résolue par l'augmentation du travail forcé. Le développement industriel du pays a nécessité l'introduction de machines et de nouvelles technologies de production, et par conséquent - des changements dans toute la structure de la production, y compris les relations de travail. En 1950, le nombre de prisonniers dans les camps forestiers de la région de Molotov a atteint son maximum de 66900. En même temps, le gouvernement a exigé la création de conditions acceptables pour que les ouvriers et les ingénieurs restent dans les trusts forestiers : amélioration des peuplements forestiers, fourniture de tout le nécessaire, augmentation des salaires[180][181]. Dans les années 1948 - 1950, les partis et les organismes économiques ont de plus en plus vérifié le statut de la construction de logements et de l'aide sociale[182]. Le travail à la pièce et les primes ont été activement utilisés. L'expérience des entreprises qui ont réussi grâce à d'autres

---

[179] Ibid. Ф.105. Opt.14. Д.538. Л.1-2.
[180] PERMANENCE. Ф.105. Opt. 15. VOL. 162. L. 17,143,162-163.
[181] Décret du Conseil des ministres de l'URSS du 08.08.1947 "Sur la mécanisation de l'exploitation forestière, le développement de nouvelles zones forestières et la création des conditions nécessaires à la consolidation des travailleurs et des ingénieurs du ministère de l'industrie forestière de l'URSS" ; Décret du Conseil des ministres de l'URSS du 26.04.1949 "Sur l'augmentation des taux de mécanisation de l'exploitation forestière et des opérations de coupe et l'augmentation de la productivité des travailleurs employés dans l'industrie du bois". // Résolutions du Parti et du Gouvernement sur les questions économiques : en 5 vol. - M., 1968. - T. 3. - C. 436-437,578.
[182] Par exemple, "Résumé de l'exécution du plan d'investissement dans les entreprises du ministère de l'industrie du bois. 1948 // PERMMGANI. Ф.105. Dépt.15. F.143. P.155 ; Rapport "Sur l'état insatisfaisant des conditions de logement et de vie des ouvriers et employés des entreprises de bois de la région de Molotov". // PERMMGANI. Ф.105. Opt.16. Д.191. Л.25-29

formes d'organisation et de stimulation du travail - par exemple, économiques - a été largement communiquée et encouragée. Ainsi, en 1950, un livre de P.M. Nizhents, directeur de la soudière de Berezniki, a été publié "Le ministère de l'industrie chimique de l'URSS a même organisé une réunion de toute l'Union des représentants des entreprises chimiques pour diffuser l'expérience de la soudière de Berezniki. Le ministère de l'industrie chimique de l'URSS a même organisé la réunion de l'ensemble de l'Union des représentants des entreprises chimiques afin de partager l'expérience de l'usine de production de soude de Berezniki.

Le processus de mécanisation et d'introduction de nouvelles technologies a également eu lieu dans les camps d'exploitation forestière. Par exemple, dans Kizellag : "Le processus technologique dans les camps d'exploitation forestière en 1948 a subi des changements radicaux. Si au début de l'année, nous n'avions pas une zone de récolte correctement organisée, à la fin de l'année, toutes les subdivisions travaillaient selon un "processus technologique" spécialement développé par Kizellag et le passage à une méthode de flux continu était effectué". Mais dans les rapports, l'administration du camp se plaignait de la faible productivité du travail. Au 1er trimestre 1947, le camp de Nyrobka comptait 57 automobiles, dont seulement 15, soit 26,3 %, fonctionnaient. En 1950, Nyroblag possédait des dizaines de centrales électriques mobiles, de scies électriques, de treuils de débardage TL-3, mais "...avec la présence des centrales électriques, les scies électriques et les câbles travaillent manuellement. Les treuils donnent une productivité ridicule - 1215 kilobpm par équipe de machine, contre 40 kilobpm selon la norme". En 1950. Usollag, avec suffisamment de machines, ne les utilisait qu'à 27%, le reste du travail était effectué manuellement, y compris l'exploitation forestière avec des scies à faisceau[183]

Le développement des machines et des technologies était de plus en plus en contradiction avec l'organisation du travail, qui utilisait des incitations extra-économiques. Les particularités du travail servile - le caractère temporaire de la présence du travailleur sur les chantiers d'exploitation forestière, les chantiers de construction (emprisonnement, exil spécial, mobilisation), le désintérêt pour le résultat

---

[183] PERMANENCE. Ф.105. Opt.13. d. 586. l. 64 ; F.3839. Op.6. D.7. L.40 ; GARF. Ф.8360. Op.1. Д.4. Л.10.

final du travail - ne permettaient pas de disposer d'un nombre suffisant de spécialistes hautement qualifiés et, par conséquent, la productivité du travail et le pourcentage d'utilisation des machines étaient faibles. Si dans les années des premiers plans quinquennaux La main-d'œuvre peu qualifiée était utilisée dans la construction et l'exploitation forestière, elle n'était pas demandée dans la période de l'après-guerre. Le développement industriel du pays a finalement dû entrer en conflit avec la manière extensive de développer la main-d'œuvre, quand au lieu d'utiliser une seule pelle, 100 prisonniers ont travaillé avec des pelles.

La faible qualification des travailleurs forcés a déterminé leur attitude vis-à-vis de la production, des machines - négligente et grossière, entraînant des pannes et des temps d'arrêt. Avec diverses formes de travail forcé caractérisé par une profonde aliénation de l'homme du travail et des résultats du travail, avec l'intérêt dominant pour la survie plutôt que pour le travail [184]. Le ministre des Affaires intérieures Kruglov a caractérisé la situation actuelle au goulag comme suit : "Nous devons comprendre qu'il est impossible de baser un certain nombre de branches de l'économie nationale, qui sont au ministère, uniquement sur les prisonniers... Quand nous avions des travaux grossiers, des travaux de terrassement, nous avions besoin de prisonniers, mais maintenant nous devons nous occuper de machines de première classe"[185] . Ainsi, en 1949, l'équipement technique d'Usollyag permettait de produire jusqu'à 600 f.m. de bois par jour et jusqu'à 16.5 mille f.m. par mois. Selon les données de déclaration, en janvier, les scies électriques ont fait fonctionner 8,3 mille fermenteurs, soit 50 % du possible, en février - 5,1 mille ou 30,9 %. Seules 4 centrales sur 10 travaillaient dans les cantonnements. La productivité par poste était de 17,2 f.m. en janvier, 13,9 f.m. en février, le plan était de 24,5 f.m. à Nyroblag (1951) - "... les mécanismes sont complètement prévus, mais je dois dire, que ces mécanismes sont très mal utilisés. Avec une telle croissance de la mécanisation, la productivité du travail devrait considérablement augmenter, mais à notre croissance d'entreprise Le nombre de machines mises à la disposition de Nybroblag entre 1945 et 1951 est en augmentation. Un grand nombre de machines sont

[184] Ozernikova, T. Coercition au travail dans une économie de transition. // Voprosy ekonomiki, 2003. - №5. - C.100110.
[185] Suslov, A.B. Concentration spéciale dans la région de Perm (1929-1953). - Ekaterinbourg - Perm, 2003. - C.61-62.
67

actuellement inutilisées" (le tableau 20 montre clairement l'augmentation du nombre de machines à la disposition de Nyroblag entre 1945 et 1951)   Pourcentage Le coût des billettes mécanisées au cours du premier semestre 1951 représentait 42 % du total des billettes, et le coût des billettes manuelles était inférieur à celui des billettes mécanisées - 20,51 roubles par cube et 24,95 roubles par cube respectivement[186]. 1952 - "Nous sommes équipés de scies électriques à 120%, mais de nombreuses unités travaillent avec des scies à faisceau"[187], etc.

La situation a été exacerbée par le nombre croissant de prisonniers dans tout le pays. Pour beaucoup, il n'y avait pas de travail. La faible productivité du travail des prisonniers et le coût du maintien des prisonniers oisifs ont entraîné une augmentation du coût de production, et les entrepreneurs ont commencé à refuser de recourir au travail forcé. La production des prisonniers n'est pas non plus rentable : en 1948, le numéro 19 (Berezniki), qui est à la traîne, a un "contingent excédentaire" et une faible productivité du travail. En conséquence, le coût de la couture d'une veste en coton était de 64,89 roubles, alors que le coût de vente était de 52,53 roubles, soit une perte de 12,36 roubles pour chaque veste, comme pour les autres produits[188]. En 1949, en moyenne, la région de Molotov de l'UITLK ne faisait pas travailler 2000 personnes par jour, ce qui a entraîné une augmentation du coût de tous les biens produits de 9 millions 416 mille roubles. La même année, le coût des produits du bois pour l'UITLK représentait en moyenne 227% du plan. Les entreprises forestières de l'UITLK ont subi des pertes de 13 millions 791 000 roubles au cours de l'année.[189] En 1948, les ateliers de réparation mécanique d'Usolie, qui s'occupaient de la réparation de machines et de la production de biens de consommation, n'étaient pas du tout rentables. Matériel obsolète et organisation du travail servile "... Les clous "Tex" pour les échecs coûtent 266 roubles par kg, le prix d'usine de ces clous est de 3 roubles par kg. Aiguilles à coudre : le besoin annuel à prix ferme de 1,5 mille roubles pour notre production coûte 26 mille roubles.[190]

[186] PERMMANENCE. Ф.4460. Opt.1. VOL. 164 LIT.5,18,23.
[187] Ibid. Ф.3839. Opt.6. D.8. P.49.
[188] Ibid. Ф.3480. Opt.1. D.8. P.238.
[189] GARF. F.R-9414. Op.1c. Д.3189. P.64ob.-65.
[190] PERMMANENCE. Ф.4460. Opt.1. D.138. P.6.

Au tournant des années 1940-1950, les processus de modernisation de la société soviétique ont atteint un stade de développement où le recours au travail forcé et les programmes de mobilisation de l'organisation du travail sont devenus un frein important au développement des secteurs économiques en plein essor. Elle exigeait des spécialistes hautement qualifiés, capables de manipuler des machines et possédant de nouvelles connaissances technologiques.

En établissant le bilan des effectifs pour 1950. Le Comité régional Molotov du Parti ne propose plus de couvrir le déficit en attirant de nouveaux lots de prisonniers spéciaux, mais propose de réinstaller dans la région Molotov 15 000 familles des régions du centre et du sud de l'URSS, en leur étendant les prestations établies pour les réinstallateurs de la RSS[191] carélienne-finlandaise. Dans ce cas, l'accent a été mis sur la main-d'œuvre free-lance et son attraction à l'aide d'incitations économiques, c'est-à-dire d'avantages. Des signes évidents d'une transition progressive vers la main-d'œuvre gratuite et l'utilisation d'incitations économiques pour la main-d'œuvre dans l'économie soviétique sont apparus au tournant des années 1940 et 1950.

La politique répressive a reçu un nouvel élan à cette époque sous la forme des décrets de juin 1947 sur le renforcement de la protection de la propriété privée et publique. Les décrets de 1940 n'ont pas non plus été abolis. En conséquence, le nombre de la population du camp a augmenté de manière significative et a atteint son point culminant en 1950. [192]

L'augmentation de la population des camps, souvent sans rien à faire, les amnisties (après-guerre et 1953), les tentatives de réforme du droit pénal (abolition de la peine de mort en 1947) et de la loi pénale (nouveau règlement sur l'administration principale des camps de travail correctionnels et des colonies du ministère de l'Intérieur de l'URSS en 1949, etc. Au début des années 1950, une vague de soulèvements dans les camps et une forte augmentation du gangstérisme ont eu lieu dans tout le pays. Dans la région de Molotov, l'administration de l'UIT a utilisé un élément de bandit criminel dans le personnel du camp et dans les postes administratifs inférieurs, ce qui a conduit

---

[191] PERMMANENCE. Ф.105. Option 16. Д.432. Л.13.
[192] Sokolov A.K. Le travail forcé dans l'économie soviétique 1930s - mid-1950s // Goulag : L'économie du travail forcé. - MOSCOU : ROSSPENS, 2005. - C.62-63.

non seulement à des abus, mais aussi à un transfert de facto du pouvoir dans le camp aux éléments de "bandit criminel".

La crise de l'économie des camps au début des années 1950 est devenue si évidente que la nécessité de réformer le système pénitentiaire est apparue comme une évidence. Après la mort de Staline, le ministre de l'intérieur L. Beria a arrêté la construction de 22 grandes installations du goulag (canal principal turkmène, chemin de fer Salekhard-Igarka, tunnel sous le détroit des Tatars, etc.) Le 16 juin 1953, Beria soumet à l'examen du Présidium du Comité central du PCUS et du Conseil des ministres[193] de l'URSS une proposition : "Abolir le système actuel de travail forcé en raison de son inefficacité économique et de son désespoir" [194]. Les résolutions du Comité central du PCUS du 12 mars et du 10 juillet 1954 ont reconnu que le goulag, en raison de son addiction aux activités économiques, avait absolument cessé de remplir ses principales tâches pénitentiaires - l'éducation et la rééducation. Le "Règlement sur les camps de travail et les colonies du ministère de l'Intérieur" adopté le 10 juillet 1954 stipule que "les camps de travail et les colonies sont financés par le budget de l'État". [195]Le ministère de l'Intérieur de l'URSS dépendait du Comité central du ministère de l'Intérieur de l'URSS. Dans le rapport du ministère de l'Intérieur de l'URSS au Comité central du PCUS "Sur la réorganisation urgente du système ITL du ministère de l'Intérieur" du 5 avril 1956, le système existant a été reconnu comme inefficace : ni comme système correctionnel, ni comme mécanisme économique. Plus de 25 % du nombre total de prisonniers avaient déjà purgé leur peine, "des carences importantes dans l'organisation du travail pénitentiaire" ont contribué à une augmentation de la criminalité. Les auteurs du rapport ont proposé d'abolir les camps comme étant inappropriés[196].

Dans les premières années de l'après-guerre, la situation internationale (la menace - réelle ou imaginaire - d'une nouvelle guerre) et la position idéologique des autorités exigeaient la restauration immédiate de l'économie nationale détruite par la

---

[193] Conseil des ministres.
[194] Suslov, A.B. Concentration spéciale dans la région de Perm (1929-1953). - Ekaterinbourg - Perm, 2003. - C.62.
[195] Goulag (Direction principale des camps), 1918-1960 : Documents. - Moscou : Materik, 2002. - C.152.
[196] Ibid. C.164-175.

guerre L'expérience de la mobilisation des ressources en main-d'œuvre et du travail forcé d'avant-guerre était très demandée. Dans de telles conditions, l'expérience de la mobilisation des ressources en main-d'œuvre avant la guerre et de l'implication du travail forcé s'est avérée très demandée. Des millions de paysans, artisans, femmes au foyer, prisonniers de guerre, rapatriés, appelés secrets et prisonniers ont été mobilisés ou envoyés sur des chantiers de construction, dans les mines, l'exploitation forestière et l'agriculture.

À la fin des années 1940, l'économie nationale est pratiquement rétablie. Dans le même temps, les résultats de l'industrialisation du pays ont commencé à se faire sentir, c'est-à-dire que de nouvelles technologies ont été activement introduites dans la production. Les formes de production mécanisées exigeaient une organisation du travail complètement différente. De nouvelles exigences sont apparues pour le travailleur - haute qualification, attitude prudente face à la technologie. Les méthodes extra-économiques d'attraction de la main-d'œuvre (mobilisation, prisonniers du travail, réinstallations spéciales) en raison de leurs caractéristiques (désintéressement, caractère temporaire, faible qualification) ne pouvaient pas répondre aux exigences de la production. En analysant la productivité du travail, de nombreux dirigeants économiques et de partis ont clairement vu la différence entre le travail servile et le travail indépendant. Les responsables économiques qui appliquaient des formes économiques de motivation du travail dans leurs entreprises (autocomptabilité, primes, salaires progressifs) étaient encouragés, leur expérience était transmise à d'autres entreprises, c'est-à-dire qu'une tendance claire se dessinait dans la politique économique de l'État à abandonner l'application à grande échelle de formes forcées d'organisation du travail.

Les mêmes tendances existent dans le domaine du travail pénitentiaire que dans le domaine du travail indépendant. Mais dans les camps et les colonies, la situation a été considérablement aggravée par la politique répressive de l'État. Le nombre de prisonniers ne cesse d'augmenter, tandis que l'étendue de leur travail diminue. Après la guerre, la pratique pénitentiaire s'est également quelque peu libéralisée - abolition de la peine de mort, amélioration des normes alimentaires, amnistie, libération anticipée, etc.

La particularité de l'organisation du travail forcé, cependant, était la coercition stricte, les représailles contre ceux qui ne travaillaient pas ou non conforme aux normes. À la fin des années 1940 et au début des années 1950, les camps et les colonies contenaient un nombre énorme de prisonniers, dont beaucoup ne travaillaient pas (également par manque de travail), et la plupart de ceux qui travaillaient ne respectaient pas les plans de production. En conséquence, les produits des camps et des colonies sont devenus si peu rentables qu'ils ont été critiqués par les organisateurs du travail dans les camps. Après la mort de Staline, le système des camps de travail forcé a été démantelé, ayant été reconnu comme "économiquement inefficace et peu prometteur".

***

La modernisation du pays initiée par les autorités a en théorie couvert les moments les plus significatifs de la transition vers une société industrielle. Elle comprenait l'industrialisation, la collectivisation (comme une tentative de transformer des fermes individuelles dispersées en entreprises de machines à grande échelle), et des programmes éducatifs à grande échelle. Cependant, les intérêts du gouvernement étaient principalement axés sur la réalisation de la parité économique et militaire avec l'Ouest. L'attitude historiquement établie de la Russie envers la société a permis au gouvernement de concentrer toutes ses ressources sur le développement industriel du pays. Tous les autres éléments du processus de modernisation ont été considérés comme subordonnés ou basés sur les ressources. Ainsi, la collectivisation s'est terminée par la création forcée de fermes collectives et le détournement de presque toutes les ressources de celles-ci, ce qui, en fait, a ralenti le développement de l'agriculture pendant des décennies. Le déséquilibre entre le développement de deux secteurs économiques interdépendants - industriel et agricole - a entraîné des problèmes avec les produits agricoles et une pénurie de travailleurs. Pour résoudre les problèmes de rotation du personnel et de pénurie chronique de main-d'œuvre, le gouvernement a toujours envisagé deux moyens de retenir le personnel - économique et non économique. La voie économique prévoyait une augmentation des salaires et de meilleures conditions de vie, tandis que la voie non économique consistait en une fixation administrative des travailleurs et en un recours massif au travail forcé par les prisonniers et les travailleurs émigrés spéciaux. L'accélération considérable de la construction industrielle a entraîné une pénurie constante de fonds, en particulier pour le logement, les services publics et les fournitures. C'est pourquoi, sur les chantiers industriels "choc", situés pour la plupart dans les régions peu peuplées du pays, et où il fallait engager des dépenses importantes en matière de logement et d'équipement des ménages, les autorités ont préféré une méthode extra-économique pour attirer et retenir les travailleurs.

Dans les années des premiers plans quinquennaux, alors qu'on avait besoin d'une main-d'œuvre non qualifiée en masse sur les chantiers de construction et de la méthode primitive d'extraction des richesses naturelles, le système du travail forcé en Russie soviétique a commencé à prendre forme. L'économie centralisée a permis de mettre en œuvre les méthodes d'exploitation les plus dures, en augmentant la durée de la journée de travail et en réduisant les coûts de production, c'est-à-dire les salaires, les garanties sociales et l'infrastructure des établissements des travailleurs. Les citoyens libres du pays n'étaient pas satisfaits de ces conditions de travail, et les travailleurs essayaient de trouver des endroits plus confortables pour vivre. Les chantiers de construction étaient souvent laissés sans ouvriers. C'est alors que commence le recours massif au travail forcé des prisonniers, des colons spéciaux, des "démunis". Le travail des prisonniers, testé dans les camps de Solovetsky et de Vishersky, a rapidement trouvé une demande auprès des responsables de divers chantiers et services. Les comités régionaux et les comités exécutifs du Parti, les autorités soviétiques ont commencé à recevoir des centaines de demandes pour le travail peu exigeant des prisonniers et des colons spéciaux. Le gouvernement, à son tour, a adopté un décret "sur l'utilisation du travail forcé des prisonniers". La structure des centres de détention a progressivement pris les caractéristiques et les fonctions du siège économique. La logique interne du processus de modernisation devait conduire à une mécanisation de plus en plus importante de la production, en remplaçant le travail manuel par un opérateur hautement qualifié de machines-outils, de machines, de convoyeurs. Les particularités du travail forcé et des incitations extra-économiques au travail ont considérablement entravé le processus de mécanisation de la production et, par conséquent, tout le processus de modernisation de la société. Un aspect important du processus de modernisation a été l'émergence d'un grand nombre de personnes entreprenantes et instruites, qui étaient censées reprendre les initiatives de modernisation du gouvernement et les développer. Un État totalitaire, au contraire, supprime ces initiatives ou n'encourage que dans une certaine direction - le progrès technique, tout en entravant simultanément le progrès social et politique. Autrement dit, le modèle de l'impulsion de modernisation de la fin des années 20 avait certaines limites. Dans les premières années de l'industrialisation, alors que des millions de travailleurs non qualifiés étaient nécessaires, la contrainte extra-économique au travail et le recours à grande échelle au travail forcé ont permis de construire des milliers d'usines industrielles, de canaux et d'extraire des richesses naturelles. Mais lorsque les entreprises industrielles construites ont commencé à produire des machines en grand nombre, lorsque sur la base de nouvelles technologies ont souvent radicalement changé la technologie de production, on avait besoin de travailleurs qualifiés s'intéressant personnellement à leur travail. Ainsi, le processus de modernisation devait soit s'éteindre, soit les relations de travail dans le pays devaient changer. Les symptômes de l'effacement du processus sont apparus dans les années d'avant-guerre, lorsque des centaines d'unités de machines étaient inutilisées dans diverses entreprises, l'exploitation forestière, la construction. La tendance générale des relations entre le gouvernement et la société et la menace réelle de guerre ont conduit à la diffusion de méthodes extra-économiques pour attirer vers le travail toute la population valide du pays (décrets de 1940). C'est-à-dire qu'avec ces décrets, la crise de la modernisation n'a fait que s'intensifier et probablement, s'il n'y avait pas eu de guerre, elle aurait été résolue d'une certaine manière beaucoup plus tôt. Pour les résidents de tous les pays, le temps de guerre est toujours associé à une certaine privation ou limitation des libertés, plus prononcée dans la mobilisation pour le front ou la production. En URSS, la guerre a considérablement retardé la résolution de problèmes importants dans les relations de travail pour surmonter la crise de la modernisation du pays. La tendance à un durcissement de la législation du travail, amorcée avant la guerre, qui s'est traduite par une fixation effective des travailleurs dans des entreprises spécifiques et une augmentation de leur exploitation, a été poursuivie en temps de guerre par un certain nombre de décrets spéciaux. La mobilisation de millions d'ouvriers et de paysans au front a entraîné une demande accrue de travail forcé. Les prisonniers ont travaillé pendant la guerre dans presque tous les secteurs de l'économie nationale, y compris les industries de la défense. Le travail des prisonniers commence à se spécialiser. Même avant la guerre, les bureaux d'études des camps - "sharashki", où des spécialistes de tout le goulag étaient réunis, sont apparus. Ils ont bénéficié de meilleures conditions de vie et d'une alimentation meilleure et plus variée. Ce fait peut être considéré comme conforme à la crise de la modernisation : du début au milieu des années 1930, presque tous les prisonniers, y compris les professeurs et les inventeurs mécaniques, étaient utilisés comme ouvriers. À la fin des années 1930, des spécialistes ont été spécifiquement recherchés dans des camps et rassemblés dans des lieux précis. Pendant les années de guerre, la demande au goulag en travailleurs qualifiés - serruriers, opérateurs de machines et inventeurs - a considérablement augmenté. Ainsi, on peut observer le début de la tendance à la demande de main-d'œuvre qualifiée même au goulag. Dans les premières années de l'après-guerre, alors que des milliers de travailleurs étaient à nouveau nécessaires pour restaurer l'économie détruite, le travail forcé était à nouveau demandé. Mais déjà à la fin des années 1940 - début des années 1950, le système du travail forcé est tombé en crise. La cause principale de la crise était l'incompatibilité des formes d'organisation forcée du travail avec la croissance de l'armement technique des entreprises, la mise en œuvre de nouvelles technologies et l'intensification de la production. Les formes d'organisation du travail, utilisant la contrainte directe au travail, utilisant des travailleurs involontaires, ont entravé et empêché le développement de technologies avancées, nécessitant des employés qualifiés, éduqués et intéressés. Ainsi, dans les années 1950, les dirigeants d'entreprises et de chantiers de construction comptaient de moins en moins sur la main-d'œuvre des travailleurs forcés. Dans le même temps, des formes économiques d'incitations au travail ont été introduites dans tous les secteurs de l'économie nationale. Après la mort de Staline, toutes les activités de production du goulag ont été transférées aux responsables économiques ou aux ministères concernés. La préoccupation du département du Goulag pour les activités économiques au détriment du pénitencier lui-même a été condamnée.

Chapitre 2 : Gestion du travail dans les prisons

2.1 Changements dans l'organisation du travail des prisons à la fin des années 20 et au milieu des années 50

Pendant les années de la NEP, le travail carcéral n'était pas considéré par l'État comme une source de profit ou comme une ressource de main-d'œuvre extrêmement mobile. C'était plutôt un moyen de rééduquer les prisonniers par le travail et de répondre aux besoins des lieux de détention (couture, réparation, petite construction, agriculture). Mais déjà dans la seconde moitié des années 1920, les prisonniers, en particulier dans le camp spécial de Solovetsky, ont commencé à s'engager dans des travaux qui apportaient des avantages économiques tangibles (exploitation forestière).

À la fin des années 1920, il y avait deux systèmes différents d'exécution des peines en Union soviétique. Il s'agissait d'établissements pénitentiaires, de colonies de travail du NKVD et de camps et politiciens de l'OGPU. Les institutions du NKVD contenaient principalement des prisonniers criminels, tandis que les institutions de l'OGPU contenaient des "éléments socialement dangereux" - des récidivistes politiques et criminels[197]. Les tâches de ces agences étant différentes, l'organisation des lieux de détention l'était également. Le Commissariat du peuple pour les affaires intérieures disposait d'un système considérable d'établissements pénitentiaires, de prisons et de colonies, dont beaucoup existaient déjà avant la révolution. La plupart des institutions du NKVD étaient situées dans les villes ou à proximité de zones résidentielles et visaient à prévenir et à combattre les activités criminelles. Les institutions de l'OGPU ont été créées principalement pour isoler les criminels politiques. Le principal lieu de détention de l'OGPU, le camp spécial de Solovetsky, était situé sur la mer Blanche, sur des îles ; ses succursales se trouvaient à Pechora et au nord de la région de Perm, loin des zones peuplées de l'Union soviétique.

---

[197] Dzhekobson, M. Système des lieux de détention en RSFSR et en URSS. 1917-1930 / M. Dzhekobson, M. B. Smirnov // Système des camps de travail correctionnels en URSS, 1923-1960 : manuel. - M., 1998. - C.16

L'organisation du travail des prisonniers de ces agences présentait plusieurs différences significatives. La première était due à la situation géographique des centres de détention, c'est-à-dire à la production de biens de consommation dans les ateliers des prisons, aux travaux de construction de contrepartie dans les villes et, en petites quantités, à l'exploitation forestière pour les centres de détention du NKVD et au développement des banlieues inhabitées de l'État pour les camps de l'OGPU (à la fin des années 1920).

La deuxième distinction était liée à la composition sociale ou "de classe" des prisonniers. Pour les lieux de détention du NKVD, où les voleurs et les bandits "proches de la société" purgent leur peine, le concept pénitentiaire prédominant est celui de "rééducation et correction par un travail socialement utile". Pour les camps de l'OGPU, "isolement et punition" des incorrigibles ennemis de classe en principe[198]. Pour l'organisation du travail, ces dispositions avaient la signification suivante : plus de main-d'œuvre qualifiée dans les ateliers, les colonies agricoles et les chantiers de construction pour les détenus du NKVD et, si possible, une main-d'œuvre non qualifiée dans les camps de l'OGPU.

La troisième différence s'exprime dans les actes législatifs qui existent pour chaque organisme réglementant le régime, la vie quotidienne et le travail des prisonniers. Pour les centres de détention du NKVD, il s'agissait du Code du travail correctionnel de 1924, tandis que pour l'OGPU, il s'agissait du Règlement secret sur les camps.

Le Code du travail pénitentiaire a défini les spécificités du travail des prisonniers comme "la satisfaction des besoins du lieu de détention donné" et seulement après cela - l'exécution des commandes pour d'autres organismes et organisations économiques. L'établissement pénitentiaire de travail n'était en principe tenu que de "...s'efforcer de compenser par le travail ... Tout travail effectué dans le lieu de détention doit être conforme aux objectifs[199] de la prison. Tous les travaux effectués dans le lieu d'enfermement étaient exonérés d'impôts, tant locaux que nationaux. Les prisonniers

---

[198] Droit pénal exécutif de la Russie : théorie, législation, normes internationales, pratique nationale de la fin du XIXe siècle et du début du XXe siècle. - Moscou : Norma Publisher, 2002. - C.280-283.
[199] Goulag (Direction principale des camps), 1918-1960 : Documents. - Moscou : Materik, 2002. - C.31-40.

avaient droit à une "rémunération à la pièce", qui était réglementée par le NKVD en accord avec le Commissariat du peuple pour le travail. Ainsi, dans l'établissement pénitentiaire de Perm, il n'y avait pas de travail "non rémunéré" en 1926 (selon les rapports officiels). Le travail des détenus était rémunéré au taux syndical selon leur spécialisation. Tous les revenus, moins 25 %, étaient remis au prisonnier[200]. Parfois, le travail des prisonniers dans le système du NKVD était "exclusivement gratuit". Par exemple, en 1928, cela s'est produit dans l'établissement correctionnel de Verkhnekamsk (Solikamsk)[201].

Selon le code, tous les revenus devaient être consacrés à l'équipement de production, à l'achat de matériel, aux salaires du personnel technique et à la rémunération des prisonniers. Les bénéfices nets devaient être répartis comme suit : 40% pour l'expansion de la production, 12,5% pour l'amélioration de l'alimentation des prisonniers, 15% au comité d'aide aux prisonniers libérés, et 20% au fonds pénitentiaire du siège des lieux d'enfermement [202]. En d'autres termes, presque tout l'argent gagné est resté dans l'établissement pénitentiaire concerné, plutôt que d'aller à l'État.

Il n'existe que des données indirectes sur l'existence du règlement sur les camps de l'OGPU avant 1930. Par exemple, dans l'annexe n° 3 du rapport du Politburo, daté du 27 juin 1929, il est indiqué que de nouveaux camps de concentration ont été créés par l'OGPU, et que le règlement actuel sur les camps de l'OGPU a été appliqué à ces camps[203].

Lors de la création du camp spécial de Solovetsky en 1923, il a fallu adopter le règlement régissant le régime, la vie quotidienne et le travail dans ce camp. Malheureusement, le texte du règlement sur les camps de l'OGPU dans les années 1920 n'est pas disponible pour les chercheurs pour le moment. Seuls les souvenirs des anciens prisonniers du camp de Solovetsky sont disponibles, qui peuvent être utilisés pour apprendre l'organisation du travail dans le camp. Ainsi, selon les souvenirs d'E. Solovyov, les prisonniers engagés dans la production n'étaient pas payés. Sauf pour

---

[200] GAPK. F.R-434. Opt.1. D.6. P.9.
[201] PERMMANENCE. F.156. d. 1. Д.66. Л.255.
[202] Goulag (Direction principale des camps), 1918-1960 : Documents. - Moscou : Materik, 2002. - C.40.
[203] Ibid. C.63.

Les prisonniers travaillaient dans d'autres entreprises libres selon des conditions contractuelles, pour lesquelles les entreprises payaient les autorités du camp.

Il y avait non seulement des prisonniers politiques dans le camp, mais aussi des officiers de l'OGPU et du NKVD, criminels et même lésés, qui sont souvent devenus la base de la sécurité du camp. Au début des années 1920, le travail des prisonniers n'était pas perçu comme rentable, et les prisonniers faisaient souvent un travail essentiellement inutile : ils traînaient des rondins et des déchets d'un endroit à l'autre, et le lendemain ils ramenaient les rondins et les déchets à l'endroit précédent. Une fois de plus, il convient de souligner que le travail carcéral est considéré comme un travail correctif et punitif.

Depuis l'automne 1925, suite à la première expérience "réussie" de travail contractuel (exploitation forestière) et à "l'effet économique" de l'utilisation des prisonniers, de plus en plus de prisonniers ont été employés dans diverses industries.

Le camp avait une structure militaire, avec des détenus répartis en compagnies. Le principal principe de division était la "classe", c'est-à-dire en fonction de l'article et du statut social. Tous les nouveaux arrivants étaient d'abord placés dans une entreprise de quarantaine, après quoi ils étaient affectés à d'autres entreprises selon le régime et l'organisation du travail. Les "éléments de classe" (anciens tchékistes et "travailleurs") occupaient des postes administratifs et de sécurité, vivaient dans de meilleures conditions, mangeaient dans une cantine spéciale et avaient le droit de se déplacer librement sur toute l'île. Mais les "éléments étrangers à la classe" (prêtres, représentants de divers partis politiques, personnes condamnées en vertu de l'article 58) étaient engagés dans des travaux forcés. Ces entreprises étaient logées dans de grandes pièces avec des couchettes communes sur trois étages, alimentées avec les pires aliments et travaillaient "sans heures", c'est-à-dire à la discrétion de l'administration.

Les prisonniers ont également été divisés en 4 catégories selon leur condition la santé. Chaque catégorie s'est vu attribuer un taux de travail. En réalité, les dispositions des instructions n'ont souvent pas été suivies. Par exemple, De nombreux anciens prisonniers du camp Solovetsky, rappelant la procédure de réception de l'étape arrivée, ont raconté que le chef du camp A.P. Nogtev a dit : "...vous devez savoir que notre autorité n'est pas soviétique, mais Solovetsky ! Toutes les lois doivent être oubliées maintenant ! Nous avons notre propre loi !" [204]

Dans les lieux de détention du NKVD, le code prévoyait la création de commissions spéciales de répartition et de contrôle pour répartir et diviser correctement les types de régime des condamnés et contrôler le respect de la loi. Ces commissions devaient comprendre des représentants du tribunal, du syndicat, et un procureur et un médecin pouvaient assister aux réunions.

Dans les camps de l'OGPU, des commissions similaires auraient dû être créées. Mais, à en juger par les souvenirs des anciens détenus des camps de Solovetsky et de Vishersky, cela ne s'est pas produit. Mais il y avait autre chose - l'intimidation par l'administration, les coups, les fusillades des prisonniers. Les archives ont conservé plusieurs dossiers "sur les activités contre-révolutionnaires du personnel d'encadrement", qui ont "discrédité les autorités soviétiques" par des moqueries et des coups[205]. Par exemple, en 1928, le Bureau du Procureur a inspecté la Division Visher de la SLON une fois tous les six mois, et son personnel n'a participé qu'aux réunions de la Commission de distribution. La commission de contrôle n'a pas reçu la visite du ministère public, car ".il (le ministère public) ne voit pas la nécessité d'une telle visite . [206]. V. T. Shalamov décrit dans son roman "Vishera" comment tout s'est réellement passé. L'auteur raconte notamment l'admission et l'attribution des emplois dans le camp de l'OGPU de Vishera :

"Cette façon - de choisir "à l'œil" - est très courante dans les camps, où seuls les plus expérimentés peuvent faire face à la sélection. Comment ils sélectionnent : les paysans - sans faute, les criminels - sans faute, les lettrés - sans faute.

Les anciens chefs étaient fiers de cette "expérience". En 1930, près de la gare de Berezniki, d'immenses scènes s'alignent, à la suite de la direction, et Stukov, le chef du département de Berezniki, passe le long des rangées. Les gens étaient alignés en deux files. Et il se contentait de pointer du doigt, sans rien demander et presque sans regarder - celui-ci, celui-là, celui-là - et de laisser les paysans ouvriers au cinquante-huitième

---

[204] Brodsky, Y.A. Solovki : Vingt ans de mission spéciale. - MOSCOU : ROSSPAN, 2002. - C.95,105,168,184.
[205] Ibid. C.342,348.
[206] PERMMANENCE. F.156. d. 1. Д.66. Л.255.

sans faute"[207].

Il apparaît clairement que le bureau du procureur n'a pas été impliqué, pas plus que les examens médicaux, et que l'affectation au travail s'est faite "à vue". Pour des raisons punitives et d'extermination, une telle approche était probablement bonne, mais pour les tâches économiques du camp, elle avait des conséquences négatives. Le pourcentage de malades, de faibles a augmenté, le taux de mortalité a augmenté, c'est-à-dire que le nombre de personnes valides a régulièrement diminué. Cette répartition a permis aux chefs du département du travail et plus tard de l'unité de répartition comptable d'attribuer aux prisonniers des tâches excessives et de réduire l'apport calorique en fonction de la tâche non accomplie.

Dans les camps de l'OGPU, la façon la plus courante d'augmenter la productivité était de donner des coups et des "leçons", qui pouvaient se traduire par une nuit dans les bois en hiver jusqu'à ce que la "leçon" soit accomplie. La nourriture des prisonniers dépendait de leur rendement au travail. Les pouvoirs extrêmement étendus de l'administration du camp, concentrés dans les mains du commandant du camp, à l'époque du système de travail forcé, pouvaient conduire à la fois à une exploitation maximale et à une approche rationnelle des prisonniers en tant que force de travail.

Ainsi, avec la nomination d'E.P. Berzin à la tête du camp de construction et de Visher en 1929-1930, la nourriture et les rations alimentaires se sont améliorées. "Le camp, reconstruit sur une base commerciale, ne tolérait plus cette servitude inutile, et chacun essayait de l'utiliser pour produire des revenus"[208] - a rappelé V.T. Shalamov. Pour encourager le travail à la fin des années 1920, un système de primes, comprenant des primes en espèces et un système de repas différenciés, a été mis au point.

Le 16 décembre 1929, lors d'une réunion de la cellule Vishkhimz du Parti communiste de l'Union et de l'UVLON, la résolution suivante a été adoptée : "Une attention particulière doit être accordée à la productivité du travail des prisonniers et à leur intérêt matériel, en appliquant un système de primes"[209]. La même résolution parle de la nécessité de former une main-d'œuvre qualifiée de prisonniers par un système de

---

[207] Shalamov, V. T. Vishera : anti-roman // Œuvres de collection. En 4 vol. - M., 1998. - T. 4. - C.159.
[208] Ibid.
[209] PERMANENCE. F.156. d. 1. Д.291. Л.5.

cours, de cercles de production et de distribution de littérature technique.

B. T. Shalamov a rappelé que "...j'ai travaillé partout. Mais mieux qu'à Vishera que sous Berzin, je n'ai travaillé nulle part. Le seul chantier où tout a été fait à temps, et si ce n'est pas à temps, Berzin commandera, et tout est comme sous la terre. Les ingénieurs (les prisonniers, à bien y penser !) ont reçu le droit de détenir des personnes au travail afin de dépasser la norme. Nous avons tous reçu des bonus, nous avons été présentés pour une libération anticipée"[210].

En conséquence, dans le rapport sur les travaux du "VIISHCHIMZ" pour l'année économique 1928-29 et les perspectives pour l'année économique 1929-30, [211]il est noté : "L'année économique passée, avec le renforcement de la direction du VIISHCHIMZ, peut être marquée par la réalisation d'une amélioration radicale de la condition et du travail des entreprises et des organisations dans leur ensemble (réalisation de la rentabilité des prisonniers et des entreprises, début de la construction d'une usine de papier ...)". [212]

Les témoignages de diverses sources disent essentiellement la même chose - Berzin a appliqué un système d'incitations économiques dans le camp, il a traité les prisonniers comme des travailleurs prometteurs et, par conséquent, tout le monde a bien travaillé.

Mais les problèmes qui ont surgi au début de la modernisation ont entraîné d'importantes pénuries de nourriture et de biens de consommation dans tout le pays, ce qui a principalement affecté les normes alimentaires et l'approvisionnement des prisonniers. La crise du marché du travail de la fin des années 1920 a été partiellement résolue par le gouvernement grâce au recours massif au travail forcé des prisonniers. L'utilisation massive du travail des prisonniers a, à son tour, modifié de manière significative l'attitude envers les prisonniers et leur travail. Si, lors des premières expériences de travail forcé à Vichera, les prisonniers ont été formés à leur profession,

---

[210] Shalamov, V.T. Vishera. Ibid. - C.179.
[211] Jusqu'en 1933, l'exercice financier commençait le 1er octobre, c'est pourquoi la double année comptable était écrite. Narinsky, A.S.
Mémoires du chef comptable du goulag : (Mémoires d'un témoin oculaire des événements). - SPb. : Latona, 1997. - C. 19.
[212] PERMMGANI.F.156. d. 1. Д.291. Л.2.

leurs qualifications ont été améliorées et des incitations économiques (primes) ont été utilisées, alors plus tard, le vecteur de l'organisation du travail du camp a pris un caractère étendu. Les plans ont été réalisés non pas au détriment des compétences et des qualifications des travailleurs, mais au détriment de leur nombre.

Avant la modernisation active du pays (industrialisation, collectivisation, révolution culturelle), les actes législatifs réglementant le régime des lieux de détention ne considéraient pas le travail carcéral comme une source potentielle de revenus. L'administration du camp de Solovetsky et de nombreuses colonies du NKVD ont tenté de profiter du travail des prisonniers. La pratique pénitentiaire soviétique prévoyait le travail obligatoire comme moyen de rééducation et d'adaptation de l'"élément non-travail". Par conséquent, les conditions préalables au passage de la "rééducation" par le travail à l'exploitation du travail carcéral étaient inhérentes au concept même de pénitencier. La situation géographique du camp de Solovetsky et, probablement, les pouvoirs plus étendus de l'administration du camp dès le milieu des années 20 ont permis de trouver une méthode d'exploitation des prisonniers par la contrainte physique et une balance alimentaire différenciée. Par la suite, cette méthode de coercition est devenue dominante au goulag.

Dans les premières années de la modernisation du pays, lorsque le marché qui existait dans le pays pendant la NEP a commencé à être remplacé par le plan, il y a eu de grandes difficultés à fournir des travailleurs aux chantiers et aux entreprises. Le marché à cette époque n'a pas été complètement détruit, certains de ses segments sont restés dans l'économie planifiée. Tout d'abord, c'était le marché du travail. Dans la planification, étant donné le manque de fonds et de temps (en attendant la guerre), les ressources disponibles ont été concentrées sur la construction ou la production elle-même, plutôt que sur le levier économique pour attirer les travailleurs. La stratégie offensive de marché a commencé par l'utilisation massive du travail forcé, qui a été facilitée par le nombre croissant de prisonniers à la fin des années 1920, surtout pendant les années de collectivisation. Ainsi, le nombre total de personnes condamnées par les tribunaux de la RSFSR au cours du premier semestre 1928 était de 466240 , et au cours du second semestre 1929, il était de 637826[213] .

En préparation du premier plan quinquennal, toutes les sources possibles de ressources et d'économies ont été prises en compte, y compris l'austérité. Cela s'applique également aux établissements pénitentiaires. Ainsi, le 26 mars 1928, le Comité exécutif central de l'Union et le Conseil des commissaires du peuple de l'URSS adoptent la résolution "Sur la politique punitive et l'état des lieux de détention", qui suggère de rationaliser la pratique pénitentiaire et de "faire un usage rationnel du travail des détenus"[214]. La rationalisation et la rationalisation étaient comprises comme l'arrêt de la construction de nouveaux lieux de détention, la réduction du nombre de prisonniers de courte durée et l'augmentation du nombre de prisonniers dans les colonies de travail. En 1928, seulement 39,1% des détenus étaient employés[215] dans les installations du GUMZ du [216]NKVD.

Les ateliers organisés dans les prisons et les camps et les contrats de contrepartie pour la fourniture de main-d'œuvre esclave étaient loin de couvrir les frais d'entretien des prisonniers (gardiens, administration, entretien des bâtiments, prisonniers non-travailleurs, mauvaise gestion par l'administration[217]). Au début de 1929, le coût moyen de l'entretien d'un prisonnier était estimé à 250 roubles par an. Dans une note conjointe du commissaire à la justice Janson, du commissaire aux affaires intérieures Tolmachev et du vice-président de l'OGPU Yagoda, ce montant a été qualifié de "très cher pour l'État".

Une note de Janson, Tolmachev et Yagoda du 12 avril 1929 propose de transformer tous les lieux de détention existants en un système de camps de concentration "organisé sur le modèle des camps de l'OGPU", ce qui résoudrait deux

---

[213] GULAG. 1918-1960. Documents. - M., 2002. - C.432.

[214] GAPK. F.R-122. Op. 3, D.8, P.4ob.

[215] Droit pénal exécutif de la Russie : théorie, législation, normes internationales, pratique nationale de la fin du XIXe siècle et du début du XXe siècle. - Moscou : Norma Publisher, 2002. - C.387.

[216] Direction générale des lieux de détention.

[217] Par exemple, dans le camp de Visher en 1928 : "Nous avons peu de contrôle sur la main-d'œuvre du camp. Prenons l'exemple du travail des prisonniers à la scierie. Lorsqu'il faut y mettre 10 personnes, on y met 20 à 30 personnes. Il y a des cas d'utilisation inexploitée, par exemple, le déroulage du bois, qui devrait être déroulé à un prix de 2,5 roubles par mètre cube en été, mais au lieu de cela ce prix est épargné et au lieu de cela le même travail en automne, où le bois est gelé avec de la glace, est déroulé à 5 roubles par mètre cube // PERMMGANI. F.156. d. l. D.112, P.134.

problèmes pour l'État : réduire considérablement les coûts des prisonniers, à 100 roubles par an (2,5 fois moins), et utiliser leur travail pour coloniser les provinces du nord et [218]exploiter les ressources naturelles qui y sont disponibles.

L'OGPU avait déjà une expérience dans l'organisation de camps de travail à Solovki et Vishera. Cette expérience est devenue un argument important dans le débat sur le nouveau concept de pénitencier en avril-mai 1929. [219]

Les décrets du Politburo du Comité central du Parti communiste de l'Union des bolcheviks du 27 juin 1929 et du PCC de l'URSS du 11 juillet 1929 sur l'utilisation du travail pénitentiaire ont apporté des changements importants dans la pratique pénitentiaire. Tous les prisonniers condamnés à 3 ans ou plus devaient être transférés dans les camps de l'OGPU, qui, à son tour, devait utiliser les prisonniers pour le développement et la colonisation des régions du nord du pays. Ces prisonniers devaient être couverts par le règlement sur les camps de l'OGPU.

Des changements importants dans les pratiques pénitentiaires (le concept d'inclusion du travail pénitentiaire dans l'économie nationale, l'expansion du département OGPU d'un camp Solovetsky à plusieurs camps et l'augmentation correspondante du nombre de prisonniers) ont nécessité un nouvel acte législatif.

Le 7 avril 1930. Le Conseil des commissaires du peuple de l'URSS a adopté le règlement sur les camps de travail pénitentiaires. Ce règlement divise tous les détenus en 3 catégories en fonction de leur statut social et de la nature du crime commis. La première catégorie est composée de prisonniers de la classe ouvrière, qui avant d'être condamnés avaient le droit de vote, avaient été condamnés pour la première fois pour une période allant jusqu'à cinq ans et n'avaient pas été condamnés pour des crimes contre-révolutionnaires. La deuxième catégorie comprend les mêmes prisonniers, mais

---

[218] GARF. Ф.5446. Opt.11a. Д.555. P.32-32ob.

[219] Par exemple, le procès-verbal n° 1 de la réunion de la Commission du Politburo du Comité central du Parti communiste de l'Union sur l'organisation d'un camp de concentration près d'Ukhta et la préparation d'un plan prospectif pour la construction de camps, daté du 15 mai 1929 : "Tout en rappelant brièvement les possibilités les plus larges d'utilisation rationnelle du travail carcéral, T. Jansson s'attarde sur la question de l'exploitation forestière au nord, de nos tâches de colonisation en la matière et conclut ainsi qu'il convient de remplacer progressivement les lieux de détention (trudispraddoms) actuellement existants par des camps de concentration. Considérant l'expérience déjà existante des organes de l'OGPU dans l'organisation et la gestion de tels camps (Solovki, Vishera), M. Janson préconise de transférer cette affaire à l'OGPU, supprimant ainsi les lieux d'emprisonnement du NKVD pour les personnes condamnées à de longues peines" // Kustyshev A.N. Nord européen de la Russie dans la politique répressive du XXe siècle. - Ukhta : UGTU, 2003. - C.82.

avec des peines de plus de cinq ans. La troisième catégorie était composée de prisonniers de l'élément non ouvrier et de ceux condamnés pour des crimes contre-révolutionnaires.

Trois types de régime ont été introduits : initial, facilité et préférentiel. Le régime initial était obligatoire pour toutes les catégories dès l'admission au camp, mais la durée du séjour dans ce type de régime était différente pour chaque catégorie. Selon le gouvernement : plus la catégorie est lourde, plus elle est longue (le délai pour la troisième catégorie n'est pas inférieur à 2 ans).

Les conditions de travail étaient différentes selon le régime : le régime initial prescrivait un travail général sous escorte et la vie dans le camp ; le régime allégé prévoyait un travail dans des institutions, des métiers et la possibilité de vivre dans des dortoirs industriels ; le régime privilégié, outre toutes les possibilités du régime allégé, permettait au prisonnier de quitter le camp et d'occuper des postes administratifs dans l'administration du camp.

La question de la rémunération du travail des prisonniers n'était pas clairement spécifiée dans le règlement : "...les normes de rémunération et de protection du travail des prisonniers sont établies par l'OGPU en accord avec le Commissariat du travail du peuple de l'URSS" [220]. Une telle formulation, sans certaines obligations, permettait aux actes intraministériels - "en accord avec le Commissariat populaire au travail" - d'appliquer une main-d'œuvre faiblement rémunérée et même gratuite.

Le règlement fait référence à des incitations et des primes pour les détenus qui "font preuve de diligence". Le statut prévoit des incitations et des primes pour les détenus qui "font preuve de diligence".

Ainsi, l'incitation au travail était d'abord la faim, des conditions de vie légèrement améliorées, la possibilité d'une libération plus rapide, plutôt que les salaires. Le règlement a introduit des rations différenciées - rations de base, de travail, renforcées, de pénalité. L'apport calorique requis devait être déterminé par l'OGPU, qui a donné aux fonctionnaires la possibilité de ramener l'apport calorique des prisonniers à un niveau inacceptablement bas, et ainsi d'économiser de manière significative sur

---

[220] Goulag (Direction principale des camps), 1918-1960 : Documents. - Moscou : Materik, 2002. - C.69.

leur approvisionnement alimentaire. Le règlement sur l'ITL a donné à l'administration du camp des pouvoirs extrêmement étendus et a permis non seulement des abus de la part des commandants du camp, mais aussi la formation de tout un système d'exploitation brutale des prisonniers.

Le NKVD a également été chargé de rendre les lieux de détention autonomes. Le NKVD a dû réorganiser ses isolateurs et ses établissements correctionnels subordonnés en colonies de travail. Alors qu'au 1er septembre 1929, le NKVD n'avait que 27 colonies de travail sous sa juridiction, au 1er mai 1930, il en comptait 57, dont 19 colonies forestières, 12 agricoles et 26 industrielles, qui accueillaient environ 60 000 prisonniers[221].

Dans la volonté du NKVD et de l'OGPU d'utiliser au maximum le travail forcé, on peut voir le vecteur de convergence dans le développement des deux agences, qui a finalement abouti à la création d'une seule agence, le Goulag, en 1934. La convergence des deux agences a également été facilitée par la décision de transférer tous les prisonniers condamnés à des peines de trois ans ou plus vers les camps de l'OGPU. Le système pénitentiaire était en train d'être unifié : on passait de deux systèmes qui se chevauchaient presque à un système pratiquement unifié.

En 1930, le système des camps était mieux préparé à la nouvelle pratique de l'exploitation des prisonniers. C'est pourquoi les auteurs du rapport du 12 avril 1929 le citent comme le système idéal. Déjà en 1930, un nouveau statut sur les camps de travail correctionnels, qui stipule leurs fonctions économiques, est adopté. Le système du NKVD, bien qu'il ait cherché à suivre l'OGPU, a eu besoin de temps pour une restructuration structurelle et idéologique.

Par exemple, en 1930, la Domzak de Perm avait une boutique de tailleur et une boutique de cordonnier. Selon les rapports des survivants, ils ont réparé et cousu des vêtements et des chaussures pour les prisonniers et l'administration Domzak. Un atelier de tailleur assurait la formation professionnelle (école de couture, équipe d'élèves spéciaux dans l'atelier de tailleur), l'éducation culturelle (il y avait deux écoles pour les analphabètes et les sous-éduqués, un groupe d'étude de théâtre et de musique, et une

---

[221] GAPK. F.R-122. Opt.3. d.8. 1.5.

bibliothèque avec un inventaire de 2309 livres). Au cours du 4e trimestre 1930, 99 événements organisés pour les prisonniers (pièces de théâtre, concerts, émissions en direct, conférences, etc[222]mauvaise qualité de la restauration et de l'utilisation des ateliers par l'administration à des fins personnelles. La situation des prisonniers de Domzak diffère fortement de celle des détenus du camp. Les contrôles du bureau du procureur étaient fréquents, les détenus pouvaient écrire des plaintes, et ces plaintes étaient examinées, l'administration essayait de se conformer aux souhaits des détenus, ils pouvaient aussi critiquer l'administration à travers des journaux muraux. Il s'agit très probablement de la pratique pénitentiaire "très coûteuse pour l'État" de l'époque de la NEP, qui a été critiquée par les narcotrafiquants.

En 1932, la Domzak de Perm a augmenté sa capacité de production. En plus de la boutique de tailleur et de cordonnier existante, une menuiserie, une forge et une fabrique de cuir ont été ajoutées. En 1930, il n'est pas fait mention d'un plan de production, mais en 1932, les détenus ont du mal à respecter ce plan. Le plan a été "descendu" par l'UITU régionale[223]. Les méthodes de stimulation du travail étaient principalement idéologiques - "annonce du mois d'assaut", "mois de lutte résolue pour réaliser le plan", présentation du défi "Red Banner", ainsi que le crédit de jours de travail et l'octroi de primes aux grévistes. Un contrat a été conclu avec Permodezhda pour la couture du linge dans la boutique du tailleur de Domzak. En fait, pendant cette période, la Domzak était déjà considérée comme une entité économique ordinaire plutôt que comme une institution étatique remplissant certaines fonctions sociales de correction et d'isolement des criminels.

Plus tard, la méthodologie consistant à stimuler le travail des prisonniers à l'aide de rations différenciées et de meilleures conditions de vie est également entrée dans la pratique de l'ITK. Par exemple, au début de 1933, le système de délivrance de "passeports de choc", l'organisation de baraquements spéciaux avec des conditions améliorées, la fourniture de vêtements spéciaux et de draps de lit ont été utilisés pour stimuler le travail des prisonniers de la colonie pénitentiaire n° 5 de Perm[224]. Le

---

[222] GAPK. F.R-122. Opt. 3. d. 8. p. 144-145.
[223] PERMANENCE. Ф.58. Op.1. D.42. l. 4.7.
[224] Ce CCI s'est principalement spécialisé dans la fourniture de main-d'œuvre sous contrat à diverses entreprises. Au cours

"passeport de poinçonnage" permettait aux prisonniers de recevoir de la [225]nourriture supplémentaire. Le 5 avril 1933, une ordonnance sur les normes différenciées de nutrition a été publiée au ITK #5. Cette commande, selon l'administration de la colonie, a contribué à l'exécution du programme de production au cours du premier semestre 1933 à hauteur de 100%.

Mais comme il n'y avait pas assez de fonds, la nourriture des prisonniers ne correspondait pas à la norme. Au coût moyen de la nourriture : 1 rouble par prisonnier, 90,4 kopecks ont été effectivement dépensés. En ce qui concerne le contenu calorique, il s'élevait à 3200 k/cal pour un percussionniste, 2600 k/cal pour un non-percussionniste (personne qui a travaillé). L'apport calorique d'un prisonnier qui ne travaille pas n'est pas indiqué dans ce document, mais probablement basé sur les proportions des normes nutritionnelles différentielles, était presque 2 fois inférieur à celui d'un prisonnier qui ne travaille pas. Dans le Code du travail pénitentiaire de 1924, il y avait une clause "...la nourriture des prisonniers qui travaillent est augmentée en fonction de la quantité d'énergie qu'ils dépensent"[226]. Mais la nourriture n'était pas encore différenciée en fonction de la production du prisonnier. L'ordonnance du 5 avril 1933 a également introduit des normes différenciées pour l'ITK, ce qui a rendu les lieux de détention sous la juridiction de l'OGPU et du NKVD - NKJ encore plus similaires[227].

En 1933, le système pénitentiaire de la NKJ n'était plus conforme au Code du travail pénitentiaire de 1924. Le 1er août 1933, un nouveau code a été adopté, qui a établi des changements dans la pratique pénitentiaire, fixant l'objectif d'autosuffisance et le recours le plus rentable au travail forcé.

Ce code a été conçu pour les lieux de détention relevant de la juridiction de la NKJ, c'est-à-dire les quartiers d'isolement pour les personnes faisant l'objet d'une enquête, les points de transit, les colonies de travail correctionnelles, vers lesquels les condamnés sont envoyés jusqu'à 3 ans d'emprisonnement. De plus, les colonies devaient

---

du premier semestre 1933, l'ITC n° 5 comptait 5 sections desservant l'usine Molotov, l'usine de superphosphate, l'usine n° 19 et Lesobirzha.

[225] PERMMANENCE. Ф.58. Opt.1. D.28. P.31ob.

[226] Goulag (Direction principale des camps), 1918-1960 : Documents. - Moscou : Materik, 2002. - C.40.

[227] Dans les années 1930, les lieux de détention ont été transférés au NKJ (Commissariat du peuple pour la justice) (1930) et de nouveau au NKVD (1934) Droit pénal exécutif de la Russie : théorie, législation, normes internationales, pratique intérieure de la fin du XIXE - début du XXe siècle. - Moscou : Norma Publisher, 2002. - C.322-323.

être divisées en fonction de la composition de classe des prisonniers - colonies industrielles et agricoles pour les prisonniers de la classe ouvrière et colonies de travail de masse pour les "éléments hostiles à la classe". Les colonies de travail de masse devaient être situées dans des régions éloignées. Le tableau n° 18 montre clairement que la composition sociale de la colonie de Perm n° 5 était constituée en grande partie de "travailleurs" condamnés. Alors que dans la ville de Berezniki, au nord, le nombre de "travailleurs" dans la colonie était inférieur à 50%.

Tableau n° 18229. Composition sociale des détenus dans l'ITC de Perm №5 et l'ITC de Berezniki

	"ouvriers" (travailleurs les grognements. Les pauvres.	.	"élément non ouvrier" (koulaks. déclassifiés. autres)
Perm ITC n° 5	89.7		9.9
Berezniki ITC	48.8		51.2

La tâche principale des lieux de détention est l'isolement des criminels et leur rééducation "en orientant leur travail vers des chants généralement utiles...". À cette fin, des "entreprises de type industriel" devaient être organisées.

Dans le nouveau code, les articles régissant le travail des prisonniers sont plus clairement énoncés que dans le règlement sur les camps : "Les taux de production sont établis conformément aux taux de production des entreprises des autres organismes d'État. Les conditions de travail des détenus, selon le Code du travail pénitentiaire, étaient régies par les règles générales de la CLLU RSFSR sur le temps de travail, les loisirs et le travail des femmes et des mineurs. Pour leur travail, les prisonniers dans les colonies devaient recevoir une rémunération monétaire, bien que les normes de paiement du travail devaient être déterminées par une instruction spéciale émise par le Commissariat du peuple à la justice de la RSFSR et le Conseil central syndical de l'ensemble des syndicats.

L'utilisation des gains dans les codes de 1924 et 1933 diffère considérablement. (répartition du revenu net). Le code de 1924, par exemple, permettait de consacrer 27,5 % du revenu net à l'alimentation des prisonniers et à un fonds d'aide aux prisonniers libérés, alors que le code de 1933 n'autorisait que 5 % pour les primes aux prisonniers. Dans le code de 1933, il y a également un "plan industriel et de travail pour le pénitencier", qui a été envoyé du centre à des colonies spécifiques[228][229].

Ainsi, l'ITC de Berezniki disposait d'un plan de production pour toute l'année 1933, plan qui fut remis à la colonie par le haut - l'UITU (Département des institutions du travail correctif). Le plan a été divisé en quartiers et a été basé sur une population moyenne de 4000 personnes dans la colonie. Selon ce document, la colonie devait gagner 1235625 RUB par trimestre. Cependant, étant donné que le nombre de prisonniers varie - "...la population fluctue chaque mois" - le plan calculé pour un certain nombre de personnes n'est pas toujours respecté. Le processus de planification n'a pas pris en compte le fait qu'un nombre important de prisonniers pouvaient être incapables de travailler pour cause de maladie ou d'invalidité. Ainsi, dans la colonie de Berezniki, au premier semestre, 500 personnes (9,9%) étaient dans l'incapacité de travailler. En outre, au cours du premier semestre, seuls 76% des prisonniers ont été utilisés pour la production directe[230]. Dans les rapports de la colonie Berezniki pour 1933, il y a déjà une limitation, une division planifiée de la main-d'œuvre en certains groupes - "employés dans la production principale", qui était censée représenter 85% de la composition totale.

Au début des années 1930, un système de limitation de la main-d'œuvre et, par conséquent, de planification économique dans les lieux de détention commençait à peine à prendre forme. Les gens étaient divisés en quatre catégories selon leur relation avec le travail : catégorie "A" - les travailleurs et le personnel technique nécessaire engagés directement dans la production ; catégorie "B" - les gardiens de camp ou de colonie ; "C" et "D" - les personnes libérées pour cause de maladie, détenues dans une cellule pénale sans être mises au travail, celles qui sont convoyées. La catégorie "A" devait être de 85%, "B" - pas plus de 10%, "C" et "D" - 5%[231].

La première mention de la division des détenus en groupes (catégories), notamment le groupe A, se trouve dans la vue d'ensemble du groupe de planification du

---

[228] Tableau compilé à partir de : PERMMGANI. Ф.58. Op.1. D.28. L.32 ; F.59. Op.3. d.152. l.43.
[229] Goulag (Direction principale des camps), 1918-1960 : Documents. - Moscou : Materik, 2002. - C.91-92.
[230] PERMANENCE. Ф.59. Opt.3. d. 152. p. 3-4,31.
[231] Shmyrov, V.A. Au problème de la formation du goulag (Vishlag) // Années de terreur. - Perm : Bonjour, 1998. - C.84-85.

Goulag pour août 1931. La [232]division des détenus en catégories se trouve dans le camp de Dmitrievsky dans les ordres de 1934.[233] La version codifiée de ce règlement se trouve dans la directive du directeur du Goulag N 664871 du 11 mars 1935.

Selon le contrat conclu en 1933 entre la colonie de Berezniki et le Combinat chimique de Berezniki (BCC), la colonie devait fournir le travail quotidien 25 jours par mois à au moins 85 % de sa population[234]. Apparemment, un contrat similaire a été conclu avec la Région de Perm ITK n° 5 au cours du premier semestre 1933. A son tour, le BHC devait fournir les logements de Kal'naya Gorka pour l'hébergement des prisonniers et de leurs travailleurs libres. Ces locaux devaient être réparés aux frais du BHC, toujours par les prisonniers. Il était de la responsabilité du BHC de fournir aux détenus l'équipement domestique nécessaire - lits de camp, matelas, taies d'oreiller, tabourets, etc. L'administration du BHC était obligée de payer l'administration de la colonie selon les normes et les taux républicains uniques établis. En plus de la rémunération du travail, la direction de la BWC devait payer une autre "taxe d'organisation" - 25% du montant total des paiements de la colonie (ce montant était destiné à l'entretien du personnel de la colonie, aux soins médicaux, aux services culturels, etc.[235] Néanmoins, le recours au travail forcé était préférable, car il était possible de planifier le nombre de travailleurs sans trop se soucier de la complexité du travail et de la vie quotidienne à Berezniki, qui était alors en construction.

Le contrat de la colonie Berezniki avec le BHC stipulait que "...la gestion administrative et la supervision effective des travaux... La colonie est responsable de la sécurité des outils et des équipements remis aux travailleurs et de la mise en œuvre des normes de production". Pour le BHC, son domaine de responsabilité est "...sur le modèle de l'organisation industrielle et technique du travail".

Selon le statut du camp de 1930, le commandant du camp était responsable de l'organisation de la sécurité des prisonniers et de "l'utilisation la plus rationnelle possible de la main-d'œuvre des prisonniers dans les entreprises économiques gérées

---

[232] Rubinov, M.V. Formation et développement du système pénitentiaire soviétique. 1918-1934. (Sur les matériaux de l'Oural). Dissertation. - Perm, 2000. - C.412.
[233] GARF. Ф.9489. Opt.2. Д.30. P.120 ; Op.1C. Д.35. Л.89.
[234] PERMMANENCE. Ф.58. Opt.1. D.28. P.31ob.
[235] PERMANENCE. Ф.59. Opt.3. d. 152. l. 55.

par les camps sur une base autonome[236]. Une disposition similaire se trouve dans le code de 1933 : le chef d'une colonie pénale "...dirige les activités des entreprises de production et économiques dans le lieu de détentio[237]. Ainsi, la tendance apparue à la fin des années 1920 à l'utilisation massive du travail forcé sur les sites de production et de construction "de choc" a été consacrée par la législation.

En réalité, cependant, il y a eu une fusion encore plus profonde de la production avec les lieux de privation de liberté - une fusion de facto de la production et du camp (colonie pénitentiaire). La fusion lorsque la production est devenue dominante et non l'isolement et la rééducation des délinquants déclarés dans le code et les règlements. Ainsi, aux yeux des autorités du camp, le prisonnier a acquis les caractéristiques d'un moyen de production presque inanimé, qui n'existait que pour les exploiter et les valoriser au maximum. Cela a créé un système spécial d'exploitation extra-économique, dans lequel les principales incitations pour les détenus étaient une alimentation différenciée, la possibilité d'une libération anticipée et la violence physique.

Ainsi, en 1928, le département Visher de l'Union des évacués de Saint-Pétersbourg était considéré par le STO[238] comme une condition préalable à la construction d'une usine chimique : ".l'existence d'une main-d'œuvre avec des locaux d'habitation[239]. En 1929, la division Visher de l'USLON a été subordonnée au chef de la construction - E.P. Berzin, c'est-à-dire qu'il y a eu une fusion de la production et des structures du camp.

C'était une époque où le système du travail forcé prenait forme, où l'on cherchait les meilleures formes d'organisation du travail forcé pour le système étatique et l'idéologie existants. Dans l'association de 1929, c'est le chef de la production, et non le chef du camp, qui devient le chef. En 1931, il y a eu une autre réorganisation : la Direction de Vishkhimza (Usines chimiques Visscher) a été dissoute et ses fonctions ont été transférées à la Direction des camps de l'OGPU (Direction générale de la sûreté de l'État), c'est-à-dire que le chef du camp est devenu le chef de la production.

---

[236] Goulag (Direction principale des camps), 1918-1960 : Documents. - Moscou : Materik, 2002. - C.65.
[237] Ibid. C.90.
[238] Conseil du travail et de la défense.
[239] Rubinov, M.V. op. cit. - C.202.

Au début des années 1930, deux camps de l'OGPU, les camps de Vishersk et de Kungursk, fonctionnaient dans la région de Perm. La tâche de ces camps était la construction d'importantes installations économiques et l'exploitation forestière. À cette époque, le terme "camp" était compris non seulement comme un lieu d'isolement et de concentration d'éléments dangereux et socialement étrangers, mais aussi comme une organisation de production et de construction. La structure était également appropriée : un centre administratif et économique fixe , situé dans une agglomération ou une ville suffisamment grande, avec des communications nécessairement développées - routes et communications. Le Centre a coordonné et organisé les activités des petits détachements, des stations de campement organisées dans les installations de production. Parfois, le Centre devient une base de transbordement pour l'accueil et la distribution des prisonniers, ainsi que de la nourriture, des produits alimentaires, des outils et des machines.

En tant qu'organisation économique, le camp de Vishersk a réalisé un certain nombre de travaux de construction et de foresterie. Le centre administratif était situé à Krasnovishersk. Les tâches de production importantes et la vaste zone d'activité du camp (de la haute Vyshera à la ville de Perm) nécessitaient des subdivisions structurelles intermédiaires, appelées "branches" et "districts". Les branches étaient engagées dans la construction d'usines chimiques et d'autres objets, les districts étaient chargés de l'abattage du bois dans les régions de la rivière Vishera et de ses affluents. Les succursales étaient situées à proximité immédiate de l'usine. Ainsi, le département "Vizhaikha" a été engagé dans la construction de l'usine de pâte à papier Krasnovishersky, le département "Lenva" - dans la construction des usines chimiques Berezniki. Districts forestiers - Krasnovishersky et Severny - avait environ 20 petites unités structurelles, c'est-à-dire des voyages ou des parcelles de bois. Lorsque les travaux de construction furent terminés en 1934, le camp de Vishersky fut liquidé.

Le camp de Kungur a été créé au début de 1931 pour la construction du deuxième écartement de la ligne ferroviaire Kungur - Sverdlovsk. Dans le "siège temporaire de l'administration du camp de travail pénitentiaire pour la construction de la ligne de chemin de fer Koungour-Sverdlovsk", annoncé par un ordre du goulag du 16 janvier

1931, le chef du camp était également le chef de la construction. A l'issue des travaux, le camp est fermé par l'ordre de l'OGPU du 17 novembre 1931.

Au milieu des années 1930, les activités économiques du goulag et l'économie du pays dans son ensemble avaient finalement fusionné.

Dès 1935, immédiatement après le transfert de tous les lieux de détention au goulag du NKVD, un certain nombre de mesures ont été prises pour améliorer et optimiser la production dans les lieux de détention. Les petites installations de production diversifiées ont été éliminées et à leur place, une production de masse de produits standards, alimentée par des ressources locales de matières premières, a été mise en place. Environ 4 millions de roubles ont été dépensés dans tout le pays pour l'achat d'équipements et d'outils de production[240]. Autrement dit, le NKVD considérait le système MZ[241] avant tout comme une unité économique rentable (ou qui devrait l'être).

Dès 1935 - 1937, les administrations des camps spécialisés ont commencé à être créées sous l'égide du Goulag pour assurer la solution des problèmes économiques. Par le décret du Comité exécutif central de l'URSS et du Conseil des commissaires du peuple de l'URSS du 28 octobre 1935, le Conseil administratif central des routes, des autoroutes et des véhicules à moteur a été transféré au NKVD de l'URSS dont les tâches comprenaient la construction, la réparation et l'entretien de toutes les routes du pays[242]. Avec la création d'un certain nombre de camps d'exploitation forestière en 1937 - 1938, la nécessité de créer un département ou une direction des forêts s'est fait sentir.

Le 13 juin 1939, l'état-major central du Goulag comprenait neuf départements de production (sur 42) : le département des forêts, le département des TIC et des camps agricoles, le 1er département de construction ferroviaire, le 2e département de construction ferroviaire, le département de génie hydraulique, le département de construction maritime, le département de l'industrie des carburants, le département de la métallurgie des métaux non ferreux, le département de l'industrie des pâtes et papiers.

---

[240] GARF. F.R-R-9414. Op.1. Д.3050. Л.3-4,31-40.
[241] Lieux d'emprisonnement.
[242] Smirnov, M. B. Système des lieux de détention en URSS. 1929-1960 / M. B. Smirnov, S. P. Sigachev, D. V. Shkapov // Système des camps de travail correctionnels en URSS, 1923-1960 : manuel. - M., 1999. - C.37.

Le goulag devenait en effet une organisation économique qui regroupait un certain nombre de sièges de production - les mines, l'industrie du bois, la construction industrielle et spéciale, la construction d'usines et d'entreprises minières de la métallurgie ferreuse, la construction d'usines d'avions,carburant . l'industrie. La principale structure de production du goulag à cette époque était les camps, qui ont été créés pour résoudre des problèmes économiques spécifiques et ont été fermés après leur achèvement. Le rôle prioritaire des camps est attesté par le fait que, dans les années d'avant-guerre, l'ordre de répartition des prisonniers a été modifié. Si auparavant les camps étaient réservés aux prisonniers condamnés à plus de 3 ans, la nouvelle directive a établi comme critère principal l'aptitude au travail manuel[243]. L'"Instruction temporaire sur le régime de détention des détenus dans l'ITL du NKVD de l'URSS" de 1939 reflétait les changements dans les objectifs et les tâches des lieux de détention. L'instruction stipulait clairement que les camps, les retardataires et les affectations devaient être organisés à proximité des lieux de travail, et que le prisonnier était tenu de travailler selon les indications de l'administration du camp. Selon les instructions, les prisonniers étaient considérés uniquement comme de la main-d'œuvre, et le camp et son administration comme une unité économique destinée à fournir une certaine quantité de travail. Dans l'instruction, le terme "nécessité de production" est utilisé à plusieurs reprises. Pour répondre à cette nécessité, même l'isolement non sécurisé sous la forme d'une vie en dehors du camp était possible, ainsi que la circulation sans restriction des prisonniers "...avec un permis spécial, marquant clairement la route et dans un rayon de 50 km maximum[244]. Le recours à des "spécialistes hautement qualifiés ... quel que soit le délit" pour travailler dans l'administration du camp (consultants, planificateurs, ingénieurs et techniciens) a été autorisé, malgré l'interdiction générale de recourir à des condamnés de l'article 58 dans l'administration du camp pour quelque travail que ce soit.

NKVD de l'URSS L'ordonnance n° 001019 du NKVD de l'URSS "Sur la réorganisation du goulag du NKVD de l'URSS" datant du 19 août 1940, énonçait l'une

---

[243] Droit pénal exécutif de la Russie : théorie, législation, normes internationales, pratique nationale de la fin du XIXe - début du XXe siècle. - Moscou : Norma Publisher, 2002. - C.329.
[244] Goulag (Direction principale des camps), 1918-1960 : Documents. - Moscou : Materik, 2002. - C.457-458.

des principales tâches du goulag - la gestion des camps, des colonies, de la production et des sites de construction,[245] c'est-à-dire que ces concepts n'étaient plus séparés. Toujours selon cet ordre, tous les départements et sections de production du goulag ont été transférés dans un bilan complet indépendant, et les chefs de ces départements et sections ont reçu les droits de chefs du siège économique. Cela confirme une fois de plus que dans la seconde moitié des années 1930, il y a eu une fusion du camp et de la production, la production étant dominante. Les pratiques positives du pénitencier (rééducation, adaptation sociale, etc.) ont été oubliées, mais les composantes négatives - punition et rétribution - sont restées, ce qui a permis de trouver des justifications morales et idéologiques à l'exploitation brutale du travail carcéral. Cela s'est traduit par la réduction du temps de repos pour eux, l'augmentation des heures de travail et la réduction du coût de l'enfermement.

Par exemple, à partir de juillet 1940, les chantiers et les usines du goulag ont commencé à travailler 11 heures par jour et seulement 3 jours de congé par mois[246], et dès le début de la guerre (télégramme spécial n° 30/6447/02 du 26 juin 1941), la journée de travail de 12 heures a été[247] instaurée. En 1942, l'exploitation des détenus a augmenté à un point tel que le NKVD de l'URSS a publié une directive "sur la durée du sommeil des détenus de l'ITL et de l'ITK NKVD", qui stipulait que les détenus se reposaient en fait 4 à 5 heures par jour, ce qui entraînait "... la perte de la capacité de travail, le passage dans la catégorie des faibles, des handicapés, etc. [248]En d'autres termes, à cette époque, l'exploitation avait dépassé toutes les limites de la capacité humaine et entraînait une diminution rapide du nombre de prisonniers valides. Ainsi, en 1942, le nombre de personnes valides pour les travaux pénibles et légers a été réduit de près de deux fois par rapport à 1940. [249][250]

Pendant les années de guerre, le taux de mortalité des prisonniers a fortement augmenté, surtout en 1943, jusqu'à atteindre 25 % de la population carcérale figurant

---

[245] Ibid. - C.252-254.
[246] Khlevnyuk, O. Le travail forcé dans l'économie de l'URSS en 1929-1941 // Svobodnaya Mysl. - 1992. - №13. - C.81.
[247] GARF. F.R-9401. Opt.1a. D.107. P.256.
[248] Goulag (Direction principale des camps), 1918-1960 : Documents. - Moscou : Materik, 2002. - C.508.
[249] Suslov, A.B. Concentration spéciale dans la région de Perm (1929-1953). - Ekaterinbourg - Perm, 2003. - C.46.
[250] Chiffre établi sur la base des données de l'"Information sur la mortalité des prisonniers dans le système du goulag" // Goulag 1918-1960. Documents. - M. 2002. - C.441-442.

sur la liste.

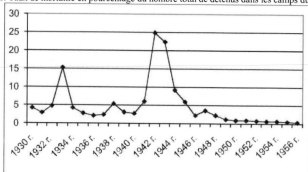

Le taux de mortalité le plus élevé a été observé parmi les prisonniers évacués, qui se sont retrouvés dans les camps et les colonies les plus impropres à la vie, nouvellement formés. Par exemple, le décret du GKO en 1942 a établi à Gubakha le camp de prisonniers n°4 pour la construction de l'usine de tubes d'azote. Les prisonniers vivaient dans des abris souterrains. Seulement pendant 24 jours de décembre 1942, 210 personnes sont mortes. La même année, la gare de Baskaya a été créée pour la construction de la lagune du chemin de fer n°3. En raison du manque de conditions de vie et de travail, 273 prisonniers sont morts en l'espace de trois mois, dont beaucoup directement au travail[251]. Le taux de mortalité était également élevé dans le nouveau camp de Ponyšsky[252].

Le nombre de morts en 1943 dans le camp d'Ousolsk était si important que des euphémismes apparaissaient dans les rapports au Parti au lieu de chiffres et de noms exacts - "...la perte de personnes est égale au nombre qui se trouve actuellement dans la section de Nyrobskiy, Kushmangort et Simskiy OLP" [253].

Pendant les années de guerre, le nombre de malades et d'handicapés dans les camps a également fortement augmenté. Par exemple, dans le camp d'Ousolskoïe au 3e trimestre 1943, les malades et les invalides représentaient 25 % du nombre total de

---

[251] PERMMANENCE. Ф.2464. Opt.1. D.6. P.6,30.
[252] Ibid. Ф.1915. Op.1. Д.2. Л.1.
[253] Ibid. Ф.4460. Op.1. D.41. P.44.

détenus, dans le camp de Shirokovskoïe d'octobre 1943 au 1er trimestre 1945 - 25 % en moyenne, dans le camp de Ponyshskoïe en septembre 1943 - 22,5 %[254].

Souvent, les principaux responsables de la forte incidence des maladies parmi les prisonniers étaient les actions de l'administration du camp. Par exemple, en 1942, dans la prison n°4 de Gubakha, les chefs de section ont envoyé le plus de personnes possible au travail, alors que " l'état dans lequel ils étaient envoyés au travail n'intéressait personne. Après le divorce, vous pouvez voir chaque fois en 2 heures qu'ils amènent une personne morte ou à peine vivante au travail"[255]. Dans le camp d'Ousolsk, en 1943, une inspection menée par Chepets a révélé que l'"administration nue", c'est-à-dire l'intensification de l'exploitation des prisonniers avec une mauvaise alimentation et sans soins médicaux appropriés, entraînait la maladie de 60[256] % des prisonniers. La même année, dans le camp d'Ousolsk, les malades qui ne pouvaient plus travailler étaient envoyés dans un camp de punition qui, selon son chef, "se transformait en hôpital"[257]. À Shiroklag, au même moment, 34,3 % des malades étaient inscrits sur la liste[258], etc.

En conséquence, le nombre de travailleurs forcés a fortement diminué au cours de ces années. En 1942, cette perte atteignait 50% de la population du camp. Dans le cadre de la méthode d'économie planifiée, lorsque les quotas de production étaient calculés pour un certain nombre de travailleurs, une telle perte était catastrophique pour la production des camps.

En outre, si le pourcentage de prisonniers malades et morts dans le camp était trop élevé, le commandant du camp pouvait être puni, parfois même par un emprisonnement dans un camp ou une colonie. Ainsi, en 1943, Ogurtsov, chef d'un des départements du camp de Chirokovo, a été condamné. Au cours de l'enquête, il s'est justifié : sa section n'était pas prête à recevoir des gens - la caserne, les bains et la cantine n'étaient pas terminés, la literie n'avait pas été apportée, mais le plan de production avait déjà été envoyé. Les prisonniers étaient obligés de dormir dans des baraques sans toit. Et à toutes les demandes d'Ogurtsov d'améliorer la vie des prisonniers, les autorités

---

[254] GARF. F.R-9401. Opt.1a. D.107. P.25ob ; Op.1. Д.329. Л.50.
[255] PERMANENCE. Ф.3478. Opt.1. Д.1. P.8ob.
[256] Ibid. Ф.4460. Op.1. D.37. P.45.
[257] Ibid. Ф.4460. Op.1. D.38. P.3.
[258] GAPK. F.P-438. Opt.1. Д.1. Л.46.

supérieures n'auraient exigé que l'exécution du plan de production. Il a ensuite interdit au médecin de délivrer des libérations aux malades afin de ne pas dépasser le pourcentage prévu du groupe "B" (les malades). En conséquence, le taux de mortalité dans ce département a atteint 19,4% pour le personnel de liste, le reste des prisonniers a été amené à l'état d'incapacité.

Le pourcentage élevé de chômeurs et de prisonniers malades a entraîné une augmentation du coût des biens produits ou du travail effectué. A cet égard, un certain nombre de décrets et de circulaires visant à décharger les lieux de détention ont été publiés - les décrets de 1941 - 1942 ont prescrit la libération des prisonniers mineurs, des malades, des handicapés, des personnes âgées, des femmes avec enfants [259]. Mais le nombre de malades et d'handicapés était encore important. Par exemple, en février 1943, il y avait 65368 personnes handicapées[260] (qui avaient le droit de ne pas travailler selon l'acte médical) uniquement au goulag de l'ITC. La perte rapide de prisonniers valides a obligé les dirigeants du goulag à émettre un certain nombre d'ordres et de directives visant à améliorer la vie, la nourriture et le travail des prisonniers.

Dans la période d'après-guerre, l'importance de l'industrie des camps pour l'économie du pays n'a pas diminué. En 1946, le gouvernement a transféré l'administration en chef de l'industrie de l'or et du platine (Glavzoloto) du ministère de l'Industrie des métaux non ferreux de l'URSS au ministère de l'Intérieur, qui a concentré toute l'industrie de l'or et du platine dans les mains du ministère. L'extraction du mica, de l'amiante, des diamants, du cobalt et de l'apatite a également été placée sous le contrôle de la MIA. Le Goulag du ministère de l'Intérieur a réalisé de nombreux travaux - des canaux, des chemins de fer, des installations militaro-industrielles, y compris des projets de construction pour l'industrie nucléaire ont été construits.

Dans le même temps, le régime dans les camps et les colonies du ministère de l'Intérieur a été quelque peu assoupli. Au printemps 1947, l'Instruction sur le maintien des prisonniers dans les camps de travail et les colonies correctionnelles est adoptée. L'instruction accorde une grande attention à la rééducation des prisonniers, plutôt qu'à

---

[259] GAPK. F.R-1366. Opt.1. Д.650. Л.6,13.
[260] GARF. F.R-9414. Opt.1. Д.2003. Л.34.

l'utilisation de leur travail, et introduit des incitations au transfert des prisonniers vers un régime plus clément[261]. Tous les prisonniers ont été transférés à une journée de travail de 8 heures avec 4 jours de congé par mois. À l'époque, la peine de mort a été abolie en URSS, et sous le régime assoupli, cela a entraîné un plus grand nombre de refus, de fainéants et de travailleurs non conformes, ce qui a entraîné une augmentation significative du coût des prisonniers et de leur travail. Le vice-ministre de l'Intérieur, Tchernychév, a écrit à ce sujet au chef du goulag, Nasedkin, en 1947. Il a suggéré d'introduire des salaires pour les prisonniers et de rétablir le système de libération conditionnelle, ce qui aurait dû d'une certaine manière motiver le travail des prisonniers.

La même année, la[262]législation pénale a été renforcée, ce qui a considérablement augmenté la population carcérale (jusqu'à 2,5 millions en 1950) et a donc rendu encore plus coûteux le maintien des lieux de détention. La tendance générale à la mécanisation de la production et l'introduction active de nouvelles technologies ont rendu de plus en plus problématique l'utilisation à grande échelle d'un travail forcé non qualifié par nature.

Le travail pénitentiaire en Russie soviétique était une composante idéologique inséparable de la société soviétique en général et de la pratique pénitentiaire en particulier. L'un des fondements théoriques importants pour la construction d'une nouvelle société, selon les bolcheviks, était la thèse du travail universel obligatoire. Pendant la guerre civile, les "éléments non travaillistes" - l'ancienne noblesse et l'intelligentsia - étaient déjà contraints de travailler. Le travail, même le travail forcé, était compris comme une mesure de correction et d'adaptation au nouveau régime.

Dans les années de la NEP, le travail des prisonniers était principalement de nature auxiliaire et banale. Le travail à façon et le travail contractuel étaient autorisés et encouragés, tout l'argent gagné restait dans un lieu de détention particulier et était utilisé pour améliorer la détention des prisonniers et augmenter sa base de production.

---

[261] Droit pénal exécutif de la Russie : théorie, législation, normes internationales, pratique nationale de la fin du XIXe siècle et du début du XXe siècle. - Moscou : Norma Publisher, 2002. - C.297.
[262] Décrets de l'été 1947 "sur la responsabilité pénale pour le vol de biens de l'État et de biens publics", "sur le renforcement de la protection des biens personnels des citoyens".

En même temps, il existait une structure pénitentiaire dont le régime était régi non pas par le code, mais par des instructions spéciales. Par exemple, dans le camp spécial de Solovetsky, créé pour isoler les criminels politiques et criminels dangereux, de l'avis du gouvernement, les prisonniers n'étaient pas sous la juridiction des lois de l'État, mais sous les instructions et règlements secrets du ministère. Cela a donné un pouvoir considérable à l'administration du camp elle-même. La quasi-incontrôlabilité (ou le contrôle extrêmement rare) de toutes les parties des autorités du camp leur a permis de traiter les détenus de manière inhumaine et cruelle. A partir du milieu des années 20, le camp a commencé à faire un usage intensif de la main-d'œuvre dans l'exploitation forestière, avec des mesures assez dures pour obliger les détenus à travailler. Il s'agissait, pour la plupart, de repas différenciés en fonction de la production, d'une augmentation du temps de travail et de violences physiques.

Pendant les années d'industrialisation forcée, le pays a eu besoin de centaines de milliers de travailleurs non qualifiés, le travail des prisonniers est devenu très demandé. L'expérience du camp de Solovetsky a été étendue à pratiquement tous les lieux de détention du pays. Les lieux de détention du NKVD ont également été chargés de l'utilisation économique du travail des prisonniers. Les nouvelles lois et réglementations sur le travail pénitentiaire ont été reflétées dans le "Statut sur les camps de travail pénitentiaires" du 7 avril 1930 et le nouveau Code du travail pénitentiaire de 1933. Dans les années 1930, les camps et l'industrie ont complètement fusionné. Les prisonniers n'étaient considérés que comme une main-d'œuvre mobile et extrêmement peu exigeante. Les administrations des camps et des colonies pénales, libres de tout code du travail et s'opposant activement à l'exploitation, n'ont cessé d'accroître cette exploitation. Au tournant des années 1942-1943, l'exploitation atteint son apogée et entraîne une morbidité et une mortalité considérables parmi les prisonniers. La réduction du nombre de prisonniers valides et l'augmentation correspondante du nombre de malades et d'invalides non-travailleurs ont forcé la direction du goulag à émettre un certain nombre d'ordres et de directives visant à améliorer les conditions de vie, de nutrition et de travail des prisonniers.

Dans la période d'après-guerre, un certain nombre de facteurs ont conduit à la non-rentabilité évidente de la production des camps et à la préservation de technologies obsolètes. Dès la fin des années 1940, les autorités du camp ont essayé de trouver des moyens de stimuler économiquement le travail des prisonniers (salaires, primes), ce qui a marqué le début d'une crise dans l'utilisation du travail forcé. Cependant, la stratégie économique de mobilisation est restée longtemps attractive pour les dirigeants économiques.

2.2 Méthodes de coercition et incitations au travail pour les détenus
a) échelle d'alimentation différentielle

Le problème de la motivation des prisonniers à travailler était l'un des principaux problèmes de l'organisation du travail forcé. Par exemple, un convoi de 15 hommes arrivant au camp de Visscher en 1930 a refusé de travailler, déclarant "... qu'ils sont condamnés à purger leur peine dans l'établissement correctionnel non pas pour travailler, mais pour s'asseoir, et qu'ils refusent donc catégoriquement de travaille[263]. Cependant, le camp de l'époque avait déjà pris les caractéristiques d'un trust économique, et les prisonniers étaient obligés de travailler. C'est pourquoi, afin de stimuler leur travail, un système spécial de récompenses et de punitions a été mis à l'essai dans les camps, et a commencé à être élaboré à l'USLON à la fin des années 1920. On a également testé la méthode de contrainte directe au travail - avec des coups, le fait de rester sur le lieu de travail jusqu'à la fin du travail, le placement dans une cellule de punition[264]. Dans la suite de l'histoire du goulag, les méthodes de coercition et de stimulation du travail ont été améliorées et presque toujours combinées. Le système d'incitation au travail des détenus comprend les éléments suivants : rations différenciées, amélioration des conditions de vie, passage à un régime plus léger et libération conditionnelle. Mesures disciplinaires - passage à un régime plus strict ou travaux lourds, privation du droit de recevoir des colis, isolement punitif. Outre les sanctions prévues par la législation, il existe un certain nombre d'autres mesures, dont

---

[263] PERMANENCE. Ф.642/1. Op.1. Д.12820. P.4ob.
[264] Brodsky, Y.A. op. cit. - C.126,131,174,178,195.

les coups.

L'expérience de Solovki a montré que la coercition directe au travail ne pouvait pas être une incitation efficace au travail, elle conduisait plutôt à la détérioration de la santé, à la mort de prisonniers-travailleurs, à l'augmentation du "tufte". Les méthodes d'encouragement par la nourriture, l'amélioration des conditions de vie, la possibilité de libération anticipée se sont révélées beaucoup plus efficaces. V.T. Shalamov, qui a observé la formation du système de travail forcé en tant que prisonnier du camp de Visher, a ainsi décrit la sélection des incitations au travail les plus efficaces dans le camp : "...ce n'est qu'au début des années trente que cette question principale a été résolue. Avec quoi battre - avec un bâton ou avec une ration, avec une échelle de nutrition en fonction de la production. Et il est apparu tout de suite que l'échelle d'alimentation plus les crédits pour les jours de travail et la libération anticipée étaient une incitation suffisante non seulement pour bien travailler, mais aussi pour inventer des chaudières à flux direct, comme Ramzin. Il s'est avéré qu'avec l'aide de la balance d'alimentation et la réduction de temps promise, il était possible d'inciter les "parasites" et les travailleurs domestiques non seulement à travailler bien, vigoureusement, sans salaire, même sans convoi, mais aussi à dénoncer, à vendre tous leurs voisins pour une cigarette, le regard approbateur des autorités du camp de concentration"[265].

Ainsi, l'une des principales méthodes de stimulation du travail au goulag était la différenciation de la nourriture en fonction du respect des normes de production.

Le règlement de 1930 sur l'ITL a divisé les rations alimentaires en 4 catégories : rations de base, de travail, renforcées et de pénalité[266]. Le règlement a précisé de manière très conventionnelle le contenu réel des rations alimentaires : ".le taux de la ration est déterminé par l'OGPU, mais en tout cas pas moins que le contenu calorique nécessaire", ce qui a permis à l'administration du camp de réduire de manière inacceptable les normes alimentaires. Combinée à l'exploitation forcée, cette situation aurait pu entraîner un taux de mortalité et de morbidité élevé parmi les prisonniers, ce qui aurait réduit le nombre de ceux qui pouvaient travailler, et n'était naturellement pas

---

[265] Shalamov, V.T. Vishera. Op. cit. - C.256.
[266] Goulag (Direction principale des camps), 1918-1960 : Documents. - Moscou : Materik, 2002. - C.68,70.

rentable pour le goulag en tant qu'entité économique. D'un autre côté, cependant, une réduction de la nutrition a rendu la production moins chère, et donc la tendance à réduire les normes nutritionnelles a existé pendant la plus grande partie de l'histoire du goulag. Un moyen plus efficace de stimuler le travail des prisonniers consistait à leur donner des grammes supplémentaires de nourriture en prime ou la possibilité d'acheter cette nourriture dans un étal. Ainsi, le 22 septembre 1931, le directeur du camp de Kungur reçoit un ordre proposant d'augmenter le paiement des primes de 100 %, d'élargir l'assortiment des stands et de permettre la vente des primes. Toutes ces suggestions devaient permettre de terminer les travaux avant le 15 novembre, c'est-à-dire selon le plan[267] . Le système de nutrition différenciée a continué à s'améliorer lors de la construction du canal mer Blanche-baltique et du canal Moscou-Volga (Dmitrov ITL). Par l'ordonnance n° 9 du 11 janvier 1934, les nouvelles normes alimentaires ont été introduites chez Dmitrovsky ITL. Le nombre de catégories de rations est resté le même que dans le règlement (de base, de production, augmentées, de pénalité), mais les rations avaient 6 gradations, en fonction du pourcentage de respect des normes de production (jusqu'à 79 %, de 80 à 99 %, de 100 à 109 %, de 110 à 124 %, de 125 % et plus). En outre, ceux qui répondaient aux normes de production pouvaient acheter des denrées alimentaires avec une prime en espèces dans un étal. L'indemnité de stabulation était également divisée en fonction des principales catégories de normes (à l'exclusion de la première sanction) et comportait trois niveaux correspondant au pourcentage de respect des normes. En outre, pour ceux qui pourraient faire face aux normes de production ci-dessus 100% ont reçu un pré-repas (le plus souvent une tarte)[268]. Cette différenciation des repas est devenue une norme de la vie de camp[269]. La quantité de stimulants était souvent si faible que non seulement elle n'améliorait pas la vie du prisonnier, mais qu'elle ne rechargeait même pas l'énergie dépensée. Il y avait même un dicton parmi les prisonniers : "Ce n'est pas une petite ration qui tue, mais une grande"[270]. Dans la seconde

---

[267] GARF. F.R-9414. Op.1. Д.2. P.31ob.

[268] Ibid. Ф.9489. Opt.2. Д.5. Л.22-24.

[269] Par exemple, le coût de la majeure partie de l'élément alimentaire d'une tarte à prime devait être déduit de la prime en espèces. L'indemnité journalière était strictement définie : un prisonnier ne devait pas recevoir plus de 50 g. de farine de seigle, 19 g. de céréales, 2 g. d'huile végétale et de graisse animale, 27 g. de poisson, 116 g. de légumes // GARF. Ф.9489. Op.2. Д.5. Л.23.

[270] Rossi, J. Manuel sur le goulag : en deux parties. P.2 - M. : Prosvet, 1991. - C.269.

moitié des années 1930, la ration journalière pour le dépassement du plan correspondait à 328 kilocalories[271]. La différenciation des normes a été développée plus avant et comportait plus de 10 gradations. Par exemple, les normes nutritionnelles introduites par l'arrêté du NKVD du 14 août 1939 étaient les suivantes : "norme n° 1 - pour les normes de production non professionnelles, le libre-service, l'investigation et les handicapés ; norme n° 2 - pour les personnes employées dans les principaux travaux de production et répondant aux normes de production ; norme n° 3 - pour les personnes travaillant selon les méthodes de Stakhanov ; norme n° 4 - pour les travailleurs de l'ingénierie et des techniques ; La norme n° 5 - moyenne ; la norme n° 6 - pour les mineurs ; la norme n° 7 - pour les personnes malades ; la norme n° 8 - pour les femmes enceintes et allaitantes ; la norme n° 9 - pour les faibles non-travailleurs ; la norme n° 10 - pour les faibles travailleurs ; la norme n° 11 - pour les personnes en transit ; la norme n° 12 - punitive[272].

Les nouvelles normes de 1939 - assez élevées pour l'époque - s'expliquent par le fait qu'auparavant elles étaient trop basses, de sorte que les camps hébergeaient un grand nombre de personnes faibles et handicapées (200 000 personnes au 1er mars 1939). Le commissaire désigné des affaires intérieures, L.P. Beria, a envoyé un télégramme au gouvernement, demandant l'approbation de nouvelles normes plus élevées, afin que "les capacités physiques de la main-d'œuvre du camp puissent être utilisées au maximum dans toute production"[273]. Par la suite, les normes nutritionnelles dans les camps ont recommencé à diminuer jusqu'à ce qu'elles franchissent un certain niveau au tournant des années 1942-1943, ce qui a été suivi par une morbidité et une mortalité massives dans les camps. La figure 7 montre clairement les moments où les taux de mortalité des prisonniers sont les plus élevés, suivis par les ordres d'augmenter les normes nutritionnelles. Ainsi, d'une part, la direction du goulag essayait de rendre la production moins chère en nourrissant les prisonniers, et d'autre part, elle essayait de maintenir le contingent en état de travailler. En fait, la liberté totale des dirigeants du goulag dans la disposition des contingents de prisonniers a rendu possible ces expériences de nutrition,

---

[271] Nakhapetov, B.A. To the History of Sanitary Service of Gulag // Problems of History, 2001. - №6. - C.127.
[272] Goulag (Direction principale des camps), 1918-1960 : Documents. - Moscou : Materik, 2002. - C.477-484.
[273] Khlevnyuk, O. Le travail forcé dans l'économie de l'URSS en 1929-1941 // Svobodnaya Mysl. - 1992. - №13. - C.79.

qui ont coûté la vie à des centaines de milliers de personnes.

Figure n°8[274] . Taux moyen de denrées alimentaires de base pour les prisonniers produisant
100% des normes [275][276]

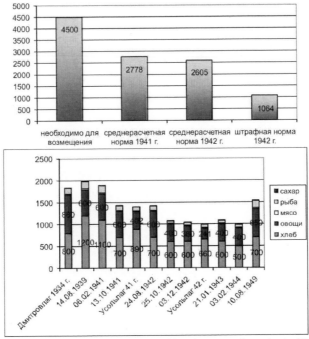

Figure n° 9[277]. Valeur énergétique des normes alimentaires (en kilocalories)
les coûts énergétiques

[274] Dessin réalisé selon : l'ordre n° 9 du 11.01.1934 pour le Dmitrovsky ITL (GARF. Ordonnance n° 00943 du 14.08.1939 "Sur l'introduction de nouvelles normes pour l'allocation de nourriture et de vêtements pour les détenus de l'ITL et de l'ITK du NKVD d'URSS" (GULAG. 1918-1960. M., 2002. P.476-484). Ordonnance n° 33 du 6.02.1941 "Sur la modification partielle et l'amélioration de l'approvisionnement en nourriture des prisonniers" (GARF. F.R-9414. d. 1919, vol. 1c, page 8). Ordonnance n° 0437 du 13.10.1941 "Sur la déclaration de nouvelles normes de nutrition pour les détenus de l'ITLK NKVD de l'URSS" (GARF. F.R-9414. Op. 1c, d. 1919. L. 23-30). Directive n° 354 du 24.08.1942. (GARF. F.R-9414. 1. d. 1919. P.38). Circulaire n° 469 du 25.10.1942. (GARF. F.R-9401. 1a. d. 129. P. 152-154). Ordonnance n° 0463 du 03.12.42 "Sur l'introduction de nouvelles normes différenciées pour l'approvisionnement alimentaire des détenus de l'ITLK NKVD d'URSS" (GARF. F.R-9401. Op. 1a. D. 119. L. 57-63). Ordonnance n° 023 du 21.01.1943 "Sur la mise en œuvre de nouvelles normes de nutrition différenciée et de procédures pour les prisonniers détenus à l'ITLK" (GARF. F.R-9401. Op. 1a. D. 40. L. 38-43). Lettre circulaire n°38 du 3 février 1944. (GARF. F.R-9401. d. 1a. 171. P.60). Ordre du Ministère des Affaires intérieures de l'URSS n° 0562 annonçant les normes d'approvisionnement alimentaire pour les prisonniers de l'ITLK au Ministère des Affaires intérieures en date du 10.08.1949 // GULAG. 1918-1960. M., 2002. - C.541-552).
[275] Pour Usolskiy ITL - norme 3. Stakhanovites et personnel d'ingénierie.
[276] Chiffre compilé par : Nakhapetov B.A. A l'histoire du service sanitaire du Goulag. // Problèmes de l'histoire. - M., 2001. - №6. P.127 ; "Ordonnances n° 0437 du 13.10.1941, n° 0463 du 3.12.1942 // GARF. F.R-9414. Op. 1c. Д.1919. Л.23-35,30

Par exemple, en 1940 à Usollag, les prisonniers étaient nourris pendant un mois avec de la farine boltushka, car il n'y avait pas d'autres produits[277]. En 1941, la quantité moyenne de[278]pain dans la section n° 3 des prisonniers d'Usoljskaja était de 890 grammes, alors qu'en vertu de l'ordonnance n° 33 du 6. 02. 1941 "Sur le changement partiel et l'amélioration de l'ordre de la nutrition des prisonniers", la quantité devait être de 1100 à 1200 grammes. Même les normes réduites par l'ordonnance n° 0437 du 13.10.1941 en[279] relation avec la guerre étaient plus élevées - 900 grammes pour la norme n° 3. Telle était la situation dans tous les camps du goulag, comme en témoigne une circulaire spéciale du NKVD n° 69 du 20.11.1942 : "Selon les informations disponibles, les chefs de camps et de chantiers procèdent arbitrairement, guidés par leurs propres considérations, à une réduction des normes alimentaires pour les prisonniers...".[280] En 1942, aux départs d'Usollag de "Volim", "Klepaja" et "Usolskaya", la ration des prisonniers a manqué de graisses et de viande pendant 2,5 mois, ce qui a entraîné une émaciation, une morbidité et une mortalité massives. Au cours de l'été 1942, l'administration de la 3e division de l'Usollyag a admis : "Depuis juin de cette année, en raison d'un sous-approvisionnement systématique en légumes et en pommes de terre dans presque toutes les unités et d'une interruption de l'approvisionnement en viande et en graisses animales (juillet, septembre) et d'un apport calorique insuffisant (1800 calories en moyenne)"[281]. Pendant l'hiver 1943, 32,2 % des normes ont été économisées sur l'approvisionnement en nourriture des prisonniers du Ponyshlag, et presque tous les produits alimentaires spécifiés dans la ration n'ont pas été distribués du tout[282]. En 1945, dans le Shiroklag, le manque de viande et de poisson a été remplacé par de la [283]farine et du gruau, et des betteraves surgelées ont été données à la place des

[278] légumes. En 1948, à Kusiinlag en juillet, août pour la nourriture des prisonniers était
[279]
[280] l'ensemble de produits suivants : "l'orge, le gruau de sarrasin, le poisson salé, la farine,
[281]
[282] l'huile végétale, certains jours il y avait du riz et
[283]
[284]

PERMANENCE. Ф.4460. Op.1. Д.1. Л.14.
Pour les stakhanovites et les ingénieurs.
GARF. F.R-9414. Op.1c. Д.1919. Л.8,18-30.
Ibid. F.R-9401. Op.1a. D.127. P.40.
PERMANENCE. Ф.105. Opt.8. d. 94. Л.47,72
Ibid. Ф.1915. Op.1. Д.2. Л.1.
GARF. F.R-9414. Opt.1. Д.329. Л.60.

La viande fumée et les légumes ont été remplacés par des champignons[284]. La même année, 547 000 roubles ont été économisés sur les produits alimentaires dans le camp n° 9 de Molotovsky UITLK. En conséquence, le jour de l'inspection du procureur, 3500 des 5800 prisonniers ne travaillaient pas, car ils étaient malades[285][286]. Les normes alimentaires déclarées, déjà rares, étaient souvent encore plus basses en raison des pénuries alimentaires.

Il y a également eu de fréquents cas de vol de ces produits par le personnel administratif des camps ou des colonies ou par les détenus eux-mêmes impliqués dans le stockage et la préparation des aliments.

zc".[287]

En 1942, l'administration de l'Usollyag a déclaré : "La cuisine du zk zk a été cédée au zk zk, il n'y a aucune surveillance, personne ne contrôle le stockage des aliments dans le chaudron et apporter de la nourriture à zk il y a un groupe de zk zk qui engraisse zk

La circulaire n° 25 du 23.01.1942 "ss" (strictement secret) dit qu'une telle situation est typique de l'ensemble du goulag : "La question de la nourriture dans les camps et les colonies est remise entre les mains des prisonniers. Les commerçants, les cuisiniers, le personnel de cuisine, les boulangers et autres parmi les prisonniers pillent impunément la nourriture, réduisant les normes de la nourriture mise dans le chaudron, se préparent de la nourriture à partir des meilleurs produits, en utilisant de l'huile, des graisses et de la viande en quantité illimitée"[287].

En 1943, il a été décidé de distribuer du vin et du tabac aux prisonniers du camp d'Ousolsk qui travaillaient bien, afin d'augmenter la productivité. Dans certains camps, le vin et le tabac n'ont jamais atteint les prisonniers - "...étaient gaspillés". Dans les camps de prisonniers d'Usollag, " les prisonniers qui participaient au stockage des denrées alimentaires les échangeaient contre des valises, des bottes et d'autres choses " ; à Moshevo, lors du déchargement des barges, les denrées alimentaires étaient pillées dans des sacs [288]. En 1945, le contrôle du camp n° 2 de la cinquième lagune de

[284] PERMGANIE. 4462. Op.1. Д.1. Л.23.
[285] GAPK. F.R-1366. Opt.l. Д.657. Л.390.
[286] PERMMANENCE. Ф.4460. OP.1. D.22. P.60ob. 61.
[287] GARF. Ф.9401. Opt.1a. D.127. P.8.
[288] PERMANENCE. Ф.4460. Op.1. D.37. P.92.

Molotovsky UITLK, situé à Kizel, a été effectué. Les prisonniers travaillaient dans les mines, mais ne recevaient pas de nourriture supplémentaire en cas de dépassement des normes. Bien que les responsables des installations aient régulièrement émis des coupons pour de la nourriture supplémentaire, les prisonniers n'en ont jamais reçu[289]. En 1948, 54 prisonniers de la section Gremyachii du Kizelag sont morts d'épuisement en peu de temps, bien que la nourriture ait été prescrite en totalité pour les patients affaiblis[290].

Les denrées alimentaires qui arrivaient au camp étaient souvent gâchées en raison de la négligence de l'administration du camp. En 1940, à Usollag, ".les cargaisons arrivant à la base...sont couchées par le chemin de fer pendant 5-6 jours : le poisson, les produits manufacturés sont abîmés et volés". Dans le camp d'Omutovsky en 1940. 503 tonnes de farine ont été mal stockées et gâtées - "elle est devenue grumeleuse, il y a une odeur", mais "ils en font du pain même maintenant (juin 1941) Les pertes totales dues à une comptabilité incorrecte, à une mauvaise conservation des stocks pendant toute l'existence du camp (de 1938 à 1940) ont été de plus de 20 millions de roubles. [291]

La méthode de stimulation de l'activité de travail des prisonniers au moyen de repas différenciés a été testée dès le milieu des années 20 dans le camp spécial de Solovetsky. Les rations différenciées étaient basées sur le principe de la participation du travail des prisonniers à la production du camp. Ce système a ensuite été étendu aux colonies et est devenu une incitation importante à l'organisation du travail forcé.

Le désir de l'administration de l'OGPU-NKVD-MIA de réduire le coût de l'entretien des prisonniers, et par conséquent - de la production des camps, a souvent eu un impact sur la réduction des normes nutritionnelles. Des normes nutritionnelles spécifiques, non inscrites dans la loi, ont permis à l'administration du goulag (OGPU) de réduire l'apport calorique à un niveau au-delà duquel le corps humain ne pouvait plus se rétablir après un dur labeur et le nombre de décès, de maladies et de handicaps dans les camps et les colonies a fortement augmenté. Cela a eu un effet négatif sur l'idée

[289] GAPK. F.R-1366. Opt.1. Д.653. Л.80.
[290] PERMANENCE. Ф.105. Opt.14. VOL. 136. L. 66.67.
[291] Ibid. Ф.4460. Op.1. Д.1. P.24ob,28-29ob.

d'autosuffisance et de rentabilité des camps - le nombre de détenus invalides a augmenté et le nombre de travailleurs a diminué. Ainsi, la dynamique de l'échelle nutritionnelle calorique a chuté au milieu des années 1930, a atteint un niveau critique en 1938-1939, puis s'est redressée et a recommencé à baisser jusqu'à la crise de 1942-1943. De telles expériences sur la nutrition ont coûté la vie à des centaines de milliers de personnes et sont devenues l'horreur d'une existence à moitié morte de faim dans le camp.

Les maigres normes nutritionnelles, soigneusement prescrites dans les arrêtés départementaux, étaient souvent réduites localement en raison du désir du chef d'un camp particulier de réduire la production et d'exécuter un plan financier, ou en raison de la lenteur et de l'imprudence de l'administration du camp, qui ne s'occupait pas de la livraison de la nourriture ou qui la faisait pourrir, ou encore parce qu'elle volait de la nourriture. Cela a aggravé la situation des prisonniers du goulag, déjà mal nourris.

б) Encouragement des travailleurs de choc et des Stakhanovites

Une autre méthode pour encourager les prisonniers à travailler consistait à offrir de meilleures conditions de vie aux percussionnistes et aux stakhanovites. Par exemple, le règlement de 1930 sur les camps de travail correctionnels exigeait que "des conditions de vie et de séjour améliorées" soient offertes aux prisonniers qui "font preuve de diligence dans leur travail"[292]. Il est compréhensible qu'il soit souvent presque impossible de créer de meilleures conditions dans le camp. Mais la présence de percussionnistes et de stakhanovites était nécessaire pour les besoins du rapport, et c'est alors qu'une ou plusieurs casernes modèles ont été créées, et que des mesures spéciales ont été prises pour s'assurer qu'il y avait des "stakhanovites".

Par exemple, en 1941, le camp de prisonniers Bulatovka de l'ITL d'Ousolsk rapportait : "Les prisonniers qui ont dépassé les normes vivent dans des baraquements séparés. Leur lieu de travail est préparé pour eux un jour à l'avance. Ils sont équipés de bonnes scies à poutre - deux scies pour chaque bûcheron. Ils sont entretenus par un meilleur scieur spécial. Au travail, ils disposent d'un bidon avec du kérosène pour la

---

[292] Goulag (Direction principale des camps), 1918-1960 : Documents. - Moscou : Materik, 2002. - C.68.

lubrification et pour faciliter le déplacement de la scie, équipé de cales et de fourches de poussée. Issus du travail, ces liens sont accueillis sur la montre par le jeu d'un orchestre à cordes ou d'un accordéon. Ils sont cuisinés par une commande séparée. Ils reçoivent tout d'abord des journaux, des magazines et des services culturels. Ces unités utilisent à tour de rôle la salle de bain, la salle à manger, le salon de coiffure, et elles sont autorisées à envoyer de l'argent à leur famille. Il est possible que cela ait été le cas dans ce WTC, mais la situation était différente dans tout le camp : "... il y a 57 batteurs de records et 189 personnes qui remplissent les normes de 100 à 135 %, mais seulement 5 d'entre elles vivent dans de meilleures conditions de logement et de vie et le reste dans des conditions générales sans aucune literie. Ils ne diffèrent en rien des autres qui ne respectent pas les normes et même des refuseniks"[293]. Il est possible que ces 5 personnes soient celles qui ont fait rapport à l'OLP Bulatovka.

En 1942, à l'OLP de Nijne-Moshevskoe d'Usollyaga, une baraque pour les travailleurs ayant des méthodes de travail stakhanov a été inspectée. Il s'est avéré que "...il y a beaucoup de punaises de lit dedans Pas de literie, pas de sous-vêtements sont sécurisés Aucun colis n'a été délivré aux meilleurs liens ces derniers temps"[294] . C'était pour les Stakhanovites. Dans le reste de la caserne, c'était comme ça : ".il fait sombre, humide, froid à cause du manque de combustible sec, les prisonniers ne sont pas pourvus de tapis et la plupart d'entre eux dorment sur des couchettes nues sans se déshabiller. Il fait froid dans les bains publics. Il n'y a pas de laverie dans les bains publics de la plupart des quartiers de lag. Dans certains cas, les sous-vêtements ne sont pas lavés après les bains"[295]. Il est clair qu'en fait, les conditions de vie étaient les mêmes pour tous les prisonniers.

Les souvenirs des anciens prisonniers ont été préservés, d'où l'on peut comprendre le rôle des travailleurs de choc et des stakhanovites dans la production des camps. Ainsi, A. A. Smilingis travailla comme comptable dans l'un des camps d'exploitation forestière de Komi à l'automne 1941. Il se souvient que le nombre d'ouvriers de choc et de Stakhanovites était réglementé par le chef de la section

[293] PERMANENCE. Ф.105. Opt.7. d. 69. Л.68,109.
[294] PERMMANENCE. Ф.4460. Op.1. D.12. P.7.
[295] Ibid. Ф.105. Opt.8. d. 94. Л.45.

forestière - pas plus de 2 à 3 par section, il n'y avait pas de place pour plus. De plus, chaque patch devait avoir un travailleur de choc pour ne pas abîmer les indicateurs. Pour les travailleurs de choc et les Stakhanovets, ils ont vraiment choisi les meilleurs outils, ils ont reçu les meilleurs sites - plus faciles à manipuler et même pour le dépassement des normes, ils ont été autorisés à ne couper que les grands arbres, les autres unités, les brigades - pas de choc - après avoir nettoyé les parcelles. Si un ouvrier de choc ou un stakhanovite tombait malade et faisait moins à la fin de la période de référence, on lui attribuait des volumes de bois, en les déduisant même des autres brigades[296]. En fait, ce type d'activité peut être classé sans risque comme "conneries".

Pour les brigades et les liaisons ordinaires, dont la majorité absolue, les outils ont été délivrés de la plus basse qualité. Par exemple, à Usollag en 1939, le nouveau chef adjoint du département de production du camp, voyant ce que les prisonniers travaillaient dans la forêt, a déclaré lors d'une réunion de la cellule du parti d'Usollag : "Je travaille dans la forêt depuis 20 ans, j'en ai vu de toutes les sortes, mais je n'en ai pas vu comme dans les lagpas ... Les outils de vos travailleurs sont les plus laids. Les haches sont telles que le nœud n'est pas coupé, mais littéralement renversé, les haches sont courtes, les haches tombent, la pointe et le réglage des scies sont très mauvais"[297] . On peut ajouter qu'à Nyroblag, en 1947, il y avait une hache pour 3 ou 4 bûcherons[298].

Dans les camps nouvellement établis, il n'y avait souvent pas de commodités de base, sans parler des conditions améliorées pour les Stakhanovites. Par exemple, à Ponyshlag, pendant l'hiver 1943, les prisonniers vivaient dans des tentes[299]. En été, il fallait construire des baraquements, mais la qualité de la construction était si mauvaise que les commandants de camp eux-mêmes ont admis : "...nous avons construit beaucoup de logements, mais nous n'avons pas construit de maisons, mais des huttes, en oubliant les conditions de l'hiver ouralien. En conséquence, le parc de logements du camp se composait de baraques aux toits fuyants et sans portes ni fenêtres, dans lesquelles les gens étaient obligés de se battre pour un espace sec, avec des lits faits de

---

[296] A.A. Smilingis, né en 1927, vit à V. Village de Kortkeros, République de Komi. Record du 14.06.2004. Ukhta. À ce sujet, il écrit dans ses mémoires Margolin, J.B. Journey to the Country of Zeka. - Tel-Aviv, 1997. - C.9596.
[297] PERMGANY.F.4460. Op.1. Д.192. Л.219-220.
[298] Ibid. Ф.105. Op.13. d.586. l.67.
[299] Ibid. Ф.1915. Op.1. Д.2. Л.1.

poteaux ronds et[300][301] taillés. Des conditions de vie similaires prévalaient dans de nombreux autres camps nouvellement établis.

L'encouragement au travail acharné avec la promesse de meilleures conditions de vie a sans aucun doute trouvé un écho chez les détenus. Cependant, l'un des principes de l'exploitation du camp était un quota de travail qui, dans les conditions spécifiques du camp, était extrêmement difficile à dépasser. Ainsi, l'ancien détenu U.B. Margolin se souvient : "Il n'y a pas de travail facile dans les camps. Tisser des balais ou désherber des lits est plus facile que de travailler dans une mine ou de porter des poids, mais le travail le plus facile se transforme en tourment si la norme dépasse l'effort. Nous n'avons jamais pu faire ce que l'on attendait de nous pour être nourris". Les gens ont des capacités physiques différentes, et ce qui est impossible, par exemple, pour un docteur en philosophie (Yu. B. Margolin), pourrait bien être à la portée d'un paysan de Sibérie ou de l'Oural. Mais les compléments alimentaires et les prétendues conditions de vie améliorées ne compensaient pas la dépense énergétique de l'organisme, et alors un homme devenait invalide ou mourait. Dans ses mémoires, Margolin décrit ainsi le sort des recordmen et des stakhanovites : "Tôt ou tard, le camp forestier tue tous ceux qui y font une carrière éphémère de recordmen. Tout le monde finit par avoir une maladie cardiaque et un handicap. Les camps sont remplis d'"anciennes stars", des gens qui se promènent avec un bâton et racontent la force baissière qu'ils avaient et les merveilles qu'ils ont montrées en 302.

De plus, le camp n'avait souvent pas les moyens d'améliorer la nourriture et les conditions de vie de tous les chercheurs de records. Dans ce cas, des conditions spéciales ont été créées pour que quelques personnes puissent remplir le plan de record. Ces personnes, leur vie quotidienne et leur alimentation étaient signalées à une autorité supérieure, et elles étaient également utilisées à des fins de propagande, afin que le reste des détenus ne perdent pas l'espoir d'améliorer leur vie quotidienne.

Il y avait d'autres obstacles qui empêchaient un prisonnier de figurer parmi les recordmen. Lors de la compilation des données relatives au travail, les responsables de l'enregistrement, en règle générale, facturaient une ration stakhanovite au brigadier, la

---

[300] Ibid. Д.1. Л.3,11,15.
[301] Margolin, Y.B. Voyage au pays de zeka. - Tel-Aviv, 1997. - C.48,95.

même ration était réclamée par des criminels qui ne travaillaient pas, et le reste de la production était réparti entre toute la brigade. Par exemple, en 1941 à Usolsk, l'inspection de l'ITL a révélé qu'il y avait deux fois plus de rations stakhanovites que de personnes qui travaillaient réellement comme stakhanovites[302]. Souvent, non seulement les administrations des camps et des colonies pénales ne punissaient pas les criminels qui ne travaillaient pas, mais elles les plaçaient aussi à des postes de direction inférieurs. Par exemple, en 1942, dans l'ITK n° 5, l'administration a nommé des officiers de police judiciaire comme chefs de détachement adjoints[303]. Au sein de l'ITL de Nyrobsky en 1952, une inspection a révélé l'implication active d'"éléments de gangsters" au service économique du camp et leur utilisation dans des [304]postes administratifs et de production de base.

Ainsi, souvent dans les camps, le travail vraiment dur n'était pas encouragé, mais entraînait seulement la dégradation physique des prisonniers.

в) libération conditionnelle

Sur la base du règlement de 1930 sur la LIT, la libération conditionnelle ne pouvait être appliquée qu'aux personnes qui avaient joui de droits électoraux avant leur condamnation. Mais dès janvier 1931, le "Règlement provisoire sur le crédit de jours de travail pour les prisonniers détenus dans une ITL" autorisait "...dans des cas individuels, en vertu d'une règle spéciale, au plus tôt un an après la condamnation et seulement avec l'autorisation du goulag" la libération conditionnelle des prisonniers politiques. Pour les autres prisonniers - le crédit pour la première catégorie de travail a été établi à raison de 4 jours de peine pour 3 jours de travail, et pour la deuxième catégorie - 5 jours de peine pour 4 jours de travail[305].

Le code du travail pénitentiaire de 1933 permettait aux commissions de

---

[302] PERMMANENCE. Ф.4460. Op.1. D.25. P.37-38.

[303] GAPK. F.R-1366. Opt.1. Д.65. P.67ob.

[304] PERMMANENCE. Ф.105. Opt.20. d. 157. l. 156.

[305] Droit pénal exécutif de la Russie : théorie, législation, normes internationales, pratique nationale de la fin du XIXe siècle et du début du XXe siècle. - Moscou : Norma Publisher, 2002. - C.355.

surveillance d'encourager "le travail particulièrement productif des personnes privées de liberté" .... Le Code du travail correctionnel de 1933 permettait aux commissions de contrôle de récompenser "le travail particulièrement productif en créditant deux jours de travail particulièrement productif pour trois jours de détention, et pour le travail d'une importance particulière qui dépasse systématiquement la norme de production, un jour de travail pour deux jours de détention"[306].

En comparant les conditions et les possibilités de libération conditionnelle dans les prisons et les colonies, les colonies avaient l'avantage. Ainsi, dans les camps, il était possible d'obtenir un maximum de 125 jours conditionnels pour 100 jours réels, et dans les colonies - 200 jours conditionnels.

Tab. 19[307] . Calcul des jours réels et conditionnels lors de l'application de différents régimes la libération conditionnelle. en vertu du règlement d'application des peines de 1930 et du code d'application des peines de 1933.

ITL		
	Des jours en fait.	Jours conditionnels
Z jours de travail = 4 jours de mandat	100	133.3
4 jours de travail = 5 jours de stage	100	125
ITC		
2 jours de travail = 3 jours de stage	100	150
1 jour de travail = 2 jours de trimestre	100	200

L'ordonnance du NKVD du 1er août 1935 a étendu à l'ITL l'effet de conditions de libération conditionnelle plus favorables pour l'ITC, et pour l'ITC a renforcé les conditions de libération anticipée : ".dans l'ITC pour 3 jours de travail - 4 jours de temps, dans les camps - pour 2 jours de travail - 3 jours de temps, et dans les camps particulièrement éloignés pour 1 jour de travail - 2 jours de temps", c'est-à-dire que la possibilité de libération conditionnelle dans les camps est devenue plus importante que dans les colonies. Cela démontre l'importance croissante du travail dans les camps pour l'économie du pays. En témoigne également la résolution du Conseil des commissaires du peuple de l'URSS de 25 octobre 1932, qui interdit de détourner les camps vers des travaux autres que les

---

[306] Goulag (Direction principale des camps), 1918-1960 : Documents. - Moscou : Materik, 2002. - C.90.
[307] Tableau compilé à partir de : "Goulag 1918-1960. Documents". - M., 2002. - C.90.

installations de base [308][309].

Tab. №20[310]. Calcul des jours effectifs et des jours de sursis lors de l'application de différents régimes de libération conditionnelle, conformément à l'ordonnance du NKVD du 1er août 1935

ITL		
	Des jours en fait.	Jours conditionnels
2 jours de travail = 3 jours de stage	100	150
1 jour de travail = 2 jours de trimestre	100	200
ITC		
Z jours de travail = 4 jours de mandat	100	133.3

L'augmentation du nombre de prisonniers et du nombre de camps due aux répressions massives de 1937-1938 a fortement accru le recours au travail forcé. Treize grands camps d'exploitation forestière et plusieurs camps de construction y ont été établis. Des documents de référence datant du début de 1938 et tirés du carnet de Yezhov donnent une idée de l'ampleur des activités économiques du NKVD : construction de routes et de ponts, y compris ceux d'importance nationale, construction d'aqueducs et de complexes industriels, usines, extraction de charbon, de pétrole, de radium, d'or, de platine, exploitation forestière et bien plus encore [310].

Avec une telle ampleur de l'activité économique au goulag, il était devenu peu rentable de libérer les meilleurs travailleurs de manière anticipée ; en outre, l'accent mis initialement sur le travail carcéral en tant que travail de masse non qualifié avait cessé d'être pertinent. La demande de main-d'œuvre qualifiée est en augmentation. Dans le même temps, un prisonnier qualifié ou formé rapidement obtenait assez tôt une libération conditionnelle et quittait le lieu de travail de son camp. Il a été remplacé par un autre prisonnier, qui devait encore être enseigné. Cela n'a pas été profitable pour l'administration du camp. Les responsables de la construction à Perm se sont plaints : "En vérité, dès qu'il est formé, trois à quatre mois passent, il obtient une qualification, et si on lui remet aussi des vêtements de travail trop remplis, il est parti deux semaines plus tard, il est déjà parti pour le stage"[311][312]. A ce sujet, il y a même eu un discours de Staline le 25 août 1938, lors d'une réunion du Présidium du Soviet suprême de l'URSS

---

[308] Suslov, A.B. op. cit. - C.27, 102.

[309] Tableau établi par : Suslov A.B. Concentration spéciale dans la région de Perm (1929-1953) - Perm, 2003. - C.102.

[310] Goulag (Direction principale des camps), 1918-1960 : Documents. - Moscou : Materik, 2002. - C.708-725.

[311] PERMANENCE. Ф.105. Opt. 6. Д.302. Л.66.

[312] Goulag (Direction principale des camps), 1918-1960 : Documents. - Moscou : Materik, 2002. - C.113.

"Sur la libération anticipée des prisonniers" : "Avez-vous correctement proposé qu'ils soumettent une liste pour la libération de ces prisonniers ? Ils vont quitter leur travail. Ne pouvez-vous pas penser à une autre forme d'évaluation de leur travail - prix, etc. Nous faisons un mauvais travail, nous perturbons les camps. La libération de ces personnes est certes nécessaire, mais du point de vue de l'économie d'État, elle est mauvaise..."313

Cette déclaration est assez significative. D'une part, il apparaît clairement que les camps ne sont plus des établissements pénitentiaires, mais plutôt des unités économiques ; d'autre part, on constate une tendance évidente à résoudre les problèmes économiques par "l'abandon volontaire", qui se répandra ensuite dans tout le pays (décrets du 26 juin 1940 sur le passage à une journée de travail de 8 heures, à une semaine de travail de 7 jours et sur l'interdiction des congés arbitraires des travailleurs et des employés des entreprises et des institutions, et du 10 juillet sur la responsabilité pour désertion et abandon).

Au printemps 1939, le nouveau commissaire du peuple aux affaires intérieures, L.P. Beria, envoie au gouvernement un plan de réorganisation du goulag. Ce plan prévoit une augmentation de l'apport calorique des prisonniers, non pas par souci d'humanisme, mais pour que "les capacités physiques de la main-d'œuvre du camp puissent être utilisées au maximum dans toute production". Le plan prévoyait également l'abolition du système de libération conditionnelle comme créant un "chiffre d'affaires important"[313] .

Ainsi, les décrets des 15 et 20 juin 1939 abolissent la libération conditionnelle[314], qui est l'une des mesures importantes pour encourager et augmenter la productivité des prisonniers. La principale incitation à l'augmentation de la productivité du travail a été la fourniture de meilleurs approvisionnements et de nourriture, de primes en espèces et l'amélioration de la vie quotidienne des prisonniers. Les mêmes décrets ont durci les peines pour les "absents du travail, les refus de travailler et les désorganisateurs de la

[313] Khlevnyuk, O. Le travail forcé dans l'économie de l'URSS en 1929-1941 // Svobodnaya Mysl. - 1992. - №13. - C.79.
[314] Goulag (Direction principale des camps), 1918-1960 : Documents. - Moscou : Materik, 2002. - C.116-117.

production" - "régime de camp renforcé, punition dans une cellule de punition, dégradation des conditions matérielles et de vie... dans certains cas jusqu'à la peine capitale". L'abolition de la mesure la plus efficace pour inciter les prisonniers à travailler a eu un impact négatif sur la productivité du travail. Par exemple, dans le camp de travail de la prison d'Ousolsk en 1938, le travail moyen d'un prisonnier était de 2,62 f.m. par jour, en 1939 - 2,1 f.m., en 1941 - 1,8 f.m.

Fig. 10[315] . Production réelle par jour pour 1 prisonnier à Usollyag en festmètres

Toujours en 1939, le désir des prisonniers d'éviter le travail de base, où le coût de la main-d'œuvre est le plus élevé, augmente considérablement. Dans le même temps, cependant, les prisonniers pourraient être fusillés pour avoir systématiquement refusé de travailler. On comprend que le nombre de refus ait diminué. Selon les données générales (Goulag), le nombre de refus à l'OITC a diminué de 15% (au 1er trimestre 1939, il y en avait 6101, au 3ème trimestre - 5162)[316]. Dans le camp d'Ousolsk, le groupe "G" a diminué au cours du second semestre pour atteindre 7,4 % (dont 3 % de refus), alors qu'il était de 12,1 % au cours du premier semestre. Le groupe "A", selon les données communiquées, a également augmenté, passant de 61,7 % au premier semestre à 71,1 % au second semestre[317].

Mais en réalité, la situation était quelque peu différente : les prisonniers

---

[315] Le chiffre est compilé à partir de : GARF. F.R-9414. Opt.1. D.1085 ; D.853. L.242 ; PERMGANY. Ф.105. Op.7. D.400. Л.42.
[316] GARF. F.R-9414. Opt.1. Д.2989. Л.61.
[317] PERMMANENCE. Ф.4460. Op.1. Д.192. Л.33.

trouvaient des moyens et des possibilités de rester légalement dans le camp, au moins pour certains petits boulots. A. Soljenitsyne, un ancien prisonnier, a évalué le "travail général" comme suit : "Le plus important : éviter les travaux généraux ! Évitez-les dès le premier jour... Le travail "général" est le principal travail de base qui est effectué dans un camp donné. Ils emploient 80% des prisonniers. Et ils meurent tous. Tous. Et ils en font venir de nouveaux pour les remplacer - "retour au travail général". C'est là que vous mettrez le dernier de vos forces. Et vous aurez toujours faim. Et toujours humide. Et sans chaussures ....Seuls ceux qui ne sont pas dans le camp général y vivent. Essayez à tout prix - n'allez pas vers le commun" [318]. En 1939, dans certains des camps d'Ousolskoïe, l'utilisation de la main-d'œuvre pour le travail principal (l'exploitation forestière) s'élevait à 16 % (camp de Surmogsky)[319].

La libération conditionnelle en tant que mesure d'encouragement exceptionnelle réapparaît un mois et demi plus tard - le 2 août 1939, dans l'"Instruction temporaire sur le régime de détention dans l'ITL du NKVD de l'URSS" : "En ce qui concerne les prisonniers individuels, en particulier les prisonniers distingués, le chef de l'administration du camp et le chef du département politique peuvent introduire une requête auprès de la [320]. Le caractère exceptionnel de cette mesure ne pouvait pas contribuer à augmenter la productivité des prisonniers.

Après la guerre, un arrêté du ministère de l'Intérieur datant du 19 décembre 1946 rétablit effectivement le recours à la libération conditionnelle (sauf pour les personnes condamnées pour trahison, espionnage, terrorisme, sabotage, banditisme, condamnées aux travaux forcés). Le décret du Conseil des ministres de l'URSS du 26 novembre 1947 "...afin d'augmenter la productivité du travail, d'accomplir les tâches prévues et de terminer les projets de construction en temps voulu" a étendu le recours à la libération conditionnelle à tous les prisonniers travaillant sur les chantiers et les entreprises du ministère de la construction lourde et du ministère de la construction, sur la construction de la voie ferrée de la gare de Chum à la baie d'Ob, sur les travaux de bois, l'industrie

---

[318] Soljenitsyne, Archipel du goulag A. I., 1918-1956 : l'expérience de la recherche artistique. En 2 volumes. - Moscou : Le Centre du Nouveau Monde, 1991. - C.241.
[319] PERMMANENCE. Ф.4460. Op.1. Д.192. Л.229.
[320] Goulag (Direction principale des camps), 1918-1960 : Documents. - Moscou : Materik, 2002. - C.470.

pétrolière et les projets de construction de pipelines. En 1947, le système de libération conditionnelle a même été étendu à certains camps de travaux forcés (Camp spécial n°5)[321].

Mais à partir du 1er mai 1948, la libération conditionnelle est à nouveau abolie. De plus, les responsables du goulag eux-mêmes ont admis que la libération conditionnelle ou le "crédit" était en effet "la principale motivation pour augmenter la productivité et le bon travail des prisonniers...". Néanmoins, inciter les prisonniers à travailler reste ". un salaire minimum basé sur un système de primes progressives très prononcé qui pourrait servir d'incitation valable pour atteindre et dépasser les objectifs de [322]production" . En 1950. Par décret du Conseil des ministres de l'URSS, des salaires pour les prisonniers ont été introduits[323]. Après l'introduction des salaires pour les prisonniers, Nyroblag a fait état d'un profit excessif de 14 millions 238 mille roubles. [324]

Le 10 juillet 1954, un nouveau règlement sur les camps de travail et les colonies du ministère de l'intérieur a été adopté. Elle a légiféré non seulement sur la rémunération des prisonniers, mais aussi sur la libération[325] conditionnelle.

La pratique a montré que la libération conditionnelle était en effet l'un des moyens les plus efficaces de stimuler le travail des détenus. Mais, avec l'augmentation des tâches de production du goulag, l'introduction de nouvelles technologies et techniques, la direction du pays et l'administration du goulag sont devenues peu rentables pour libérer rapidement les travailleurs les meilleurs et les plus qualifiés. Cette libération a commencé à affecter les performances de production des camps et des colonies.

---

[321] Droit pénal exécutif de la Russie : théorie, législation, normes internationales, pratique nationale de la fin du XIXe - début du XXe siècle. - Moscou : Norma Publisher, 2002. - C.400.

[322] GARF. F.R-9414. Opt.1. Д.368. Л.402-404.

[323] Droit pénal exécutif de la Russie : théorie, législation, normes internationales, pratique nationale de la fin du XIXe siècle et du début du XXe siècle. - Moscou : Norma Publisher, 2002. - C.403.

[324] PERMANENCE. Ф.3839. Dépt. 6. Д.4. Л.31.

[325] Goulag (Direction principale des camps), 1918-1960 : Documents. - Moscou : Materik, 2002. - C.156.

Dans la seconde moitié des années 1930, l'industrialisation du pays a commencé à porter ses fruits - il y avait suffisamment de machines et d'opportunités pour introduire de nouvelles technologies. De tels changements dans la production ont nécessité une augmentation de la main-d'œuvre qualifiée. Dans ce cas, la libération conditionnelle a commencé à jouer un rôle négatif pour les chefs de camp. Dans ce contexte, les prisonniers ouvriers les plus qualifiés et les plus compétents, qui manquaient tant à la production des camps dans la seconde moitié des années 1930, ont été libérés. Les dirigeants nationaux et ceux du goulag ont donc décidé de révoquer la libération conditionnelle, de la remplacer par des primes souvent inopérantes et de rendre plus sévère la sanction pour non-respect des normes de production. Cela a entraîné une diminution de la productivité du travail des prisonniers, qui ont cherché différents moyens d'éviter le travail de base ou de rendre compte du travail non effectué - "tufte". L'ampleur de la baisse de la productivité du travail des prisonniers et les "conneries" ont incité les dirigeants du ministère de l'intérieur, dans l'après-guerre, à rechercher de nouvelles formes d'incitations au travail pour les prisonniers. Au début, ils ont essayé d'introduire la libération conditionnelle (1946-1947), oubliant l'expérience d'avant-guerre déjà existante, mais l'ont rapidement remplacée par un système de primes progressives sur les salaires des prisonniers. Le nouveau statut du camp de 1954 utilisait déjà tout l'arsenal des incitations - salaires et libération conditionnelle.

r) les sanctions dans le système d'exploitation des camps

Les sanctions pour les prisonniers étaient indissociables des incitations et étaient toujours consignées côte à côte dans les codes et les règlements. Sur la base des actes législatifs de différentes époques, il est possible de voir comment la direction des établissements pénitentiaires comprenait les sanctions. Ainsi, dans les règlements de 1930 sur Le règlement du camp de 1930 et le code du travail correctionnel de 1933, des mesures disciplinaires devaient être prises contre ceux qui enfreignaient le régime du camp ou le règlement intérieur. Bien entendu, le non-respect des règles de production ou le refus de travailler sont considérés comme une violation du régime, mais rien n'indique directement que cela doit être sanctionné. Dans le statut du camp de 1930 C, le chapitre sur les "Conditions générales de travail des prisonniers" ne mentionnait que _ 3 ___ 327 encouragement aux prisonniers qui "font preuve d'une attitude diligente au travail". Dans l'"Instruction temporaire sur le régime de détention des prisonniers de l'ITL" de 1939, l'accent a été mis sur la punition : premièrement, les sanctions ont été placées en première place, alors que dans le Règlement et le Code, elles venaient en deuxième place après les incitations ; deuxièmement, la liste des motifs de punition a été ajoutée - "pour une attitude négligente à l'égard du travail ou un refus de travailler". En d'autres termes, si pendant les années de formation du système de travail forcé, la punition était comprise par la direction du GUMZ-GULAG comme une mesure auxiliaire, elle a acquis une importance bien plus grande dans la seconde moitié des années 1930. Le décret de 1939 "sur l'abolition de la libération conditionnelle pour les condamnés purgeant des peines dans l'ITL du NKVD de l'URSS" énumère diverses incitations au travail, mais le point suivant introduit la peine la plus élevée pour les "désorganisateurs de la vie et de la production des camps"[326][327].

Les principales mesures disciplinaires comprenaient une réprimande, la limitation ou le refus du droit de recevoir des colis et des paquets, le passage à un régime plus strict et l'imposition de travaux punitifs. Le code de 1933 a ajouté la suppression d'une partie ou de la totalité du crédit pour les jours de travail et la privation des visites. L'instruction de 1939 élargit encore l'éventail des sanctions - transfert dans une cellule pénale, transfert dans des conditions matérielles et de vie plus mauvaises (rations punitives, casernes moins confortables, etc.). Le décret du Présidium du Soviet suprême de l'URSS "Sur la suppression de la libération conditionnelle pour les condamnés purgeant des peines dans l'ITL du NKVD de l'URSS", du 15 juin 1939, a ajouté l'isolement cellulaire et le peloton d'exécution.

Dans le domaine du travail dans les camps, les mesures punitives étaient principalement appliquées à ceux qui refusaient de travailler. En novembre 1930, par

---

[326] Goulag (Direction principale des camps), 1918-1960 : Documents. - Moscou : Materik, 2002. - C.68.
[327] Ibid. C.116.

exemple, il y a eu plusieurs cas de refus ouvert de travailler dans le camp de Visscher. En conséquence, des poursuites pénales ont été engagées, et tous les refus ont été envoyés à un régime punitif[328].

Dans le camp de Visher, les missions punitives étaient au nord, où les prisonniers travaillaient sur les sites d'exploitation forestière. L'éloignement des voyages punitifs du centre et des établissements humains a souvent entraîné un arbitraire sans limite de l'administration et des gardiens du voyage : "Il est clair que l'étape du nord - de l'exploitation forestière, où les mains sont coupées, où le scorbut tue les gens, où les supérieurs mettent "sur les moustiques" dans la taïga, où "arbitraire", où lors des déplacements de site en site les prisonniers demandent à s'attacher les mains derrière, afin de ne pas mourir "en essayant de s'échapper". [329]V.T. Shalamov a rappelé.

Dans les documents ITL de Dmitrovsky pour 1934, il y a des traces d'une cellule de punition[330], où les refuseniks pouvaient être placés. Les refus ont reçu une ration punitive, c'est-à-dire 300 grammes de pain par jour, 75 grammes de poisson (la viande n'était pas du tout autorisée), 400 grammes de légumes et d'autres produits en vertu de la norme réduite[331]. L'instruction temporaire sur le régime de détention dans la cellule pénale de l'ITL NKVD d'URSS du 2 novembre 1940 prescrit également une norme punitive de nourriture pour les refusants[332]. Mais il y avait encore de nombreux refus. Par exemple, en 1940, aux 2e et 3e trimestres, il y a eu 61082 cas de refus de travail à Usollag. A Ust-Surmog, les prisonniers jouaient même aux cartes pour ne pas aller travailler[333]. En 1942, [334]102 000 jours-homme ont été perdus en raison de refus de travailler. D'autres auraient été perdus si ce n'était de la plupart

des mesures sévères. En avril 1942, à Usollag, 66 personnes ont été condamnées à la peine capitale (fusillade) pour avoir refusé de travailler. Par la suite, le nombre de refus a fortement diminué.

---

[328] PERMMANENCE. Ф.642/1. Op.1. Д.12820. P.4ob,5ob,8ob,10.

[329] Shalamov, V.T. Vishera. Ibid. - C.169-170.

[330] GARF. Ф.9489. FOB. 1c. D.38, P.51. Instruction sur la procédure de détention des personnes dans les établissements pénitentiaires.

[331] Ordonnance n° 9 du 11 janvier 1934 pour l'administration pénitentiaire de Dmitrovsky "Sur l'introduction de nouvelles normes de nutrition différenciée" // GARF. Ф.9489. Archives Archives du Trésor fédéral. Д.50. P.22ob.

[332] GAPK. F.R-1366. Opt.1. D.3. l. 100-101ob.

[333] PERMGANY.F.105. Opt.7. d. 69. P.56ob,70.

[334] Ibid. Ф.4460. Op.1. D.28. P.37.

Dès que les lois sont devenues plus accommodantes, le nombre de refus a immédiatement augmenté. Par exemple, au cours des 8 premiers mois de 1945, Nyroblag a perdu 29 000 jours-homme en raison de refus de travailler[335]. En 1946, Nyroblag a perdu 32537 jours-homme à cause des refus[336]. Au cours des 9 premiers mois de 1947, Usolleg a perdu 39 000 jours-homme[337], etc.

Souvent, l'administration du camp enregistrait et punissait les prisonniers qui étaient malades ou n'avaient pas les vêtements nécessaires. Par exemple, lors d'une inspection du camp de prisonniers de Bulatovka au 4ème trimestre 1941, il a été constaté que les femmes ayant des enfants en bas âge ou les femmes enceintes étaient mises sur la liste des refuzniks[338]. Durant l'hiver 1942, dans le camp d'Ousolsk, le commandant de la mission Pershino de l'OLP de Visher mettait les prisonniers qui refusaient de travailler, qui n'avaient pas de vêtements appropriés, dans des chambres froides non équipées[339], etc.

Le fait de rester dans une cellule de punition peut provoquer des maladies ou même la mort. Par exemple, lors d'une inspection de la cellule de détention punitive du camp de prisonniers "Omut" à l'ITL d'Ousolsk le 4 mars 1941, il s'est avéré que 19 personnes étaient "...déshabillées et à moitié vêtues à -13 degrés sous zéro". Il en va de même dans d'autres établissements pénitentiaires. Les prisonniers ont été battus dans un certain nombre de SHIZO (Omut, Vishera et ShIZO). Dans ses conclusions, la commission a écrit : "En conséquence, nous pouvons observer un nombre important de prisonniers dans un état de décharnement. Tout cela montre que dans un certain nombre de subdivisions du camp, il y a une émaciation des prisonniers due au fait que les prisonniers habillés hors saison tombent dans le refus et vont jusqu'à 300 grammes, s'épuisent, et puis, bien qu'habillés en raison de l'épuisement ne produisent pas la norme, et donc la ration est également réduite, ce qui provoque inévitablement toutes sortes de maladies et même une augmentation de la mortalité ...". [340]Durant l'hiver 1951, dans les

---

[335] PERMANENCE. Ф.3839. Département 1. Д.1. Л.52.
[336] Ibid. Ф.3839. Opt.10. d.5. Л.149.
[337] Ibid. Ф.4460. Op.1. Д.96. P.12ob.
[338] PERMANENCE. Ф.105. Opt.7. d. 69. Л.70.
[339] Ibid. Ф.105. Opt.8. d. 94. Л. 58.
[340] Ibid. Ф.105. Opt.7. d.69. Л.108-109.

cellules froides du quartier d'isolement disciplinaire de Kizellag, les prisonniers étaient gardés en sous-vêtements, après quoi ils étaient traités pendant une longue période[341].

La latitude de l'administration du camp et les rares cas de contrôle et de vérification des poursuites ont conduit à brouiller la ligne entre punition et intimidation. En 1940, dans l'un des établissements pénitentiaires de l'UITLK Molotov, un garde battait systématiquement les prisonniers sur la chaîne de production "afin de soumettre la brigade". Il y a eu un cas où un prisonnier, qui refusait de travailler pour cause de maladie, a été attaché à une charrette et emmené à la production (Usolsky ITL)[342]. Au cours de l'été 1946, dans la colonie pénitentiaire de Ponyshsky, le chef du prisonnier de guerre n°1 ".osa enseigner la marche et même mettre à genoux toute l'unité (toute l'unité) pour la punir à cause de 2-3 contrevenants" [343]. A Kizellag en 1948. (section Gremyachiy), le chef de la section battait et maltraitait systématiquement les détenus : "Des personnes malades et épuisées étaient emmenées au travail sous les armes et forcées de scier du bois sous la menace d'un fusil. En raison de l'épuisement, de nombreux prisonniers de cette section n'ont pu accomplir que jusqu'à 10 % de la norme, ce qui les a privés de la possibilité de recevoir du pain et de la nourriture. Il y a eu des cas où un prisonnier a été emmené dans les bois un jour et est mort le lendemain"[344]. Dans le même camp, en 1953, les prisonniers en retard au travail étaient battus par les gardes avec des crosses de fusil et des bâtons de ski, attaqués avec des chiens de service et conduits "au galop" - forcés de courir vers le camp, en tirant à leurs pieds avec des mitraillettes.

L'arbitraire de l'administration du Kizellag était tel qu'une commission spéciale a été organisée pour vérifier les plaintes des prisonniers adressées au Comité central du PCÙS, au gouvernement de l'URSS, au procureur général de l'URSS. L'inspection a révélé "des faits d'arbitraire systématique, des passages à tabac de prisonniers par l'administration du camp, des tirs délibérés sur des prisonniers, tant pendant le convoi vers le lieu de travail que pendant la détention de prisonniers évadés du camp"[345].

---

[341] Ibid. Ф.105. Op.20. D.158. P.6.
[342] PERMMANENCE. Ф.105. Opt.8. d. 94. Л. 58.
[343] Ibid. Ф.3454. Opt.1. Д.2. Л.39.
[344] Ibid. Ф.105. Opt.14. D.136. P.66.
[345] Ibid. Ф.105. Op.20. D.159. l.73-76 ; D.158. l.5,8.

Ces "punitions" ont eu un effet extrêmement négatif sur la production, ont réduit la productivité déjà faible des prisonniers et ont facilité et souvent initié diverses formes de protestation des prisonniers. La protestation a pris la forme de formes actives et passives. La forme la plus courante était le "tuff". Il peut s'agir d'un travail de mauvaise qualité et de détournement de fonds, c'est-à-dire d'une déclaration pour un travail non effectué ou d'une surestimation des chiffres de production. Et les "conneries", qui ont pris naissance parmi les détenus du camp de Solovetsky dans les années 1930, ont été activement utilisées par les autorités du camp. Les supérieurs ont naturellement exigé l'exécution des plans de production, un certain nombre d'ouvriers de choc et de stakhanovites, la dévalorisation de la production. Souvent, les demandes ne sont pas assorties de ressources et de moyens, mais ces derniers sont sanctionnés en cas de non-respect, jusqu'à l'emprisonnement. En réponse, les autorités du camp, ainsi que les prisonniers, ont souvent montré des "conneries" dans leurs rapports, c'est-à-dire des volumes de travail non réalisés, un nombre exagéré de percussionnistes, etc.

Les raisons de cette popularité de la "futa" se trouvent probablement dans la profonde aliénation de pratiquement tous les participants au processus de production du camp par rapport aux résultats de leur travail. Au départ, l'application massive du travail carcéral se faisait dans le domaine du travail non qualifié, épuisant et monotone, ce que les personnes libres refusaient de faire (et si elles acceptaient, elles demandaient un salaire plus élevé, de meilleures conditions de vie), c'est-à-dire que pour les prisonniers, le travail était une punition, une oppression. La réaction naturelle d'auto-préservation était le désir d'éviter le travail. S'il est impossible - de faire ce travail le plus rapidement possible, sans réfléchir et sans se soucier de la qualité, et si l'occasion se présente, de ne pas le faire du tout, et de rendre compte de ce qui aurait été fait.

Les anciens détenus ont laissé de nombreux souvenirs du travail dans les camps et des attitudes à l'égard de ce travail. Ainsi, Y.B. Margolin a rappelé : "Le plaisir du travail est familier à tous ceux qui sont capables de faire quelque chose - capables de vraiment, en tant que maître dans son art. Nous avons été forcés de faire des choses que nous ne pouvions pas faire, puis nous avons été accusés de ne pas pouvoir les faire.... Nous vivions dans les camps dans une atmosphère de criminalité. Mais le crime n'était pas le dégoût et la peur des travailleurs qui pouvaient à peine se traîner les jambes à cause de leur faiblesse. Le crime était le système social qui a transformé le droit au travail en une obligation de travail imposée - le système des camps qui m'a d'abord expliqué le phénomène du sabotage. Je n'ai jamais été un parasite dans le camp, mais j'ai compris comment une attitude cynique et pessimiste à l'égard du travail surgit chez des gens pleins d'une haine mortelle pour le joug qu'on leur a mis et le harnais qu'ils ont été obligés de porter contre leur gré[346]

Des attitudes similaires envers leurs responsabilités étaient également présentes dans l'administration des camps et des colonies. La planification des directives, souvent sans tenir compte des spécificités et des possibilités locales, sans financement ni approvisionnement suffisants, a entraîné des perturbations constantes dans la mise en œuvre des plans de production, des conflits entre les différents services et une "lutte pour la mise en œuvre des plans de production" constante et épuisante.

Selon les souvenirs d'A.A. Smilingis, en octobre 1941, environ 100 000 mètres cubes de bois, qui avaient déjà été récoltés, ont été brûlés dans l'un des camps de Komi sur ordre du commandant du camp. La commission a été informée que le bois avait été transporté par flottage et que le camp avait été signalé avec succès[347]. Les inspections et les inventaires ont également révélé d'importants volumes de produits inexistants, pour lesquels l'administration du camp avait déjà fait un rapport.

En 1939, lors de l'inspection de l'activité d'Usollag, il a été révélé qu'il y avait eu détournement de 63550 fm de produits en bois. En janvier 1941, dans le même camp de l'OLP de Visherskoïe, "ont été révélés des détournements grossiers de la quantité de travail non effectué selon les informations de travail quotidiennes par des dixièmes et des contremaîtres de zk. En même temps, il a été noté que "...de la part du zk. zk. il y a des moments de tromperie : par exemple : les rations sont reçues deux fois plus que celles des personnes travaillant selon les méthodes de travail de Stakhanov". En 1942, dans le camp d'Ousolsk, on a constaté une pénurie de 224 000 f.m. due à des

---

[346] Margolin, Y.B. Voyage au pays de zeka. - Tel-Aviv, 1997. - C.212. (A été emprisonné de 1940 à 1945, docteur en philosophie, abattant du bois dans le camp).
[347] A.A. Smilingis, né en 1927, vit à V. Village de Kortkeros, République de Komi. Record du 14.06.2004, ville d'Ukhta.

détournements[348] de fonds, ce qui représentait environ 8 % du total des achats effectivement effectués par le camp (2 817 000 f.m.).

***

Pendant la période étudiée (1930-1950), un certain système d'organisation du travail forcé s'est formé en Russie soviétique. Sa principale caractéristique était la contrainte non économique exercée sur les prisonniers pour les faire travailler, par le biais de la famine (alimentation différentielle), de promesses de libération anticipée et de diverses punitions. La latitude considérable accordée aux administrations pénitentiaires leur a permis d'abuser de ce pouvoir - pour réduire les normes nutritionnelles, pour remplacer certains aliments par d'autres (moins nutritifs), et enfin, pour voler simplement de la nourriture, réduire le temps de repos des prisonniers, et tout cela - afin d'atteindre certains objectifs. La possibilité d'une telle surexploitation est apparue avec l'établissement d'un lien entre le camp et la production. Le processus de fusion du camp et de la production a commencé à la fin des années 1920 et s'est achevé au milieu des années 1930. Le regroupement des fonctions punitives et de production en une seule agence, une seule administration, a conduit à la surexploitation des prisonniers et à l'élaboration de mesures spéciales non économiques pour les forcer à travailler.

Cette surexploitation a entraîné un taux de mortalité et de morbidité élevé parmi les prisonniers, ce qui a eu des répercussions sur le nombre de prisonniers qui travaillent. La combinaison d'un gestionnaire économique et d'un commandant de camp a également imposé ses traits négatifs à la production. Tous les officiers du NKVD ne sont pas des économistes-nés. Les archives contiennent de nombreux témoignages de la mauvaise gestion de l'économie et des activités de production par l'administration du camp.

L'économie planifiée a souvent conduit au fait que les grands plans étaient publiés pour de courtes périodes, les plans n'étaient souvent pas dotés des ressources nécessaires (matières premières, personnes, logements et fournitures pour les

---

[348] PERMMANENCE. Ф.4460. Op.1. Д.192. LIGNE 32 ; V.9. L.2 ; V.25. L.37-38 ; V.28. L.37.

125

personnes, etc.) Le résultat était souvent un manquement au plan et une sanction pour l'administration pénitentiaire - une amende, une réprimande, et même un emprisonnement.

En combinaison avec la résistance active des prisonniers, qui essayaient de survivre, c'est-à-dire de ne pas accomplir des tâches impossibles, une mentalité particulière de commandant de camp est apparue. L'une des principales caractéristiques de cette mentalité était la volonté de tromper les autorités supérieures, qui avaient donné une tâche impossible - écrire des "conneries" dans le rapport. En d'autres termes, non seulement les prisonniers, mais aussi l'administration du camp se sont aliénés les résultats de leur travail.

L'aliénation du résultat du travail a fait naître un désintérêt pour le travail lui-même, la principale impulsion créative dans la motivation du travail a été perdue, le travail est devenu un devoir, une routine, dont on voulait se débarrasser le plus vite possible. En conséquence, il y a eu une quantité considérable de travail attribué, prétendument fait, mais n'existant en réalité que sur le papier.

Cette même approche a suscité des sentiments d'antimécanisation chez les dirigeants du camp. Il était plus facile de faire une demande pour plusieurs milliers de prisonniers spéciaux que d'introduire de nouvelles technologies, équipements, formes de production. En outre, elle a été causée par des raisons objectives - les relations de production fondées sur la coercition ne correspondent pas en principe à une production intensive, dans le cadre de telles relations de production, il est pratiquement impossible d'introduire de nouvelles techniques et technologies.

La principale motivation des prisonniers pour travailler était la libération conditionnelle et l'espoir d'une meilleure alimentation. Cependant, les conditions améliorées de nutrition et de logement déclarées par les lois pour les prisonniers qui répondaient aux normes n'étaient souvent pas remplies. Avec l'abolition de la libération conditionnelle, la valeur des incitations positives au travail a diminué. Mais des incitations négatives ont été ajoutées - cellules d'isolement punitives, casernes, dégradation des conditions de vie et peloton d'exécution. Une telle oppression n'a fait qu'aggraver la productivité des prisonniers. C'est pourquoi, dans la seconde moitié des

126

années 1940, diverses options ont été envisagées pour encourager le travail des prisonniers, notamment la libération conditionnelle et les salaires.

En 1950, un système de salaire à prime progressive a été introduit pour augmenter la productivité des prisonniers. Le règlement sur les camps de travail et les colonies correctionnelles du 10 juillet 1954 contient des paragraphes sur la rémunération et la libération conditionnelle des prisonniers.

À cette époque, les moyens non économiques de coercition sur le travail, qui étaient efficaces lorsque des travaux peu qualifiés à grande échelle étaient nécessaires, sont devenus inacceptables à l'époque de la mécanisation universelle et de l'introduction de nouvelles technologies exigeant une qualification et une responsabilité assez élevées de la part d'un travailleur.

En 1950, la libération conditionnelle a été remplacée par un système de primes progressives. En 1953, la production et les organisations économiques ont été transférées du ministère de l'Intérieur aux ministères civils concernés.

Chapitre 3 : Le problème de l'efficacité du travail forcé au goulag

Lors de la création du système de travail forcé en URSS, le problème de l'efficacité de leur travail n'a pas été pris en compte. Au cours des années du premier plan quinquennal, les autorités, en publiant un décret sur le recours au travail forcé, ont résolu deux problèmes urgents : le premier - assurer le volume prévu de construction et de production avec une main-d'œuvre mobile, ainsi que susceptible d'être planifiée ; le second - une réduction significative du coût des prisonniers au détriment de l'utilisation de leur travail. Dans les conditions de l'industrialisation forcée, le gouvernement a concentré toutes les ressources et les moyens disponibles pour la construction et la production industrielles et a activement cherché des sources d'économie. Le gouvernement résolvait des problèmes économiques spécifiques qui apparaissaient pendant la période historique spécifique - le début de la modernisation socialiste du pays. La supériorité traditionnelle de la Russie sur le peuple et l'idéologie bolchevique, dont le travail obligatoire universel était une composante, ont rendu possible le recours au travail forcé à grande échelle en URSS. L'essentiel était la disponibilité d'un certain nombre de travailleurs, et non leurs qualifications et compétences.

La phase initiale de la modernisation, lorsqu'il n'y avait pas encore assez de mécanismes et de machines, nécessitait à grande échelle une main d'œuvre peu qualifiée sur les chantiers de construction et dans l'extraction des minéraux. Mais les prochaines étapes de la modernisation, lorsque l'industrialisation réalisée portera ses fruits sous la forme de nouveaux mécanismes et machines, il faudra inévitablement faire appel à des travailleurs complètement différents - qualifiés, instruits, responsables. L'expérience du recours au travail forcé aurait dû être terminée par le 3e ou 4e plan quinquennal. Mais pour plusieurs raisons, elle a duré beaucoup plus longtemps.

Les principes idéologiques fondamentaux de l'idéologie bolchevique sont les œuvres de Marx et Engels. L'approche formative de la compréhension de l'histoire qu'ils ont développée a classé le travail forcé des esclaves ou des paysans dépendants comme la forme d'économie la plus improductive et la plus arriérée. Dans la théorie du socialisme qu'ils ont développée, il n'y avait pas de place pour le travail forcé. Mais il a fallu une période de transition entre le capitalisme et le socialisme, dont la théorie, appliquée à la Russie, a été développée dans les années 1920 par Lénine, Boukharine et un certain nombre d'économistes soviétiques. Pendant cette période de transition, la plupart des théoriciens soviétiques ont reconnu la nécessité d'appliquer des mesures coercitives aux travailleurs, aux paysans et à l'intelligentsia dans l'organisation des relations de travail[349]. Mais ces mesures coercitives ne devaient être utilisées que pendant la période de transition du capitalisme au socialisme, c'est-à-dire qu'elles étaient temporaires et forcées. Les questions de productivité et d'efficacité du travail forcé proprement dit n'ont pas été prises en compte à l'époque.

En ce sens, les camps de travail créés à titre expérimental se sont avérés très bénéfiques pour l'État. Tout d'abord, il est devenu possible de ne pas dépenser d'argent pour la pratique pénitentiaire, qui était alors devenue "...très coûteuse pour l'État". Les camps, selon les dirigeants de l'Etat, devaient être autosuffisants, c'est pourquoi la résolution du SNK d'URSS "Sur le financement des camps de l'OGPU" du 7 décembre 1929 a imposé aux camps de l'OGPU de Solovetsky, Vishersky et Severny d'être autosuffisants[350]. Ensuite, les régions peu peuplées du nord du pays, riches en ressources naturelles, se sont vues garantir une main-d'œuvre.

Par exemple, en 1929, le trust "Vishkhimz", qui incluait le Visscher ITL, lors de la planification de la construction de la papeterie, avait l'intention de couvrir 4 millions de roubles du coût total de la construction (12340 mille roubles) par ses propres bénéfices[351]. En 1931, dans la revue de conjoncture, la direction du Vislag écrivait : "... lorsqu'on compare le rendement d'un prisonnier par "homme-jour" avec le rendement des libérés, on obtient une image de supériorité considérable du travail des prisonniers". En moyenne, en janvier et février, les prisonniers coupent 2,51 mètres cubes de bois, tandis que les affranchis - 2,18 mètres cubes. Mais de tels résultats, le camp les a obtenus par le fait que les prisonniers travaillaient 10 heures par jour, sans jours de

---

[349] Lénine, V. I. La version originale de l'article "Tâches prioritaires du pouvoir soviétique" // Œuvres complètes. en 55 volumes. - ed. 5-e. - M., 1962. - T. 36. - P. 144 ; Tchernykh, A. Formation de la Russie soviétique. Dans 20 ans, dans le miroir de la sociologie. - Moscou : Monuments de la pensée historique, 1998. - C.224-225.

[350] L'économie du goulag et son rôle dans le développement du pays, années 1930 : Collection de documents. - M., 1998. - C.21.

[351] GARF. Ф.5446. Opt.10a. Д.40. Л.15.

repos[352]. De la même manière, les dirigeants de l'État ont vu la "rentabilité" du travail forcé.

Le livre de Dallin et Nikolaevsky fournit des données officielles sur le coût du confinement dans le BBK[353] . En 1932 - 1933, le coût de l'entretien était de 500 roubles par an, en même temps que le salaire moyen d'un constructeur - 1496 roubles par an[354]. Ainsi, la construction du canal a coûté à l'Etat 95,3 millions de roubles au lieu de 400 millions de roubles comme prévu par le plan[355] d'ensemble. Pendant les premiers plans quinquennaux, le travail des détenus était rentable pour l'État. Mais cette "rentabilité", basée sur l'économie de l'entretien des prisonniers, de leurs outils et de l'intensification de l'exploitation, n'a rien à voir avec une productivité élevée et une efficacité du travail. Les prisonniers eux-mêmes ne s'intéressaient qu'à la survie dans le camp.

Le concept d'efficacité de la production en général est composé de plusieurs facteurs : la productivité du travail, la qualité des produits, le coût de production (intensité matérielle et intensité des stocks, c'est-à-dire le montant dépensé pour une unité de production de matériaux et de ressources).

Le principal indicateur de la productivité du travail est la production par unité de temps. Cet indicateur est influencé par plusieurs facteurs : le niveau de qualification des employés, le niveau de mécanisation et d'automatisation, l'utilisation de technologies avancées qui rationalisent et accélèrent la production. Le critère de la croissance économique est la croissance de la productivité du travail.

Le coût de production est le coût monétaire de l'entreprise pour la production et la vente des produits. Ces coûts sont principalement composés du coût des moyens de production (matières premières, combustibles, matériaux, électricité, amortissement des immobilisations), du coût de la main-d'œuvre et du coût des diverses déductions au budget de l'État (impôts, assurance sociale)[356]. Le coût est influencé par de nombreux facteurs, dont l'utilisation des moyens de travail (bâtiments, machines, équipements et

[352] GARF. F.R-9414. Opt.1. Д.2920. Л.17.
[353] La combinaison mer blanche-baltique.
[354] GARF. F.R-9414. Opt.1. Д.1800. Л.109-110.
[355] Ivanova, G.M. Goulag dans le système d'État totalitaire. - MOSCOU : MONF, 1997. - C.91.
[356] Statistiques économiques. - Moscou : Statistiques, 1971. - C.221-222.

leur réparation). La disponibilité d'un parc technique sous-utilisé et ses fréquentes pannes ont un impact négatif sur le coût de production. En outre, des facteurs tels que les "pertes dues aux rejets et aux déchets" ont une incidence sur le coût de production. Ainsi, de nombreux facteurs affectant le coût de production sont liés au niveau de compétence de l'employé.

Dans le cadre de l'économie planifiée et de la réglementation des prix par l'État, il est très difficile d'évaluer correctement le coût de production d'une entreprise donnée. En d'autres termes, le coût des bâtiments et des machines peut être surévalué ou sous-évalué, voire radié du bilan par un fonctionnaire, sur la base des raisons qui existaient dans une période historique donnée. Le coût des bâtiments, des machines et des matières premières est également influencé par le coût de la main-d'œuvre, qui était également réglementé par les autorités et qui était souvent loin de correspondre à l'énergie dépensée pour le travail. Il est particulièrement difficile de déterminer le coût de production dans les camps. Tout d'abord, le recours généralisé au travail forcé en Union soviétique dans les années 1930 et 1950 a rendu pratiquement impossible la distinction entre les usines qui étaient libres de main-d'œuvre et celles qui utilisaient le travail de prisonniers, de spetseselenets, de mobilisés ou de prisonniers de guerre. Par exemple, à quelle catégorie devrions-nous classer le travail des agriculteurs collectifs mobilisés pour l'exploitation forestière en hiver ? Les agriculteurs collectifs, en principe des personnes libres, devaient travailler dans la forêt, ayant des conditions de vie instables, une mauvaise alimentation et pratiquement pour rien. Bien sûr, ils ont fui en masse de la zone d'exploitation forestière, ils ont été pris comme prisonniers fugitifs et sont retournés dans la zone d'exploitation forestière. Par exemple, en mai 1950, le chef de l'UMGB du district de Chermozsky a noté dans son rapport "...évasion massive des travailleurs forestiers. Les fugitifs expliquent *(leur fuite)* par l'absence de conditions matérielles et de vie normales"[357].

Deuxièmement, les tentatives visant à isoler le travail des prisonniers dans le coût total de la main-d'œuvre d'une fiducie, d'une usine ou d'un établissement de construction ou d'exploitation forestière ne donneraient pas de résultats définitifs. Même au début

---

[357] PERMANENCE. Ф.105. Option 16. Д.164. Л.6.

des années 1930, après la masse de publications dans la presse étrangère sur le recours au travail forcé des prisonniers en Union soviétique, ce sujet est devenu secret. Même des circulaires et des résolutions spéciales ont été publiées pour dissimuler des informations sur le travail forcé. Par exemple, la résolution du Conseil des commissaires du peuple n° 1525-276-s du 20 août 1936 obligeait toutes les entreprises utilisant le travail forcé à ne pas indiquer le nombre de travailleurs forcés dans leurs rapports et le fait que le travail forcé était utilisé en principe : "Le nombre absolu de jours-homme d'apparition et de non-apparition au travail ... a pour but ... d'exclure la possibilité, en comparant les données contenues dans diverses sections des fiches (et des rapports), de déterminer le nombre de forces spéciales employées dans une entreprise donnée ou dans une branche de travail donnée"[358] . À la fin des années 1940 et au début des années 1950, un autre ordre visait probablement à garder le travail des camps secret, si bien que même dans les procès-verbaux secrets des réunions du parti de l'époque, des chiffres précis ont disparu, à leur place sont apparus des pourcentages - ".le plan d'abattage de la forêt a été réalisé à 89%" et ainsi de suite. Troisièmement, la comptabilité des indicateurs de coûts de production est compliquée par l'incomplétude et la confusion des données de déclaration. Ainsi, un document pourrait inclure des données sur les lieux de détention et les colonies de travail (dès 1931, l'utilisation économique des colons spéciaux a été transférée à l'OGPU[359], dans un autre - des données uniquement sur les lieux de détention. Souvent, le texte ne dit pas si les données sont complètes, ou seulement pour les lieux de détention, ou seulement pour la production industrielle sans travaux de contrepartie.

Par conséquent, ce document ne prendra en considération que certains facteurs les plus accessibles aux chercheurs, qui ont une incidence sur le coût de production. Il s'agit du degré de mécanisation du travail et des pertes dues aux défauts (les pertes dues aux "déchets" peuvent également être attribuées ici). Ces facteurs sont directement liés à la productivité du travail et devraient théoriquement s'influencer mutuellement, c'est-à-dire que le développement de la mécanisation des processus de travail devrait

---

[358] GAPK. F.R-1656. Opt.3. d. 5. Л.
[359] Khlevnyuk, O. Le travail forcé dans l'économie de l'URSS en 1929-1941 // Svobodnaya Mysl. - 1992. - №13. - C.76.

augmenter la productivité du travail par travailleur, augmenter la quantité de produit fabriqué dans un certain temps, réduire les coûts du travail et, par conséquent, réduire les coûts de production. Dans le même temps, il devrait y avoir une diminution du nombre de travailleurs non qualifiés et une augmentation du nombre de travailleurs hautement qualifiés. Pour les lieux de détention également, un indicateur important aurait dû être le nombre de prisonniers employés à un travail, c'est-à-dire le groupe "A". Une diminution du groupe "A" peut indiquer un coût de production plus élevé en raison d'une augmentation du groupe des détenus sans emploi, dont le coût d'entretien a été inclus dans le coût de production.

Dans la région de Perm (Molotov), le travail des prisonniers était utilisé dans presque tous les secteurs de l'économie nationale. Mais cette main-d'œuvre est surtout demandée dans l'exploitation forestière et la construction, des ateliers sont organisés dans les colonies. Par conséquent, parmi la variété des secteurs de l'économie nationale, trois qui ont dominé la production des colonies de la région Molotov seront considérés : la sylviculture, la construction et les ateliers des colonies. Dans l'industrie forestière, la main-d'œuvre était principalement utilisée par les détenus des camps ; dans l'industrie de la construction, la main-d'œuvre des camps et des colonies était utilisée ; dans les ateliers, la main-d'œuvre des colonies était principalement utilisée par les détenus des prisons.

3.1 Production industrielle   ateliers   magasins
les établissements pénitentiaires

En 1930-1931, les détenus de la Domzak de Perm travaillaient dans les ateliers de cordonnerie et de tailleur, et coupaient également du bois dans la scierie n° 6. Dans les ateliers, des commandes individuelles ont été remplies pour des personnes qui étaient liées aux domzaks : gardiens, commerçants, comptables, dactylos, policiers, gardes, chefs de domzaks, ainsi que des commandes d'organisations - Soyuzmyaso, École régionale pour aveugles, Rabfak, Lesosplav, Lespromkhoz. A cette époque, Domzak n'avait pas de plans de production. La nature de la production - couture et retouche de vêtements et de chaussures - indiquait qu'elle n'était pas industrielle et ne rapportait pas de revenus importants. Mais le nombre d'événements pour les prisonniers - 99 au cours du 4e trimestre de 1930. Le nombre de manifestations (projections de cinéma, concerts, conférences, journaux en direct) montre l'importance sociale et le caractère coûteux du Domzak (en outre, il y avait 2 écoles d'enseignement général et une formation professionnelle)[360].

Au milieu de 1932, le plan de production, qui a été donné par l'UITU régionale, est apparu dans les travaux de la Domzak de Perm. La base de production a été agrandie, les ateliers de tailleur et de chaussure ont été rejoints par une menuiserie, une forge et une tannerie. Des commandes individuelles dans les ateliers sont passées aux commandes des organisations, c'est-à-dire à la production industrielle de masse, ce qui, naturellement, aurait dû augmenter le montant des revenus. En 1932, la Domzak a conclu un contrat avec la confection de vêtements de Perm à partir du matériel du client. Selon le plan, la Domzak de Perm (ou colonie de travail - ce nom figure dans le même document) devait coudre 101150 paires de sous-vêtements pour une valeur de 249416 roubles par an, c'est-à-dire qu'une paire de sous-vêtements devait coûter en moyenne 2,46 roubles. Dans le certificat de la base de Perm de Soyouzheysbyt du Commissariat du peuple à l'industrie légère, il est écrit que, par exemple, les tiroirs au prix du producteur coûtent en même temps de 3,25 à 4,60 roubles, selon la qualité de la

---

[360] PERMANENCE. Ф.58. Opt. 1. VOL. 1 P. 144-145,149-157.

production et du matériel[361] . Théoriquement, une paire de sous-vêtements cousus par les prisonniers aurait dû coûter moins cher, mais en décembre 1932, la Domzak a pratiqué les mêmes prix que dans la référence. Ainsi, le travail des prisonniers pour Permodezhda commença à coûter le même prix que celui des libérés.

En fin de compte, la différence entre le coût[362] du lin produit par les détenus du domzak et la valeur de vente était de 3404 p., c'est-à-dire qu'il s'agissait d'un bénéfice. Le coût du mariage était de 3062 p., et Permodezhda a retenu ce montant. Si vous soustrayez la peine pour le mariage, il restera 342 p. Dans le même temps, au cours de la seconde moitié de 1932, 308 personnes en moyenne travaillaient dans les ateliers de tailleur de Domzak (bien entendu, elles ne travaillaient pas seulement sur ordre de Permodezhda, et pas seulement dans l'atelier de tailleur). Le résultat économique de l'activité conjointe de Domzak et Permozhda a été très insignifiant pour Domzak. Par exemple, le bénéfice pour 1932 s'élevait à 10,4 % du prix de revient du linge cousu dans le cadre du contrat (valeur de vente - 36,096 p.r., prix de revient - 32,692 p.r.[363]). Si l'on prend en compte le coût de la rétention pour le mariage (+ 3062 p.), le bénéfice ne sera que de 0,95%. Cela indique une faible rentabilité[364]. Le défaut représentait 9,3 % du coût de production et rendait la production beaucoup plus coûteuse. Le pourcentage de rejets indique une faible qualification des travailleurs détenus.

Pour la direction, le plus important était le travail des prisonniers et de faire un petit bénéfice. Ainsi, en 1932, le nombre de détenus employés dans les ateliers de la Domzak augmente rapidement, passant de 50 en juillet à 633 en décembre[365].

À l'automne 1934, tous les lieux de détention ont été transférés au GUILAG NKVD (ordre n° 00122 du 29 octobre 1934[366]). Selon les estimations du personnel du NKVD, les [367]lieux de détention acceptés du GUILAG NKVD étaient soumis à une "pression financière extrême". En 1935, le département du NKVD a mené une série

---

[361] PERMANENCE. Ф.58. Op.1. REP. 42. L. 7,9-10.
[362] Malheureusement, le document ne contient pas de calcul détaillé expliquant de quoi est fait exactement ce coût.
[363] PERMANENCE. Ф.58. Op.1. D.42, P.6-9ob.
[364] Le principal indicateur de la rentabilité des entreprises est le montant du bénéfice net reçu par l'entreprise, résultant de la déduction de ses coûts du revenu de l'entreprise. Ayrumov A.M. Analyse de l'activité économique d'une entreprise industrielle. - Tachkent : Maison d'édition Gos. UzSSR, 1959. - C.140.
[365] PERMANENCE. Ф.58. Op.1. D.42. P.6.
[366] Goulag (Direction principale des camps), 1918-1960 : Documents. - Moscou : Materik, 2002. - C.233-234.
[367] Direction générale des institutions du travail pénitentiaire du Commissariat du peuple à la justice.

d'actions afin de créer des productions plus rentables. Les petites installations de production diversifiées ont été éliminées et à leur place, des entreprises de production de masse d'articles standard, alimentées par des ressources locales, ont été créées. 44 millions de roubles. Le NKVD a dépensé pour mettre de l'ordre dans les prisons et améliorer l'équipement technique des entreprises pénitentiaires[368].

En 1935, la[369]production brute des lieux de détention du NKVD s'élevait à 275479 mille roubles, tandis que les coûts de production s'élevaient à 290301 mille roubles. Mais dans ce cas, la colonne "coûts" ne comprenait que les prisonniers qui travaillaient, l'entretien des prisonniers qui ne travaillaient pas était exprimé en montant de 122295 mille roubles. En fait, c'est aussi le coût des lieux de détention. En fin de compte, le coût total de l'entretien des prisonniers à l'ITK en 1935 était de 325352 mille roubles. Ce montant dépasse la production brute de toute la production des lieux de détention (275479 mille roubles de prix de vente[370]). Mais selon la logique des dirigeants de l'État et des organismes punitifs, c'est beaucoup plus que rien, car si les prisonniers étaient simplement maintenus en isolement, et s'ils continuaient à dépenser de l'argent pour leur correction, le coût de la pratique pénale serait de plus de 325 millions de roubles. En Union soviétique, en 1935, les prisonniers gagnaient près de 85 % de leur temps de détention, c'est-à-dire qu'ils devenaient réellement autonomes.

Le document ne contient pas de chiffres précis sur la productivité du travail, mais des preuves circonstancielles suggèrent que la productivité était faible. La performance n'a été obtenue que par l'intensification de l'exploitation des prisonniers. Les prisonniers travaillaient souvent sans jours de repos et la journée de travail était allongée. Ainsi, en un an, les prisonniers se sont reposés 1 510 000 jours-homme de moins que prévu. Au final, le plan de la production principale a été réalisé à 98,8% avec 105,5% de la main d'œuvre utilisée.

Afin d'augmenter la rentabilité de la production, les allocations pour l'entretien des prisonniers ont été réduites, une économie de 3751 mille roubles a été réalisée sur

---

[368] GARF. F.R-9414. Opt.1. Д.3050. Л.3-4.

[369] La production brute est un indicateur qui prend en compte en termes monétaires la valeur de la production annuelle, des travaux de nature industrielle, des services de nature productive, etc. E.D. plus ou moins la croissance du solde des travaux en cours // Kremnev, A.I. Économie de l'industrie forestière de l'URSS. - M. : Goslesbumizdat, 1958. - C.45.

[370] GARF. F.R-9414. Opt.1. Д.3050. Л.1,36.

l'entretien des hôpitaux et les soins ambulatoires des prisonniers. Cela a eu un impact sur le nombre de prisonniers inactifs, dont le nombre (avec les prisonniers en transit et les prévenus) a atteint 38%[371]. On peut donc supposer que le groupe A n'était que de 62 % au lieu des 85 % prévus.

En termes d'économie classique, les performances des lieux de confinement du goulag pour 1935 indiquent une méthode de gestion économique étendue : la réalisation des indicateurs prévus s'est faite au prix d'une augmentation du nombre de travailleurs et d'une augmentation des heures de travail. Le coût de production a été réduit en grande partie grâce à la détérioration de la détention des prisonniers.

En 1936[372], il y a eu un nouveau processus de liquidation des petites installations de production mal équipées et une transition vers la production de biens standard et de consommation. Parallèlement à l'optimisation de la production, on est passé du concept de "rééducation et adaptation aux conditions d'une communauté de travail par l'organisation du travail" [373]à l'utilisation maximale de la main-d'œuvre des prisonniers. Ainsi, de 1934 à 1936, alors que la production augmentait, le nombre d'entreprises en activité dans les lieux de détention a diminué, ce qui apparaît clairement dans le tableau n° 21.

Tab. n° 21[375]. Dynamique du nombre d'entreprises sous les colonies et production en millions de roubles.

	1934 г.	1935 г.	1936 г.
Nombre d'entreprises en activité	743	503	476
Production en millions de roubles.	182	275	361

Le nombre moyen de prisonniers dans les lieux de détention (hors camps) en 1936 était de 365 000, soit près de 100 000 de moins que le plan (le plan était de 462 000). En moyenne, sur 365 000 détenus, seuls 202,5 000 ont travaillé pendant l'année, soit 55,5% (groupe "A")[374375], ce qui signifie que le nombre de détenus qui travaillent a diminué par rapport à l'année précédente (62%).

---

[371] GARF. F.R-9414. Opt.1. Д.3050. Л.1,14-15,36.
[372] dans les documents du goulag, il y a une division - camps et lieux d'enfermement (par exemple : "sans les fermes ITL et les lieux de détention, dont les rapports sont fournis séparément"), ce qui correspond probablement à des colonies, car à l'époque il y avait encore un processus d'élaboration d'un nom unique pour les ITK - il y a les ITK d'usine et les ITK d'usine, les Domzaki, les ITK agricoles, les prisons.
[373] Goulag (Direction principale des camps), 1918-1960 : Documents. - Moscou : Materik, 2002. - C.73.
[374] Tableau compilé par : GARF. F.R-9414. Op. 1c. Д.3083. Л.3.
[375] GARF. F.R-9414. Op.1c. Д.3083. Л.13-14,47,52,170.

Dans certaines prisons et établissements pénitentiaires, le nombre de détenus du groupe "A" peut avoir été encore plus faible. Ainsi, la même année, dans la région de Sverdlovsk, le groupe "A" ne représentait que 53,1%. L'administration du NKVD de Sverdlovsk a expliqué la sous-réalisation du plan de production par le manque d'ouvriers de la machine-outil, dont le recrutement était difficile en raison des étapes fréquentes. Et l'augmentation du coût de production de 13,8% que l'administration explique par un grand nombre de défauts. En fait, le coût de production aurait dû être encore plus élevé, mais l'administration de l'UITK de Sverdlovsk a réalisé des économies importantes sur l'entretien des prisonniers. Par exemple, les coûts de l'allocation alimentaire des prisonniers ont été réduits de 34,5 % (ils ont dépensé 27,8 kopecks par prisonnier et par jour au lieu des 42,4 kopecks autorisés), et les dépenses médicales ont été réduites de 19,3 % (ils ont dépensé 16,7 kopecks au lieu de 20,7 kopecks)[376].

En 1937, la production de lieux de détention a connu une crise assez grave. Les économistes du goulag l'attribuent à un énorme excédent de contingents, c'est-à-dire qu'en 1936, lors de l'élaboration du plan, personne ne savait que des répressions massives commenceraient l'année suivante, ce qui remplirait les IIT, les prisons et les camps d'un nombre énorme de prisonniers. En moyenne, le surplus de prisonniers dans les lieux de détention (sans camp) était de 36%, et dans certaines régions et districts, il atteignait 80%. À cet égard, le nombre de prisonniers qui n'ont pas été mis au travail en raison des conditions du régime a fortement augmenté - en moyenne 42 %, et avec les malades et les handicapés, le nombre a été d'environ 47,5 % au cours de l'année. Cela a considérablement augmenté les coûts non productifs du goulag, afin de les réduire, le coût de l'entretien des prisonniers a été réduit de 21,4% (le plan était de dépenser 3,31 roubles par personne et par jour, mais en fait ils ont dépensé 2,6 roubles). [377]

En 1937, dans la région de Sverdlovsk, le groupe "A" n'était que de 37,9%[378]. Le plan de production, que la direction de l'UITK de Sverdlovsk avait qualifié d'avance d'"'irréaliste", n'a pas été réalisé. Les raisons en sont le manque de personnel technique

[376] Ibid. F.R-9414. Op.1a. Д.824. P.5,15ob,17,105.
[377] GARF. F.R-9414. Op.1c. Д.3106. Л.3,17.
[378] Ibid. F.R-9414. Op.1a. Д.918. P.107ob.

et de contremaîtres qualifiés, et seulement 58,3 % des équipements disponibles ont été utilisés. Les machines étaient inactives en raison du manque de matières premières et de travailleurs (avec une augmentation significative du nombre de prisonniers[379]). Le coût de production a été plus élevé que prévu. Cela était dû à la mauvaise qualité des matières premières (les entreprises industrielles utilisaient des déchets métalliques provenant d'autres entreprises, ce qui nécessitait beaucoup de temps et d'efforts pour trier et sélectionner les matières premières appropriées) et à la faible productivité du travail des prisonniers. Il y a eu une économie de 53 kopecks par jour et par prisonnier (le plan était de 3,14 roubles, en réalité 2,61 roubles ont été dépensés).

Les détenus de la prison de Perm ont produit des clous et des récipients spéciaux pour la plante n°98. Les matières premières pour cela ont été achetées à un prix plus élevé que le plan et des pénalités ont été payées pour la sous-utilisation du transformateur, mais au final une tonne de clous a coûté 648 roubles avec le plan de 825 roubles, un ensemble de conteneurs spéciaux a coûté 4,45 roubles avec le plan de 5,4 roubles.[380]évaluation des coûts montre que la réduction des coûts a été presque entièrement réalisée grâce à la réduction des coûts de main-d'œuvre.

Le 3 octobre 1938, l'oblast de Perm a été séparé de l'oblast de Sverdlovsk et, en conséquence, le département de Perm du NKVD a été créé. Par ordre du NKVD n° 00671 du 10 octobre 1938, les agences du NKVD de l'ancienne oblast de Sverdlovsk ont été divisées entre les oblasts de Perm et de Sverdlovsk proprement[381] dit. Mais tous les rapports pour 1938 ont été soumis au goulag selon l'ancien schéma, c'est-à-dire dans les anciennes limites de l'oblast.

Les répressions de masse ont considérablement augmenté le nombre de prisonniers. Selon le plan, il aurait dû y avoir 10 000 personnes, mais il y en a eu 2 6876 en moyenne par an. Fin 1938, il y en avait 4 1373, soit plus de 400 % du plan. En moyenne, 8069 prisonniers ont travaillé pendant l'année, soit 30 % du nombre annuel moyen.

---

[379] À la fin de 1937, il y avait 20 307 personnes dans les lieux de détention (sans camp) dans la région de Sverdlovsk, ce qui représentait 130,8% de la population prévue des lieux de détention // GARF. F.R-R-9414. Op. 1a. Д.918. L.12ob.
[380] GARF. F.R-9414. Op.1a. Д.918. P.21ob,107.
[381] GARF. F.R-9401. Opt.1a. D.21. P.128.

En 1938, le coût moyen de la vie dans le département de Sverdlovsk était de 2,61 roubles par jour et par personne[382], tandis que la moyenne du Goulag était de 3,49 roubles par jour. [383]

En 1939, les économistes du goulag ont constaté une forte baisse de la rentabilité de la production par rapport à 1937, ce qui s'explique par une augmentation significative du coût du logement des prisonniers - jusqu'à 4,06 roubles par jour et par prisonnier. Et son coût est déjà réduit, selon le plan pour l'entretien d'un prisonnier par jour était de 4,16 roubles. Le groupe "A" dans toutes les ITC du goulag était de 72,8 %, alors que le plan était de 80,8 %.

Sur la base de données extrêmement rares, on peut constater une augmentation des pourcentages prévus du groupe "A" par rapport à 1937. (elle était alors de 67,7 %). Cela est très probablement dû à une forte augmentation du nombre de prisonniers en général en 1937 - 1938 et à une augmentation correspondante des prisonniers qui travaillent.

Dans les colonies de la région de Perm, le groupe "A" en 1939 était de 79%. Pour la production industrielle, 58507 jours-homme ont été consacrés, selon le plan - 40831, c'est-à-dire en fait du plan - 143,2%, c'est-à-dire pour la production de chaque produit, le temps a été consacré presque une fois et demie plus que prévu. Cela indique un non-respect des normes ou une faible productivité des détenus (la productivité du travail dans les entreprises industrielles était de - 78,4 % du plan). Le non-respect des normes de production s'explique par l'administration par la faible qualification des prisonniers : "...les travailleurs qui entrent dans le complexe industriel et technique n'ont absolument aucune idée de la production de clous".

La réalisation du plan de 110 % a été obtenue en augmentant le nombre de salariés de 20 % du plan[384]. L'augmentation du nombre d'employés a fait augmenter de 12 % le coût des frais généraux d'atelier inclus dans le coût de production (10,7 mille roubles selon le plan, en réalité - 12 mille roubles). Dans le rapport, la qualité des produits est définie comme suit : "La qualité des produits fabriqués est satisfaisante"

---

[382] Ibid. F.R-9414. Op.1a. Д.1037. Л.1,3,59,88.
[383] Goulag (Direction principale des camps), 1918-1960 : Documents. - Moscou : Materik, 2002. - C.709.
[384] GARF. F.R-9414. Op.1c. Д.3139. Л.42,48,87-88.

[385]. Cette explication n'a pas satisfait les comptables de Moscou - dans le document, cette définition est soulignée par un crayon et un point d'interrogation, et dans la marge, avec le même crayon, il est écrit "mauvais ongles".

Dans la "Note explicative" du rapport de l'OITK de Perm pour 1939, il est indiqué que la rentabilité de la production a augmenté[386]. Mais cela ne s'appliquait qu'à la production et aux prisonniers engagés dans la production. L'augmentation de la rentabilité de la production a été influencée par les économies réalisées dans presque toutes les lignes budgétaires - même dans les dépenses administratives (95,3 % du plan) et dans l'entretien des prisonniers (90 % du plan). Et les économies réalisées dans la détention des prisonniers n'ont pas affecté l'article "nourriture", au contraire, il y a eu un dépassement de 8 kopecks par jour-personne dans cet article (en raison des nouvelles normes alimentaires - Ordre № 00943). Mais les prisonniers qui étaient faibles et incapables de travailler ont été considérablement épargnés sur le plan alimentaire. Pour les frais médicaux et sanitaires, 67 % du plan[387] a été dépensé.

On peut noter que dans les années d'avant-guerre, l'industrie du goulag est passée par une phase de formation. Après les premières expériences peu rentables Le rôle des prisons a fondamentalement changé pendant cette période : la pratique du travail correctionnel est devenue la pratique du profit. À cette époque, le rôle des lieux de détention a radicalement changé : la pratique de la correction par le travail s'est transformée en pratique de profit. Le calcul des bénéfices était basé sur le nombre de prisonniers employés dans la production, dont le nombre représentait en moyenne 60 % de la masse totale des prisonniers. En prenant en compte le coût de l'entretien de tous les prisonniers, on peut parler d'une autonomie de fait des lieux de détention dès 1937.

Les principes de base de l'organisation de la production et de l'équilibre des revenus et des dépenses ont été développés, c'est-à-dire que tout en économisant sur l'entretien et les soins médicaux et sanitaires des prisonniers, on a augmenté

[385] Ibid. F.R-9414. Op.1a. Д.1229. Л.53,90.
[386] Ibid. F.R-9414. Op.1c. D.3139 P.77.
[387] Ibid. F.R-9414. Op.1a. Д.1229. Л.81-84.

l'exploitation de leur travail. Dans le même temps, des incohérences dans la planification ont été mises en évidence, c'est-à-dire qu'il était impossible de prévoir le nombre réel de prisonniers. Il y avait également une contradiction dans l'organisation du travail : les prisonniers condamnés à de courtes peines étaient envoyés à l'ITC, alors que la production industrielle elle-même (machines, appareils) exigeait au départ que les travailleurs soient qualifiés, de sorte que la plupart du temps et de l'argent étaient consacrés à la formation et à l'acquisition de certaines compétences professionnelles. Sans cela, la faible qualification des travailleurs pénitentiaires a conduit à un pourcentage élevé de produits défectueux. Par conséquent, à la fin des années 1930, l'ITC a préféré tirer profit du travail à façon et de la fourniture de main-d'œuvre à diverses entreprises, car les travaux de dessin de construction et de chargement et déchargement ne nécessitaient pas de qualifications (la figure 17 montre l'évolution de la quantité de main-d'œuvre fournie par les prisonniers - de 10 % du nombre total en 1933 à 80 en 1939).

En temps de guerre, l'ITC de la région Molotov maîtrisait la production de nouveaux produits - les produits de défense. À cette fin, au début de février 1942, la colonie n° 1 devait utiliser le matériel conçu pour la production de clous en pour mettre en place la production des mines M-50. Des équipements supplémentaires ont dû être fournis par l'usine 19, qui coulait pour les mines - l'usine "Kommunar"[388].

En mars 1942, le nombre total de prisonniers dans la colonie n° 1 était de 1 169, dont 230 femmes. Parmi eux, 724 étaient employés dans la production directe, et 90 étaient employés dans le maintien de l'économie de la colonie. C'est-à-dire que le groupe "A" s'élevait à 61[389],9 % .

D'après les données communiquées, la colonie a travaillé en surpassant le plan, ce que l'on peut voir clairement dans la figure 18, qui montre les chiffres prévus et réels. Cela a peut-être été facilité par le système d'incitation existant pour les prisonniers [390][391]engagés dans la production de produits de défense.

---

[388] PERMMANENCE. Ф.3387. Opt.1. D.3. P.12ob-13.
[389] GAPK. F. R-1366. Opt.1. Д.65. Л.56.
[390] En 1942, un règlement a été introduit pour augmenter de 25% l'allocation alimentaire des prisonniers engagés dans la fabrication de munitions // GARF. F.R-9414. Opt.1. Д.1919. Л.51.
[391] Le chiffre est compilé à partir de : GARF. F.R-9414. Département 1. Д.1996. Л.5,25,46,57.

Figure #11392.

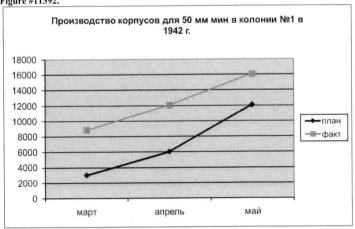

Производство корпусов для 50 мм мин в колонии №1 в
1942 г.

план
факт

март   апрель   май

Depuis juillet 1942, la colonie industrielle a commencé à produire de nouveaux produits - les mines M-82. La maîtrise des nouveaux produits a été difficile. Ainsi, en août, à 107,3 % de la main-d'œuvre, le plan n'a été réalisé que pour 98,3 %, et ce à la production accrue d'un travailleur, ce qui indique un pourcentage élevé de défauts. En effet, le taux de défauts était de 26,3% sur les pièces moulées, de 3,9% sur les pièces mécaniques et de 11,1%[392] sur les stabilisateurs. Au troisième trimestre de 1942, le nombre de défauts a atteint 40%[393] . En outre, les équipements disponibles étaient inutilisés 26,7 % du temps en raison du manque de matières premières et de fournitures.

Dans la conclusion du rapport annuel de l'UITLK UNKVD de la région Molotov, il est écrit : "Le travail de l'UITLK pour 1942 doit être reconnu comme insatisfaisant. Le groupe de prisonniers malades et faibles, au lieu de 6 % comme prévu, était de 14 %. Le groupe "A" au lieu de 85% était de 73%. Rythme extrêmement lent de la maîtrise et du déploiement de la production de M-82. Au lieu de réduire le coût de produits comparables de 6,9 %, ces derniers ont coûté 4,2 % de plus[394].

Dans la région de Molotov, en 1942, en plus de la PromITK n°1, des munitions

---

[392] GARF. F.R-9414. Op.1. Д.1919. P.4ob.
[393] PERMANENCE. Ф.2464. Opt.1. Д.2. Л.2.
[394] GARF. F.R-9414. Opt.1. Д.2005. Л.84.

étaient produites à la PromITK n°3 de Kungursk, où les prisonniers vivaient dans des conditions très mauvaises : il y avait 0,7 mètre carré de surface habitable par personne, les prisonniers étaient mal habillés et mal vêtus, comme l'a admis le personnel de la colonie lui-même. En conséquence, 79% des prisonniers étaient engagés dans la production, qui ne respectaient pas systématiquement le plan, tout en produisant une grande quantité de produits défectueux - jusqu'à 50% de la production totale[395].

L'ITC 3 n'a commencé à respecter les plans qu'en avril 1943, après que les taux prévus eurent été considérablement réduits.

Fig. 12397. Rapport entre la production prévue et la production réelle de M-82 en ITK n° 3 en 1943.

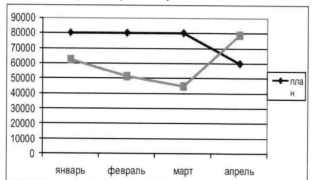

L'ITK n°3 maîtrisait à peine la production de M-82 lorsqu'il a été chargé de la production d'un nouveau produit - le M-120. À cette époque, la colonie avait probablement déjà une expérience de la production et des ouvriers qualifiés, car le plan était souvent dépassé (la figure n° 20 montre le rapport entre le plan et les M-120 effectivement produits).

[395] PERMMANENCE. Ф.2464. Opt.1. Д.2. Л.1-2.

Fig. 13398. Rapport entre la production prévue et la production réelle de M-120 en ITK n° 3 en 1943.

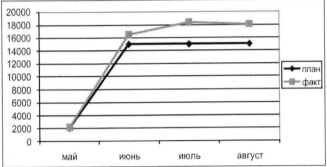

Ordonnance n° 013 du 23 février 1945 "Sur les résultats du concours en janvier 1945 par des entreprises du NKVD de l'URSS, fabriquant des munitions". [396][397]

Le Kungur ITC n° 3 a été déclaré vainqueur dans la production de 120 mm min [399]

Pendant les années de guerre, les conditions de détention se sont fortement détériorées, ce qui a eu un effet immédiat sur la productivité et le nombre de prisonniers valides. Les nouveaux types de production sont difficiles à maîtriser, car les prisonniers manquent pour la plupart de compétences en matière de production concrète. Cependant, beaucoup de prisonniers n'étaient pas des criminels, mais des personnes condamnées pour les délits les plus mineurs et qui essayaient de bien travailler en prison[398][399]. Par conséquent, au début de la maîtrise des nouveaux produits, il y avait de gros problèmes, un pourcentage élevé de rejets, des coûts de production plus élevés, puis lorsque les gens maîtrisaient la production, même en prison, ils travaillaient bien.

La productivité des prisonniers a été augmentée par l'accroissement de l'exploitation

---

[397] Chiffre compilé à partir de : GARF. F.R-9414. Opt.1. Д.2015. Л.9.14.17.36.
[398] Chiffre compilé à partir de : GARF. F.R-9414. Opt.1. Д.2015. Л. 43,46,66,69.
[398] GARF. F.R-9401. Op.1a. Д.184. Л.12.
[399] Au 01.01.1943, l'UITLK hébergeait 19558 personnes, dont 6873 (35%) ont été condamnées en vertu de divers décrets, et 1853 (9,5%) ont été condamnées en vertu de l'article 58 du Code, c'est-à-dire qu'environ 44,5% des détenus n'étaient pas des criminels // GAPK. F. P-1366. Opt.1. Д.651. Л.201.

tout en réduisant l'apport calorique total. Ainsi, le télégramme n° 30/6447/02 du 26 juin 1941 établit une journée de travail de 12 heures pour les prisonniers des camps et des colonies[400]. La circulaire n° 258 du 1er juillet 1942, "jusqu'à nouvel ordre", réduit les périodes de repos quotidiennes des prisonniers à deux par mois. Et elle stipulait que les chefs des camps et des colonies qui produisent des produits de défense avaient le droit de réduire encore le nombre de jours de congé "si nécessaire"[401]. En fait, comme on peut l'apprendre d'une autre directive, les prisonniers disposaient de 4 à 5 heures pour dormir et se reposer[402].

Après la guerre, les colonies produisant des munitions ont été transférées à la production de produits pacifiques - pompes à piston, treuils à main, clous, découpeurs de viande, planche à tare. Si, en temps de guerre, les normes spéciales simplifiées de l'État étaient en vigueur, en temps de paix, les exigences strictes en matière de qualité de la production étaient rétablies. Les chefs de PromITK [1] et 3 se sont même plaints lors de la réunion économique du parti : "Si lors de la libération de la production de combat il était nécessaire d'avoir 35 heures standard, maintenant lors de la libération de la nouvelle production il est nécessaire d'avoir 136 heures standard. Si en 1945 il fallait 57 ouvriers de la 5e catégorie pour la production de combat, en 1946 il fallait 200 personnes de la même haute catégorie". En outre, l'amnistie d'après-guerre a presque complètement changé le contingent des colonies, c'est-à-dire que de nombreux prisonniers, qui avaient déjà reçu des compétences de travail de certaines productions, ont été libérés, à leur place sont venus sans formation, sans qualification. Ainsi, si le 01.01.1945 dans les camps et colonies de l'UITLK de la région Molotov il y avait 23914 personnes, le 01.01.1946 - 11964 personnes. Pendant un an, 27012 personnes sont parties, dont 24678 ont été libérées[403]. Dans les rapports d'après-guerre, le pourcentage de défauts a fortement augmenté : dans la fabrication des découpeurs de viande - 18,8 % de défauts, dans la fabrication des clous - 21 %, dans la fabrication des pompes - 15 %, sur les pièces séparées

[400] GARF. F.R-9401. Opt.1a. D.107. P.256.
[401] Ibid. F.R-9401. Op.1a. D.128. P.67.
[402] Ibid. F.R-9401. Op.1a. D.127. P.73.
[403] PERMANENCE. Ф.2464. Opt.1. Д.61. Л.17,42.

des treuils - jusqu'à 70 %.

Le temps consacré à la production d'une unité de produit a également augmenté. Le plan de couture d'une paire de chaussures nécessite 1,58 heures, alors que l'ITC de Kungur y a consacré 1,67 heures, ce qui a entraîné une augmentation du coût d'une paire de chaussures de 5,5 roubles en moyenne. En outre, la mauvaise qualité des produits a entraîné des plaintes de la part des consommateurs (ongles, scies, béquilles).

La lenteur administrative des autorités du camp entrave la production pacifique à plus grande échelle. Par exemple, la colonie industrielle n°1, qui produisait des hachoirs à viande, n'a pas commencé à travailler pendant plusieurs mois parce que les commandes pour l'approvisionnement industriel de la colonie manquaient de matières premières - un métal non ferreux nécessaire à la production de hachoirs à viande. La PromITK n° 3, ayant reçu une commande pour la production de treuils de trois tonnes, ne disposait pas de la documentation pertinente avant le 4e trimestre 1945.

Au cours du premier trimestre 1946, l'UITLK a obtenu, à première vue, de bons résultats. Dans l'ensemble, le plan pour la production de produits commercialisables a été réalisé par 105%. Le coût de tous les produits commercialisables a été réduit de 8 %. Mais à l'échelle de l'industrie, le plan pour le travail du bois n'a été mis en œuvre qu'à hauteur de 46,6 %, pour la bonneterie à hauteur de 50,7 %, pour la maroquinerie à hauteur de 73,8 %. Dans ces productions, il y a eu une surconsommation de main-d'œuvre et de matériaux, et par conséquent, les produits sont redevenus plus chers.

En 1946, le pourcentage du groupe "G" (non-travailleurs, y compris les refuseniks) a augmenté pour atteindre 10,9 %. L'administration de l'UITLK a estimé que "la perte de temps de travail non productif s'élevait à 185 t de jours-homme, ce qui, sur la base du coût de l'entretien des prisonniers, a coûté à l'économie environ 1 750 000 roubles. [404]

En 1947, le coût de production de la société de fabrication industrielle de Kungur № 3 (pompes à piston) est devenu plus élevé que le prix de vente (coût de production - 3324,07 roubles, prix de vente - 2600 roubles). Ainsi, la production de pompes dans la colonie est devenue très chère en raison du nombre de défauts et de la faible productivité du travail.

---

[404] GARF. F.R-9414. Op.1c. Д.3189. Л.1-3,10,20-21,44.

En moyenne, en 1947, l'équipement technologique de l'UITLK était utilisé à 57,6 %. En même temps, les prisonniers étaient employés dans la production de "...ne nécessitant pas de grandes compétences ni de mécanisation", de mites et de nouilles. Cela suggère qu'il y avait trop peu de travailleurs qualifiés parmi les prisonniers, et c'est justement ce que le temps exigeait.

Dans l'ensemble, pour Molotov UITLK en 1947 par rapport à 1946, le groupe "A" a diminué et s'est élevé à 73,7% (en 1946, il était de 79,1%, selon le plan - 80,3%). En 1948, le pourcentage du groupe "A" n'a pas beaucoup augmenté et était de 73,8%. Le faible pourcentage de recours au travail des prisonniers s'explique par le fait que l'administration ne fournit pas de nourriture, le manque d'escorte et les refus.

Dans l'OLP № 19 (Berezniki) au cours de la période 1948 - 1949, il y a eu une baisse significative de la productivité du travail : le rendement par 1 prisonnier au 1er trimestre 1948 était de 5374,2 roubles, au 1er trimestre 1949 - 3238 roubles, en avril - 739 roubles, en mai - 594 roubles. La direction de l'OLP a admis que son département n'était pas rentable et l'a expliqué ainsi : "... la non-rentabilité de notre société était principalement due à la présence d'un personnel excessif et à des commandes non rentables : la couture des vestes - la perte de chaque veste était de 12,36 roubles, celle des pantalons - 10,33 roubles, celle de la fabrication des entonnoirs - 46,9 kopecks chacun. En conséquence, l'OLP, qui ne fabrique que des entonnoirs, a subi une perte de 938 000 roubles.

D'après le "Résumé des subdivisions qui ont clôturé l'année économique 1949 avec des pertes"[407], on peut apprendre que presque toutes les subdivisions étaient déficitaires, la perte totale s'est élevée à 16522496 roubles, alors que le plan de pertes était de 5049900 roubles. Néanmoins, le plan a été dépassé. Mais seulement au détriment du travail non programmé, qui s'élevait à 24,5 %. La production par travailleur a diminué de 8,2 % par rapport à celle prévue. Le résultat a été obtenu, mais pas au détriment de la qualité, mais au détriment du nombre de travailleurs. En conséquence, le coût de tous les produits UITLK a été augmenté de 10,9 % par rapport à ce qui était prévu. L'augmentation du coût de production par rapport aux autres entreprises est de 40%. Le temps réel consacré à la production d'une tonne de clous à l'UITLK était deux fois plus élevé que la norme. En conséquence, presque tous les types de produits fabriqués par les unités Molotov UITLK étaient plus chers que leur prix de vente, c'est-à-dire le prix auquel l'État achetait les produits des colonies.

Tab. 22408. Coût de certains types de produits des conclusions de l'UITLK place pour 1949.

	Coût réel des ventes	Valeur des ventes
Bois d'œuvre par k.b.	248.66 p.	179.89 p.
Panneau de goudron pour c.b.	327.5 p.	240 p.
Planche de tare pour c.b.	707.62 p.	504.9 p.
Lavabos pcs.	16.62 p.	12 p.
Seaux galvanisés pcs.	19.79 p.	14 p.
Brochettes de cordonnier kg.	29.43 p.	12.5 p.
Tables de chevet pcs.	63.12 p.	45 p.
Épingle à linge t.p.	446 p.	270 p.
Tabourets pcs.	18.14 p.	12.5 p.
Tables de restaurant pcs.	79.75 p.	62 p.

[406] GARF. F.R-9414. Op.1c. Д.3189. P. 238-238ob.
[407] Ibid. 29-31,40,64-163,238-238об.
[408] Tableau compilé à partir de : GARF. Ф.9414. Op. 1c. Д.3189. Л.65.

Le travail dans les ateliers nécessitait au départ une certaine qualification des travailleurs, car il impliquait l'utilisation de machines. Dans les colonies, où les peines de prison peuvent aller jusqu'à 3 ans, il est en principe possible de maîtriser la production, mais cela demande du temps et des coûts de formation particuliers. Les particularités du travail forcé n'ont pas permis d'intensifier la production. Cependant, dans l'après-guerre, le développement global de l'économie du pays a exigé l'introduction active de nouvelles techniques et technologies qui nécessitaient des spécialistes qualifiés. Si au milieu des années 1930, lorsque l'industrialisation menée dans le pays ne donnait pas encore de résultats, l'efficacité du travail dans les colonies ne différait pas beaucoup de celle du travail à l'extérieur, alors dans l'après-guerre, l'introduction de nouveaux équipements et de nouvelles technologies dans les territoires extérieurs a affecté la réduction des tarifs et des prix dans tout le pays. Il s'est alors avéré que la production des colonies était plus chère que les "prix de vente" existants, c'est-à-dire les prix que l'État avait déterminés sur la base du coût moyen de produits similaires. Il était plus cher en raison de l'agriculture extensive - faible pourcentage d'utilisation des machines disponibles, faible qualification des travailleurs prisonniers, grand nombre de rejetés, grand nombre de prisonniers oisifs, etc.

3.2 Utilisation du travail des détenus dans le secteur de la construction

L'une des premières expériences de recours à grande échelle au travail des détenus dans le secteur de la construction a été la construction de l'usine de pâte et papier Vishersky et des usines chimiques Berezniki. Afin de stimuler la productivité du travail, des systèmes de crédit, de nutrition différenciée et de primes ont été appliqués, ainsi qu'un système de production continue et d'exploitation accrue des prisonniers (travaillant 10 heures par jour)[405]. Le résultat de ces activités a été "réussi" selon les normes du gouvernement - la moissonneuse-batteuse a été construite en 18 mois au lieu des 27 mois prévus[406]. Pour les prisonniers, le résultat de l'exploitation accrue a été une augmentation du nombre de décès, en particulier dans les dernières années de la construction[407]. Le groupe de planification du Goulag a noté la productivité assez élevée des prisonniers, parfois même plus élevée que celle des travailleurs libres dans des industries similaires. Selon lui, plusieurs facteurs ont facilité cette évolution : une meilleure dotation en outils, un "roulement" moindre, une bonne alimentation, une "véritable discipline" et une journée de travail plus longue. En d'autres termes, cette main-d'œuvre et ces catégories de travailleurs étaient les plus conformes au modèle de l'économie planifiée de l'URSS à l'époque.

En 1934, tous les chantiers de construction de la région de Kama sont terminés (les usines chimiques de Vishersk et de Berezniki, le chemin de fer de Kungur). Pour ces grands et importants chantiers de construction, des camps spéciaux ont été créés pour fournir de la main-d'œuvre. Le grand projet de construction suivant, qui a nécessité beaucoup de "forces spéciales", a été lancé en 1938 : il a été décidé de construire une usine de sulfite et de cellulose dans les eaux dormantes de la rivière Ust-Borovoi, sur la rive gauche de la Kama.

De 1934 à 1938, il n'y avait pas de camps dans la région de Kama, mais plutôt des colonies subordonnées aux départements locaux des camps de travail correctionnels et des colonies. Les colonies ont été engagées pour fournir de la main-d'œuvre à des trusts de construction et à d'autres organisations. Par exemple, en 1933, la colonie n°5 comptait 5

---

[405] GARF. F.R-9414. Opt.1. Д.2920. Л.17.
[406] Tiunov, V. op. cit. - C.70.
[407] Rubinov, M.V. op. cit. - C.427.

sites, dont l'usine Molotov, l'usine de superphosphate, l'usine n°19 et le système d'approvisionnement en eau de la ville. La colonie avait un contrat avec chaque entreprise. Les détenus vivaient sur les sites de production dans des dortoirs de type caserne. Un système de repas différenciés a été utilisé pour stimuler la productivité du travail.

La même année, la colonie de Berezniki a signé un contrat avec le Combinat chimique (BCC) pour fournir 2 500 détenus pour divers travaux, dont la construction.

Dans le rapport sur le travail de la colonie, il est fait état de la faible productivité des travailleurs, l'une des raisons de cette situation, selon l'administration, étant "...la médiocrité du matériel et des services domestiques (les casernes ne sont pas bien chauffées, pas de tables de chevet, la literie et les vêtements ne sont pas fournis, les casernes sont sales, les séchoirs à linge sont mal équipés, la restauration n'est pas réglée à la bonne hauteur, la fourniture de produits manufacturés est médiocre, etc.) Afin de remédier à cette situation, l'administration de la colonie a acheté des denrées alimentaires et des aliments pour 471 000 roubles. Cependant, le principal levier de l'administration de la colonie pour organiser un bon travail a probablement été l'organisation d'une commission de surveillance présidée par le magistrat. Au cours de l'année, ils ont tenu 29 réunions, examiné 631 cas de libération conditionnelle et 912 cas de crédit de jours de travail. En conséquence, la production par détenu travaillant a augmenté de 4,98 roubles au deuxième trimestre à 5,82 roubles au troisième trimestre. Le groupe A est également passé de 76 % au deuxième trimestre à 87 % au troisième trimestre. Mais l'administration de la colonie l'a noté : "...malgré l'amélioration des performances au cours du second semestre, nous ne pouvons toujours pas couvrir la percée réalisée au cours du premier semestre" [408].

Au printemps 1938, une grande construction ITL - Solikamsk (backwater d'Ust-Borovoi, sur la rive gauche de la Kama) a été mise en place pour la construction d'une usine de sulfite et de cellulose (ordre du commissaire du NKVD №00308 du 20.05.1938. "Sur la construction des entreprises de pâte à papier de la NKVD" et l'ordonnance n° 00353 du 5.06.1938 "Sur l'organisation de campements séparés pour la construction des usines

---

[408] PERMANENCE. Ф.59. Opt.3. d. 152. l. 2,4-5,31-32.

de pâte à papier d'Arkhangelsk et de Solikamsk") .[409]

Au départ, la construction de l'usine a été confiée à Glavlesstroy, qui dépendait du Commissariat populaire aux forêts. De janvier à mai 1938, les travaux sur le chantier ont été réalisés par la société d'entrepreneurs Solikamsk

Glavlezstroy, qui, tout comme le NKVD, utilisait le travail forcé des prisonniers de l'OMZ de Sverdlovsk. Le nombre moyen de prisonniers fournis par l'OMZ de Sverdlovsk était de 1 492. Le démarrage de l'usine devait avoir lieu en septembre 1939.

Le 1er mai 1938, la construction a été transférée au NKVD, mais en fait, les travaux ont été effectués par Glavlesstroy jusqu'à la fin du mois de juin, puisque le transfert des affaires d'un Commissariat à l'autre n'a été achevé que le 27 juin de l'année. Ainsi, l'année de référence a été divisée en deux parties égales, qui ont été gérées par deux commissariats du peuple différents. Cela fournit des éléments de comparaison.

La principale différence dans la stratégie de production du NKVD de Glavlesstroy était le déplacement de l'accent de la colonie, de la construction de logements vers la construction des ateliers de l'usine. Si au cours du premier semestre, lorsque la construction était gérée par Glavlesstroi, le plan annuel de construction de logements a été réalisé à 32,5%, la construction industrielle - à 8,4%, au cours du second semestre 26,3% de la construction de logements a été réalisée, et 50,8% de la construction industrielle. En conséquence, le plan annuel de construction de logements n'a été réalisé qu'à hauteur de 58,8 %.

Au cours du premier semestre, les travaux de terrassement manuels ont représenté 53 088 m3 et les travaux de terrassement mécanisés 90 784 m3, tandis qu'au cours du second semestre, ils ont respectivement atteint 223 942 m3 et 100 855 m3, ce qui signifie que le travail manuel a fortement augmenté sous l'administration du Goulag.

Narkomles n'a utilisé que 2 bétonnières d'une capacité totale de 750 l, dont une en état de marche. Le Goulag disposait d'un grand parc de mécanismes (5 bétonnières, 7 transporteurs, 8 mortiers, etc.), mais les mécanismes disponibles fonctionnaient mal. Par exemple, les bétonnières ne produisent que 25,7 % du béton possible, les mortiernières -

---

[409] GARF. F.R-9401. Op.1a. Л.34.

46 %. En moyenne, les mécanismes de construction ont été utilisés par 30 à 35 % pendant un semestre.

Au départ, le volume annuel des investissements en capital dans la construction a été fixé à 14110 mille roubles, mais après le transfert de la construction au Goulag Sovnarkom, ce volume a été multiplié par presque deux et demi (jusqu'à 35 000 mille roubles), ce qui indique une augmentation des coûts de construction : d'une part, en raison de la révision du projet (augmentation de la capacité de production prévue, etc.) ; d'autre part, en raison de la modification des coûts de construction estimés due à l'augmentation du prix des matériaux ; de l'augmentation des coûts de main-d'œuvre ; du forçage de la construction. Malheureusement, les données disponibles ne révèlent pas les raisons de l'augmentation des investissements en capital.

De plus, avec l'arrivée de l'agence du Goulag sur le site de construction, le coût de construction a diminué par rapport à l'estimation - dans la période du 1er mai au 1er septembre, le coût de construction a dépassé l'estimation de 6,4%, dans la période du 1er septembre au 31 décembre, le coût de construction a été inférieur à l'estimation de 4,7%.

Selon les rapports, la productivité du travail a diminué pendant la deuxième période de construction en 1938, ce que les ouvriers du goulag ont eux-mêmes attribué à "...la faible qualification de la main-d'œuvre, le pourcentage élevé de changements dans la composition des camps et les conditions de travail en hiver" [410]. Il est impossible de dire dans quelle mesure les indicateurs de la productivité du travail ont diminué, car le rapport contient des données pour l'ensemble de l'année et séparément pour la période de septembre à décembre ; il n'y a pas de données pour la première période.

Dès 1939, les principales lacunes de l'utilisation du travail forcé ont été révélées. Le 12 novembre 1939, un grave accident se produit : le plafond de l'atelier nouvellement mis en service (bâtiment de compression) s'effondre. La cause de l'effondrement était les défauts structurels du bâtiment et la mauvaise qualité de la construction [411].

En juin 1939, une commande spéciale constate le mauvais fonctionnement du camp et la construction de l'usine de pâte à papier de Solikamsk. Le plan semestriel

---

[410] GARF. F.R-9414. Opt.1. Д.1124. Л.3-4,8-9,11-15.
[411] PERMANENCE. Ф.231. Opt.1. D.41. P.89.

d'investissements en capital pour les 5 derniers mois a été réalisé à 33,7%, "avec une qualité de travail insatisfaisante". La production par jour-homme a été presque deux fois inférieure à ce qui avait été prévu[412].

La non-réalisation systématique des plans de construction de l'usine de sulfite-cellulose de Solikamsk a entraîné le report de la date de démarrage de l'usine au 4e trimestre 1940. [413]

Les mêmes problèmes se sont posés sur les chantiers de construction des usines №19 et 33 bis à Perm, où les prisonniers travaillaient. L'inspection a révélé "...un certain nombre de faits graves d'une qualité de travail intolérable, en particulier sur les chantiers des usines n° 19 et 33 bis et dans la construction civile"[414]. Il a été décidé ".d'obliger le chef de la colonie t. Abramov et le chef du parti de la colonie t... Kataev à prendre des mesures décisives pour éradiquer le relâchement des prisonniers, la détérioration malveillante des matériaux et la détérioration délibérée de la qualité du travail". [415]

Les prisonniers n'étaient pas intéressés par les résultats de leur travail, de sorte que la qualité du travail était faible. Dans le même temps, de nombreux prisonniers ne répondaient pas aux normes de production et, si possible, n'allaient pas travailler du tout. Le recours au travail forcé se caractérise également par un faible pourcentage de machines, ce qui rend en principe la construction plus coûteuse.

Dans les premiers mois de la guerre, l'OLP №1 à Molotov a travaillé moins bien que dans les mois d'avant-guerre. Pour la période août - décembre 1941, le plan a été réalisé à 57 %, mais le nombre de prisonniers a presque doublé : jusqu'à 6 - 7 mille personnes. L'administration du camp de prisonniers avait deux raisons pour un tel résultat : dans les prisonniers évacués, jusqu'à 46% d'entre eux étaient malades, et le camp n'était pas prêt à recevoir un si grand nombre de prisonniers. Ces personnes vivaient dans des tentes mal chauffées, il y avait une pénurie de nourriture, ce qui augmentait également le pourcentage de malades[416]. Pendant les années de guerre, le pourcentage du groupe A est passé de

[412] Ordonnance n° 0154 du 11 juin 1939 // GARF. F.R-9401. Op. 1a. Л.56.
[413] GARF. F.R-9414. Opt.1. Д.853. Л.185.
[414] PERMANENCE. Ф.105. Opt.5. d. 91. Л.23-24.
[415] GARF. F.R-9414. Opt.1. Д.1124. Л.93.
    PERMANENCE. Ф.3490. Opt.1. Д.2. Л.32-33,36.

78,1% en 1941 à 61,7% en 1943. [417]Le nombre de patients dans l'hôpital augmente, tandis que le groupe B - les malades et les handicapés - augmente également.

L'augmentation des malades et des faibles s'explique par le fait que pendant les deux premières années de la guerre, plus de 10000 personnes parmi "le contingent le plus sain et le plus valide" sont parties pour l'armée et (selon les ordres de l'UITLK) pour d'autres camps[418]. La direction des usines № 19 et № 33 a souligné dans des rapports au comité régional du parti : "... La période de construction est interrompue à plusieurs reprises, aucun des nombreux programmes n'est mis en œuvre sur aucun objet" [419]. Le rapport de LO ¹1 au comité du parti est complètement différent : "Avec le début de la guerre, notre LO a construit un nouveau bâtiment de l'usine en 76 jours.   33 plantes exclusivement par nos propres forces"[420]. La même divergence se retrouve dans l'interprétation de l'évaluation du travail des prisonniers : l'administration de la LL n°1 a indiqué qu'en 1943, le rendement moyen par prisonnier était de 107% du plan[421]. Et la direction de Stroytrest n° 12 a caractérisé le travail des prisonniers de la manière suivante : ".les prisonniers travaillent peu (7-8 heures) et mal, le camp ne contrôle pas suffisamment l'amélioration du travail des ouvriers"[422].

Le 5 novembre 1942, la GKO a obligé la NKVD à construire 3 centrales hydroélectriques sur les rivières de la région de Molotov - Ponyshskaya sur Chusovaya, Shirokovskaya sur Kosva et Viluhinskaya sur Usva. La date limite pour l'achèvement des travaux de toutes les centrales hydroélectriques a été fixée à juillet 1944. [423]

A la fin de 1942, deux camps ont été organisés pour la construction de ces centrales hydroélectriques - Ponyshlag et Shiroklag.Au cours du premier semestre 1943, la productivité de la main-d'œuvre dans la construction de Shirokovo était en moyenne de
[420]
[421] 87,7 % du plan avec une mauvaise qualité des travaux de construction, ce qui a entraîné
[422]
[423] des modifications, ralenti la construction et a eu un impact sur son coût de 32,5 % en
[424]
[425] moyenne. La direction du camp a appliqué des "normes opérationnelles" - des normes
[426]
[427]

Ibid. Д.4. Л.26-27.
Ibid. Д.2. Л.26,73.
Ibid. Ф.231. Opt.1. D.144. P.201.
Ibid. Ф.3490. Opt.1. D.8. P.66.
Ibid. D.6. P.7.
Ibid. Ф.1627. Opt.1. D.38, P.1ob.
Ibid. Ф.105. Op.9. d.108. l.9.

sous-estimées par rapport au plan. Le respect de ces normes était de plus de 100%, et par conséquent il y avait une amélioration de la nutrition des prisonniers[424]. Le document ne dit pas pourquoi les autorités du camp ont pris ces mesures, mais on peut supposer qu'il s'agissait d'un désir de maintenir les prisonniers en état de travailler : pour une trop grande "perte" de prisonniers de la construction, les autorités supérieures pouvaient les punir sévèrement, jusqu'à l'emprisonnement dans le camp (comme, par exemple, le chef d'un des départements de Shirokstroi A.I. Ogurtsov)[425].

Au cours du second semestre 1943, il a été décidé d'arrêter les travaux dans la région de Vilukhinsky et de se concentrer entièrement sur la région de Shirokovsky, ce qui a permis de réaliser le plan pour le second semestre de 111,5% et de diminuer le coût principal des travaux. Mais les résultats annuels étaient encore insatisfaisants, la dette envers l'État s'élevant à 1,5 million de roubles.

En mars 1944, le GKO a décidé de rendre l'unité hydroélectrique existante à l'oblast de Leningrad d'où elle avait été évacuée pendant la guerre et d'en construire une nouvelle pour la centrale de Shirokovskaya avec deux turbines de 14 000 kW chacune. La capacité de l'ensemble hydroélectrique de Leningrad était de 24000 kilowatts, selon le nouveau plan, l'unité de plus grande capacité devait être construite. Pour la nouvelle unité, GKO a suggéré à Shirokstroy d'augmenter la hauteur d'eau de 10-14 m, c'est-à-dire d'augmenter le barrage. De nouvelles conditions de construction ont été fixées - la première turbine devait être lancée au 3e trimestre 1945 et il a été décidé d'achever la construction en décembre 1945. [426]

Le 23 mai 1944, lors de la réunion du Bureau du Comité régional Molotov du Parti communiste bolchevique de l'Union tout entière, il a été constaté que le plan de base des travaux de terrassement à Shirokstroi n'était réalisé qu'à 25%, en pose béton et béton armé - à 6% et qu'avec le personnel enregistré de 9100 personnes[427]. Les faibles taux de travail s'expliquent par la faible productivité des travailleurs - "la production prévue pour un homme-jour a manifestement été sous-estimée ; au cours des six derniers mois, la moyenne

[424] PERMMANENCE. Ф.1882. Oр.1. Д.1. Л.7-8.
[425] GAPK. F.P-438. Oрt.1. Д.1.
[426] PERMMANENCE. Ф.1882. Oр.1. D.19. P.2-4.
[427] Ibid. Ф.1882. Oрt.1. D.26. P.19.

d'un homme-jour a été respectée à 84 %"[428].

Après la fin de la guerre, le chef du département politique de Shirokstroi a noté : "...
L'enthousiasme et la joie de travailler des ouvriers allemands, y compris des communistes,
n'étaient pas au rendez-vous dans la grande majorité d'entre eux ; au contraire, l'activité
industrielle et politique devenait beaucoup plus faible... Parallèlement, ils insistent sur le
rétablissement immédiat de tous leurs droits, y compris ceux de la république"[429].

Au 1er octobre 1945, l'état de préparation général de la centrale était de 46 %, celui
de l'évacuateur de crues de 70 %, celui du barrage de 26 %. Par le décret du CPC d'URSS
du 14 septembre 1945, la date limite de mise en service du HPP a été à nouveau reportée
- selon le nouveau plan, la mise en service de la première turbine devait avoir lieu en avril
1946, la seconde - en juillet 1946. Pour remplir les tâches fixées, le camp a demandé 3000
prisonniers supplémentaires[430]. Dans le même temps, le camp a fait état d'un taux
d'achèvement des travaux de construction et d'installation de 122,6 % en 1945. Le
rendement par détenu était également élevé - jusqu'à 127,4 %[431] en moyenne.

Au 1er mai 1946, la situation de la construction des structures principales était la
suivante : HPP - 51,2 %, barrage - 62,4 %, déversoir - 77,8 % selon les données de
déclaration que la production par travailleur au 1er trimestre 1946 était de 110 % du plan,
disponibilité de la main-d'œuvre - 105,5 % du plan [432]. Selon les données du rapport, le
plan annuel pour 1946 a été réalisé à 133,2%, et à 150,6% selon les travaux de
construction-assemblage. Les autorités du camp expliquent en partie ce retard par le fait
que le centre avait ordonné d'envoyer les colons de 1939 - "la main-d'oeuvre la plus
qualifiée" - à Dnieproudjinsk et 304 prisonniers - à Saratov[433].

L'écart entre les chiffres communiqués concernant la mise en œuvre du plan et l'état
réel de préparation à la mise en service des centrales hydroélectriques s'explique par un
pourcentage important de "faux" et d'exécution de travaux inutiles.

Au 1er juillet 1947, l'état de préparation de la construction était le suivant : barrage

[428] PERMANENCE. Ф.1882. Opt.1. D.19. P.4.
[429] Ibid. D.41. P.49.
[430] Ibid. Д.45. Л.62-63,64.
[431] Ibid. Д.65. Л.1-2,8.
[432] Ibid. Д.71. P.29-29ob.
[433] PERMMANENCE. Ф.1882. Opt.1. Д.81. Л.31-34.

- 95%, déversoir - 87,5%, HPS - 78,4% avec le nombre moyen d'ouvriers au cours du 1er semestre de l'année - 5500 personnes. Par le règlement du Conseil des ministres de l'URSS du 16.05.1947, l'achèvement de la construction a été à nouveau reporté - la mise en service de la première unité était prévue pour septembre 1947, la seconde - pour décembre 1947[434][435]

La construction de la centrale de Ponyshskaya n'a jamais été achevée. Les prisonniers coupaient du bois dans la zone d'inondation prévue, construisant une route de la gare de Vsesvyatskaya à Stvor. Le 3 décembre 1944, le GKO a décidé d'arrêter la construction de la centrale de Ponyshskaya, et les ressources disponibles devaient être transférées à d'autres projets de construction du NKVD.

Pendant les années de guerre, les conditions de vie des prisonniers (nourriture, ménage) se sont fortement détériorées, ce qui a fortement augmenté le nombre de chômeurs. Avec toutes les autres caractéristiques du travail forcé, le travail dans les prisons pendant la guerre était extrêmement inefficace, mais il n'y avait pas d'autres travailleurs en principe, et le travail forcé était donc très demandé.

Après la guerre, d'importantes ressources humaines ont été nécessaires pour reconstruire le pays et construire de nouvelles usines. En 1946, le camp de Kusya a été créé pour la construction d'usines de concentration et de routes pour le trust Ouralalmaz. Dans la première moitié de 1948, avec une offre de main-d'œuvre de 206,6 %, le plan de travail de la construction a été réalisé à 91 %[440], ce qui indique la faible productivité du travail et le faible pourcentage du groupe "A". Les arrêtés du ministre de l'intérieur du 28 janvier et du 12 mars 1948, constatent le déroulement insatisfaisant des travaux de construction des installations de "Ouralalmaz"[441].

Pour toutes les contreparties de l'UITLK, le plan de 1948 n'a pas été respecté (87,1%). Au lieu du bénéfice prévu de 1 217 000 roubles, les travaux des entrepreneurs ont entraîné une perte de 5 028 000 roubles. Les pertes s'expliquent par le fait qu'au 4e trimestre, la direction de l'UITLK a envoyé 9000 ouvriers sur les chantiers, mais la plupart

[434] Tiunov, V. op. cit. - C.202.
[435] Ibid. Д.83. Л.18,22,30.

d'entre eux n'ont pas travaillé en raison du manque de convoi et de vêtements d'hiver. La direction de l'UITLK a également admis que ces prisonniers étaient "non qualifiés et inaptes au travail".

Au cours du premier trimestre 1949, le groupe "G" dans l'ensemble de l'UITLK a continué à augmenter, et par conséquent les pertes dues au maintien des détenus au chômage ont augmenté. Dans certaines divisions de l'UITLK, le groupe "G" a atteint 26,8% de la liste des prisonniers au 1er trimestre 1949 (OLP n°15). En conséquence, au cours du 1er trimestre, le groupe "G" a enregistré des pertes de 118028 jours-homme. Compte tenu du coût moyen par jour-homme à l'UITLK - 18,65 roubles, les pertes s'élèvent à 2201222,2 roubles. Les résultats financiers des deux premiers mois de 1949 étaient des pertes sur les travaux des entrepreneurs s'élevant à 3638 mille RUR et des bénéfices sur la production de produits industriels s'élevant à 4225 mille RUR. Dans le même temps, les données déclarées pour le 1er trimestre 1949 pour l'ensemble de l'UITLK étaient supérieures à celles prévues (le tableau 23 présente les résultats de l'activité de production de l'UITLK dans la région de Molotov en pourcentage).

Tab. n°23443. Déclaration des données sur Molotov UITLK pour le 1er trimestre 1949.

Production brute en prix de vente	119,7% du plan
Production de matières premières dans les prix de vente	120.9%
Nombre de travailleurs	118.4%
Production par 1 personne	102.1%

440
441
442
443

PERMMANENCE. Ф.4462. Op.1. Д.1. Л.11.
PERMANENCE. Ф.4462. Op.1. D.3. P.6.
Ibid. Д.125. P.169-169ob.
Tableau compilé à partir de : PERMMGANI. Ф.3490. Dépt. 1. Д.4. Л.165.

En d'autres termes, à cette époque, les rapports étaient clairement formalisés et des concepts tels que "l'exécution du plan" et "la rentabilité" n'avaient rien en commun. Dans les plans de production des lieux de détention, la colonne "pertes prévues" apparaît, et dans les rapports, on peut trouver des données sur les activités de haute performance et de production et même des éloges du centre pour ce travail. Et dans le même rapport - des données sur les pertes, souvent bien supérieures aux recettes et aux pertes prévues. Ainsi, en 1949, l'UITLK prévoyait de terminer l'année économique avec 5 millions de pertes, en fait elle l'a terminée avec 16,5 millions de pertes[436], alors que la productivité du travail et le rendement du travail des prisonniers étaient plus élevés que prévu.

L'augmentation du nombre de prisonniers à la fin des années 1940 et au début des années 1950 a entraîné une hausse significative du coût de leur détention. Par exemple, en 1949, le plan du contractant a été dépassé en raison de l'utilisation d'une main-d'œuvre excessive, ce qui a entraîné une augmentation de 13 % du coût d'une journée de travail et un dépassement des frais généraux de 61,2 % du plan (entretien des prisonniers, transport, escorte, etc.). En conséquence, au lieu de la perte prévue de 637 000 roubles, il y a eu une perte de 11606 000 roubles. Pour couvrir les pertes, l'UITLK Molotov a reçu en 1949 une subvention de 41992 mille roubles. [437]

En vérifiant l'avancement de la construction du PPR de Kamskaya, les représentants du Comité régional de Molotov ont découvert que les travailleurs indépendants respectaient les normes à 104%, et les prisonniers à 75% seulement[438]. La faible productivité et la faible qualité de la main-d'œuvre ont également été constatées dans la construction des maisons d'habitation, où travaillaient principalement les prisonniers. Dans certaines brigades, de petites primes en espèces ont été accordées pour la livraison du travail en temps voulu et de haute qualité. Dans les domaines où ces équipes sont intervenues, on a constaté une augmentation de la qualité et du rythme du travail[439], c'est-à-dire qu'il est urgent de réorganiser l'organisation du travail forcé. C'est ce qui ressort de [444][445] la note "Sur la question des salaires des prisonniers et la nécessité de transférer le [446][447] maintien des camps de travail et des colonies de travail correctionnels au budget de l'État" signée par le vice-ministre de l'Intérieur de l'URSS, le général colonel V. Tchernychev : "... afin d'encourager... d'établir un salaire minimum basé sur un système de primes progressives très prononcé, qui peut servir de force efficace pour la mise en œuvre et la réalisation excessive des tâches de production"[440].

Malgré la faible productivité et la mauvaise qualité du travail, le nombre de

PERMANENCE. Ф.2464. Op.1. Д.125. Л.163.
GARF. F.R-9414. Op.1a. Д.3189. P.66-68ob.
PERMANENCE. Ф.105. Opt.15. Д.261. Л.19.
Ibid. Ф.105. Opt.15. Д.511. Л.29.
[440] GARF. F.R-9414. Opt.1. Д.368. Л.404.

prisonniers et de chantiers où le travail forcé est utilisé augmente d'année en année. À la fin des années 1940 et au début des années 1950, le plan a été le plus souvent mis en œuvre au détriment d'une surabondance de prisonniers, ce qui a augmenté le coût de production et dans de nombreux rapports, on peut trouver des données sur les pertes. Les pertes de production ont également été affectées par le nombre toujours croissant de prisonniers qui ne travaillent pas. Par exemple, au 4e trimestre 1951, il y a eu 123 cas de refus de travail, au 1er trimestre 1952 - 260, et en avril et mai 1952 - 337 cas. En conséquence, le nombre de prisonniers qui travaillent a diminué. Au 4e trimestre 1951, Molotovstroy travaillait 13,5% de moins que prévu, au 1er trimestre 1952 - 15,1%[441].

À la fin des années 1940 et au début des années 1950, le système du travail forcé en Union soviétique était en crise croissante. Elle a été causée, tout d'abord, par le décalage entre les relations de production basées sur la coercition et le développement des techniques et de la technologie de production, qui exigeaient une haute qualification du travailleur et, par conséquent, une motivation différente du travail. À cette époque, l'État et la société n'étaient pas prêts pour une réorganisation complète des relations de travail. Ils ont donc été contraints de faire des compromis, tels que l'octroi d'avantages spéciaux aux migrants vers les zones peu peuplées (1950) [442]; dans le domaine du travail forcé pour les prisonniers - l'introduction d'un salaire progressif (1950), qui a été légalement fixé dans le nouveau Statut sur les camps de travail correctionnels et les colonies de la MIA daté du 10 juillet 1954. [443]

3.3 Utilisation du travail forcé dans l'industrie forestière dans les années 1930-1950 dans la région de Perm

L'abolition de la NEP à la fin des années 1920 a entraîné la disparition du marché du bois de construction et du bois de chauffage. Les tâches d'exploitation du bois sont passées entièrement entre les mains de l'État. L'industrialisation du pays a nécessité une augmentation significative de l'exploitation forestière. Les entreprises de bois de la région

[441] Ibid. Д.651. Л.79,84.
PERMANENCE. Ф.105. Option 16. Д.432. Л.13.
Goulag (Direction principale des camps), 1918-1960 : Documents. - Moscou : Materik, 2002. - C.156.

de Perm ont dû fournir du bois pour de nombreux projets de construction importants pour l'économie nationale, mais les bas salaires et l'instabilité de la vie ont entraîné une forte rotation du personnel et, par conséquent, une pénurie chronique de travailleurs sur les sites d'exploitation forestière.

L'impossibilité d'utiliser les leviers économiques a donné lieu à la pratique de la contrainte non économique au travail et, tout d'abord, à l'utilisation du travail des prisonniers et des colons spéciaux. Ainsi, déjà en 1929, les détenus de l'UVLON (Administration du camp spécial de Vishersky) et du Verkhnekamsky ITK 2 travaillaient dans l'exploitation forestière[444], en 1930-1931 les détenus du Solikamsky Domzak travaillaient dans l'exploitation forestière[445]. Au début des années 1930, la masse principale des travailleurs forcés dans le secteur forestier était constituée par les colons spéciaux.

Tab. 24454. Dynamique du nombre de personnes spécialement déplacées sur le territoire de la région de Perm Kama

	1930\31 total	1934.	1934. décédé	perte de personnes[446] [447]en % à
Uralzapadoles fait confiance,	130613	60214	31240	70
District de Permian Komi	26964	8904	7249	60
District de Cherdynsky	20232	7993	4182	60
Le quartier de Nyrobsky	12184	2474	3853	52
District de Krasnovishersk	17312	3282	6300	55.3

Au début des années 1930, certaines relations de production se sont formées dans le secteur forestier de l'économie, basées en grande partie sur le recours au travail forcé. Plus tard (1930-1950), cette tendance ne fait que s'intensifier : conscription forcée des fermiers collectifs en hiver pour l'exploitation forestière comme travail forcé[448], création de grands camps d'exploitation forestière - Usolskiy (1938), Nyrobskiy (1944), Kizelovskiy (1944).), Nyrobsky (1944), Kizelovsky (1947) ; participation de nouveaux groupes de colons et de

---

PERMANENCE. F.156. d. 1. Д.291. P.5 ; GAPK. F.P-736. Opt.1. D.6. P.5.
Ibid. Ф.59. Op.1. D.16. P.14.
[446] Tableau compilé par : La population de la Russie au XXe siècle. Essais historiques. VOL.1. - M., 2000. C.287.
[447] Il s'agit de l'attrition des arrivées en 1930/31.
[448] Fitzpatrick, les paysans de S. Staline. Histoire sociale de la Russie soviétique dans les années 30 : le Village. - M. : ROSSPAN, 2001. - C.153.

travailleurs migrants spéciaux - Polonais (1940), Allemands (1942), Tatars de Crimée (1944), rapatriés (1945).

Ces relations de production ont donné lieu à une anomalie à long terme dans le développement économique du secteur forestier. La principale caractéristique de l'anomalie était le caractère extensif du développement de l'industrie, avec une nette tendance à recourir au travail manuel, c'est-à-dire à préserver la base technique dépassée. L'augmentation de la production a été obtenue par l'augmentation du nombre de fermes forestières, de camps, c'est-à-dire du nombre de travailleurs.

L'intensification de la production implique, en règle générale, l'élévation de la qualification du travailleur jusqu'à l'opérateur des mécanismes les plus complexes, et, bien sûr, l'introduction de ces mécanismes. Dans des conditions de travail servile, c'est-à-dire de présence temporaire du travailleur sur le site d'exploitation forestière (peine d'emprisonnement, exil spécial, mobilisation), de manque d'intérêt pour le résultat final du travail, il était impossible d'avoir un nombre suffisant de spécialistes de haut niveau et d'utiliser de nouvelles machines. Il ressort clairement des rapports que le nombre de machines augmentait d'année en année, mais qu'elles n'étaient pas utilisées au maximum. En d'autres termes, le recours généralisé au travail forcé a largement entravé le progrès scientifique et technologique.

L'une des tâches importantes de l'introduction des innovations scientifiques et technologiques est de rendre la production moins chère par la mécanisation et la rationalisation, ainsi que de réduire autant que possible le travail physique, qui est généralement coûteux. Et si le travail forcé est utilisé, dans ce cas, on peut être peu ou pas payé et ne pas avoir à se soucier des conditions de vie et de travail. Les premières expériences de recours au travail forcé en Russie soviétique ont montré que ce type de travail coûtait moins cher à l'État que le travail indépendant. Il était plus facile et plus rentable pour les gestionnaires de chantiers et de mines de demander un contingent spécial supplémentaire de prisonniers, de colons spéciaux, de paysans mobilisés.

À titre de comparaison, voici un exemple. Aux États-Unis, en 1928. En Russie en

1932 - 3,5%[449][450]. Le niveau de mécanisation du débardage aux États-Unis en 1928 a été atteint en URSS entre 1950 (29 %) et 1955 (72,7 %), et dans la région de Molotov (Perm) - entre 1950 et 1955 le niveau moyen de mécanisation du débardage a été atteint. [451]dans la région de Molotov (Perm) seulement en 1951. [452]Et en Russie, le processus de mécanisation a souvent rencontré la résistance des gestionnaires de forêts.

Le faible niveau de mécanisation de l'exploitation forestière, le recours à la main-d'œuvre carcérale et à des immigrants spéciaux, peu intéressés par les résultats de leur travail, ont conduit à la stagnation réelle[453] de la productivité dans la période 1929 - 1953 : de l'ordre de 2-3 fest. mètres de bois pour 1 travailleur par jour[454]

En théorie, la productivité du travail aurait dû augmenter considérablement, car de nouvelles technologies et machines ont été introduites, par exemple une scie à faisceau plus productive (1939), des tracteurs et des routes de méchrats (routes de glace en hiver) pour le transport du bois, des centrales électriques mobiles et des scies électriques, le débardage avec des couronnes vers les entrepôts supérieurs (fin des années 1940), etc. Mais la productivité du travail était invariablement en baisse.

Les spécificités de l'organisation du travail dans l'industrie du bois - l'utilisation du travail forcé ou du travail avec des éléments de coercition (paysans mobilisés, transitoires spéciaux) - ont en fait égalisé les conditions de travail, les conditions de vie et les résultats du travail dans les trusts civils et les camps du goulag. À la fin des années 1920 et au début des années 1930, on a assez souvent observé que la productivité des prisonniers était supérieure à celle des affranchis. Par exemple, en 1929, le prisonnier Avdeev du Verkhnekamsky ITK faisait en moyenne 2,79 mètres cubes de bois par jour[455] ; en 1931, les prisonniers de Vishlag faisaient plus de travail dans l'exploitation forestière et le transport que les travailleurs indépendants[456]. Dans le camp d'Ousolsk, en 1938, on a enregistré des chiffres plutôt élevés (pour le travail forcé) de 2,62 fbm. m. Cela peut

---

[449] Kremnev, A.I. Économie de l'industrie forestière de l'URSS. - Moscou : Goslesbumizdat, 1958. - C.72.
[450] Akimov, A.I. Progrès technique dans l'industrie forestière et moyens d'augmenter encore la productivité du travail. // Voprosy ekonomiki lesnoy promyshlennosti. - Perm : Maison d'édition, 1959. - C.37.
[451] Kremnev, A.I. op. cit. - C.75.
[452] L'économie nationale de la région Molotov. Collecte de statistiques. - Molotov : Maison d'édition Molotov, 1957. - C.21.
[453] stagnation - du latin Stagno - rendre immobile, en économie - stagnation de la production, du commerce, etc. Dictionnaire encyclopédique soviétique. - M., 1987. - C.1266
[454] Annexe, figure 22.
[455] GAPK. F.R-736. Opt.1. D.3. P.5.
[456] GARF. F.R-9414. Opt.1. Д.2920. Л.17.

s'expliquer par le fait que les camps forestiers ont été créés pendant les années de répression massive pour isoler des centaines de milliers de nouveaux prisonniers condamnés pour la plupart par des organes extrajudiciaires - troïkas et réunions spéciales. Du nombre de nouveaux condamnés en 1937 - 1938, la majorité étaient des personnes habituées au travail dur - des paysans, des ouvriers. La proportion de personnes arrêtées sur la base de l'ordre secret du NKVD n° 00447 du 30 juillet 1937 dans la région de Sibérie occidentale au 5 octobre 1937 était la suivante : koulaks (de 1ère et 2ème catégories) au nombre de 10541, criminels - 4279 ; dans la région de Sverdlovsk, le NKVD prévoyait d'arrêter (sur demande du Politburo du 10.07.1937) 10500 koulaks et 1500 criminels[457].

En 1937-1938, une énorme armée de personnes valides et, surtout, de travailleurs du pays a été déplacée vers Le régime soviétique a été contraint de transférer une quantité énorme de personnes valides et, surtout, travailleuses de l'Union soviétique vers les lieux de détention. Les conditions spécifiques du camp ont conduit à une marginalisation rapide et ont créé une attitude spéciale de "camp" vis-à-vis du travail. Les prisonniers qui ne pouvaient pas s'adapter aux conditions et aux principes du travail dans les camps sont morts au cours des premières années.

L'augmentation de la production en 1942 à 2,5 Fest. m. peut s'expliquer par plusieurs facteurs complémentaires. La première est que le chiffre de 2,5 Fest. m est la moyenne pour l'année indiquée dans le rapport au comité du parti[458]. En réalité, au cours du premier semestre 1942, ils n'ont donné que 1,8 Fest. [459]mais en août, ils ont donné 3,5 Fest. m[460]. Dans les rapports de cette époque, on constate souvent que la majeure partie de l'année, l'entreprise a travaillé avec de faibles performances, mais les mois restants avant la fin de la période de référence, le travail a été effectué selon les principes de "l'assaut", de "la ruée". L'objectif d'atteindre des indicateurs annuels élevés a été assuré par de longues heures de travail, de longues périodes de repos et l'utilisation maximale de toutes les [466] ressources humaines disponibles - non seulement les prisonniers malades et faibles, [467] [468] mais aussi les gardiens libres. Par exemple, en 1942, les prisonniers d'Usollag avaient
[469]
[470]

---

[457] Junge, M. How terror became "big" : secret order № 00447 and technology of its execution / M. Junge, R. Binner. - M. : Amiral Ushakov, 2003. - C.106,130.
    PERMGANY.F.105. Opt.10. d. 608. Л.8.
    Ibid. Ф.105. Opt.8. d. 94. Л.44.
    Ibid. D.113. P.1.

moins de 8 heures de repos. À Vishora, même un prisonnier malade a été attaché avec une corde et emmené à la production[461]. En avril 1942, le tribunal du camp d'Usolgag a condamné 66 personnes à être abattues[462] à vue. Il est fort probable qu'un tel procès ait été utilisé comme un acte d'intimidation et qu'il ait été mentionné à plusieurs reprises lors de diverses réunions, conférences et débriefings sur le travail. Les chiffres élevés sont souvent apparus au détriment du "caramel" également. C'est à la fin de l'année 1942 que la grande pénurie de bois a été révélée, avec 224 000 fetches de bois et 150 000 fetches de bois flottant, [463]soit près de 8 % du chiffre annuel déclaré.

Dans les années d'après-guerre, la productivité du travail a chuté. Cela est très probablement dû à un changement important dans la population du camp à la suite de l'amnistie et à une diminution du niveau général d'exploitation, ce qui indique une certaine "humanisation" de l'après-guerre la législation. L'abolition de la peine de mort par décret du Présidium du Soviet suprême de l'URSS du 26 mai 1947, et une série de directives obligeant les administrations des camps à améliorer la vie quotidienne des détenus, en sont les principales raisons[464]. Les mesures de coercition les plus sévères ont disparu, entraînant une chute spectaculaire de la productivité du travail forcé.

L'augmentation de la productivité à la fin des années 1940 et au début des années 1950 est loin de correspondre aux machines et à la technologie disponibles dans les camps forestiers. À cette époque, des dizaines de scies électriques et motorisées étaient largement utilisées, l'écorçage et l'ébranchage se faisaient dans l'entrepôt supérieur avec des unités spéciales, et tous les camps disposaient de dizaines de tracteurs, d'automobiles et de locomotives à vapeur.

Ainsi, dans le secteur forestier de la période étudiée dans la région de Perm, il existait une situation dans laquelle, sans le recours à des éléments de travail forcé (fermiers collectifs mobilisés) ou à la coercition sous sa forme pure (prisonniers, colons spéciaux), l'exploitation forestière aurait été impossible. Les autorités supérieures - Moscou et Perm - ont théoriquement compris la pernicosité d'un tel développement de l'industrie. Divers

---

Ibid. Ф.4460. Opt.1. D.28. P.49,66.
  Ibid. Ф.105. Opt.8. d. 94. Л.60.
[463] Ibid. Ф.4460. Op.1. D.28. P.37.
[464] Detkov, M.G. Le contenu de la politique punitive de l'État soviétique et sa mise en œuvre dans l'exécution des sanctions pénales sous forme d'emprisonnement dans les années 1930-1950. - M., 1992. - P. 72 ; Suslov, A.B., condamné spécial dans la région de Perm (1929-1953). - Ekaterinbourg - Perm, 2003. - C.55.

décrets ont été publiés pour améliorer la vie quotidienne, l'approvisionnement et la mécanisation. Mais la régularité des mêmes exigences et souhaits de la part des autorités supérieures tout au long de la période étudiée indique la non-application des décisions. Ainsi, la résolution de la CEC et du SNK de l'URSS de 1933 "Sur les conditions de travail des ouvriers et employés de l'industrie forestière et de la sylviculture" prescrit d'accroître la mécanisation dans tous les domaines de l'exploitation forestière, d'appliquer divers avantages, notamment, l'augmentation des salaires des travailleurs. La résolution de 1938 a introduit un nouveau système de paiement - progressif à la pièce, primes [465].

Mais sur le terrain, ces décrets n'ont pas entraîné de changements fondamentaux dans le travail et la vie des travailleurs : en 1934, à Berezniki LPH, des travailleurs ont été licenciés pour cause de casernes non préparées, de non-paiement des salaires, de mauvaises fournitures [466]. À Solikamsk, la LPCH, à l'hiver 1937, les travailleurs n'allaient pas travailler en raison du non-paiement des salaires[467]. La même année, en analysant les raisons pour lesquelles les travailleurs avaient quitté la zone d'exploitation forestière, ils ont constaté un manque important de logements, d'écoles, de clubs, de jardins d'enfants, de laveries, de crèches [468]. La liste peut être poursuivie. La situation de l'industrie n'a pas changé au fil des ans. Le décret du Conseil des ministres de l'URSS du 8 août 1947 parle également de la nécessité de la mécanisation, créant ainsi les conditions pour la consolidation des travailleurs. La résolution note que 90% de l'exploitation forestière est faite manuellement, les conditions de vie instables dans les zones forestières ont créé un énorme roulement de travailleurs et d'ingénieurs. Le décret du Conseil des ministres de l'URSS du 26 avril 1949 a soulevé le même problème[469]. Au niveau local, ces résolutions n'ont pas réussi à changer la situation : en 1947, à Perm, lors de la réunion sur l'amélioration du service médical et sanitaire des travailleurs de l'industrie forestière, on a constaté que les travailleurs vivaient dans des baraquements froids et sales, que les cantines étaient dans un état[470] insalubre ; la même année, les gens étaient nourris uniquement avec

[465] L'industrie du bois de l'URSS. 1917-1957. - Moscou : Goslesbumizdat, 1957. - C.6-9.
[466] PERMANENCE. Ф.59. Opt.1. D.119. P.76.
[467] Ibid. Ф.59. Op.1. Д.247. Л.197.
[468] GAPK. F.R-1074. Opt.1. D.17. P.21ob.
[469] Les décisions du Parti et du gouvernement sur les questions économiques. En 5 vol. T. 3. 1941-1952. - Moscou : Politizdat, 1968. - C.436-437,578.
[470] PERMANENCE. Ф.105. Opt.13. d. 444. Л.4.

des pommes de terre et du chou congelé, sans autres produits[471] ; en 1948, dans le district de Cherdynsky, les bûcherons libres dormaient dans des lits superposés, et certains d'entre eux étaient nourris avec les mêmes types de nourriture.

- [472]En 1950, dans de nombreux HLM, les gens dormaient également sur les couchettes et les planchers, dans certains dortoirs, la température descendait en dessous de zéro degré[473], etc. La situation dans l'industrie forestière ne pouvait pas changer uniquement en raison des décrets, de profonds changements dans les relations de production étaient nécessaires. Les dirigeants du pays n'ont pas voulu en arriver là et, par conséquent, la situation d'exode ou, comme dans le cas des zones forestières peu peuplées de la région de la Haute Kama - et non l'afflux de main-d'œuvre indépendante qualifiée - était inévitable. Le manque de main-d'œuvre gratuite a obligé à faire appel aux prisonniers et aux personnes déplacées, ce qui a entraîné un faible niveau de mécanisation et la nécessité d'augmenter continuellement le nombre de travailleurs. En conséquence, l'industrie a pris un retard considérable par rapport à des secteurs similaires en Europe et aux États-Unis qui, au départ, n'utilisaient que de la main-d'œuvre gratuite. Dans la région de Perm (Molotov), la solution à ce problème ne s'est trouvée qu'à travers de nombreuses demandes adressées au centre régional de Perm ou à Moscou pour obtenir de nouveaux lots de prisonniers spéciaux (la figure 23 montre de manière frappante l'augmentation du nombre de prisonniers dans les camps forestiers, en particulier dans les années d'après-guerre).

L'organisation d'un certain nombre de camps forestiers en 1937 - 1938 est sans doute due à des répressions massives. Déjà en préparation des opérations de masse du NKVD, lors de la réunion du Politburo du 31 juillet 1937, la question de l'organisation de nouveaux camps, y compris des camps d'exploitation forestière, fut examinée[474].

L'émergence d'un grand camp d'exploitation forestière dans le nord de la région de Perm a été facilitée par le projet de complexe hydroélectrique de Solikamsk. L'exploration et les travaux préparatoires ont commencé en 1937.

---

[471] Ibid. Ф.105. Opt.13. d. 312. Л.41.
[472] Ibid. Ф.105. Opt.14. Д.538. Л.13.
[473] Ibid. Ф.105. Opt.16. Д.191. Л.25-29.
[474] Junge, M. op. cit. - C.95.

La [475]construction d'un réservoir d'eau a été prévue sur le bassin versant des rivières Kama, Pechora et Vychegda, la construction de deux centrales hydroélectriques - Solikamskaya et Ust-Kulomskaya[476]. Selon ce plan, des territoires considérables envahis par les forêts devaient être inondés. Ces terres forestières devaient être développées, la coupe à blanc des forêts dans les zones inondées était prévue[477]. Pour réaliser un travail d'une telle ampleur, il était nécessaire de concentrer une quantité considérable de main-d'œuvre dans le nord de la région, où il y avait une importante pénurie de travailleurs indépendants.

Il y avait déjà eu des expériences de mobilisation rapide et de concentration de la main-d'œuvre issue des prisonniers - le canal mer Blanche-baltique, les usines chimiques de Visher, etc. Le camp d'Ousolskoïe a été créé sur la base des subdivisions forestières du Verkhnekamles trust, sous l'égide du Commissariat populaire aux forêts. Les stations d'exploitation forestière, établies sur les lieux des anciennes stations et bases d'exploitation forestière, ont commencé à fonctionner à partir de la deuxième moitié de février, la deuxième branche (Nyrobskoye) à partir du 1er avril[478]. La première année de fonctionnement du camp peut être entièrement attribuée à la période d'activité de l'organisation. Certains des camps de travail n'ont été créés et n'ont commencé à fonctionner qu'à l'automne 1938 : le camp de travail de Visherskoye en octobre et celui de Bondyuzhskoye en novembre. Au cours de l'année, la question de la subordination de la construction de Solikamsk (Bumkombinat) a été résolue. Au début, il a été décidé de [483][484]subordonner la construction à Usolskiy IFL (ordre du NKVD n° 00572 du 3 septembre [485][486]1938[479]), puis un camp de construction spécial a été créé (ordre du NKVD n° 074 du [487][488]1er avril 1939[480]). Jusqu'au 1er avril, il n'y avait pas de division claire avec la gestion de la construction de l'hydrostructure de Solikamsk - il y avait un chef Z.A.Almazov, des entrepôts communs. Il n'y avait pas de bureau de comptabilité jusqu'en juin et donc "il n'y avait pas de comptabilité" du tout, le chef comptable n'apparaissait qu'en août. Le plan de production annuel de 1938 n'a été approuvé que le 20 août 1938[481]. C'est pourquoi la

GARF. F.R-9414. Opt.1. Д.2977. Л.127.
Ibid. F.R-9414. Op.1. Д.2947. Л.13.
GARF. F.R-9414. Opt.1. Д.853. Л.224.
PERMANENCE. Ф.59. Opt.1. Д.247. Л.107.
GARF. F.R-9401. Opt.1a. D.21. P.53.
Ibid. F.R-9401. Op.1a. D.39. P.21.
[481] Ibid. F.R-9414. Opt.1. Д.1085. Л.9-11,13.

production et les données économiques de la première année de travail sont plutôt relatives. Les activités de production du camp ne différaient pas, en termes généraux, de celles d'une entreprise d'exploitation forestière ordinaire (APL). L'exploitation forestière était effectuée selon la méthode de l'exploitation organisée, à l'aide de scies à poutre, de scies à deux mains et de haches. Le bois récolté était transporté par radeau le long de la rivière Kama et de ses affluents. À cette fin, un département spécial de rafting de l'Usolg (situé à Cherdyn) a été créé en 1939 avec des raids à Ust-Yazva, Ryabinino, Redikor, Lobanikh. Lors des raids, le bois était transformé en radeaux et livré au trust "Kamlesosplav" du système du Comité forestier populaire[482].

Le rapport annuel a montré que, tout en réduisant le coût de l'entretien des détenus (3,96 roubles prévus, 3,83 roubles réels par jour et par personne), la production annuelle moyenne par travailleur a été plus élevée que prévu, probablement grâce à la réduction du temps de repos et à l'augmentation du temps de travail. Les principales économies réalisées sur l'entretien des prisonniers ont été réalisées dans les postes budgétaires suivants : services publics, soins médicaux, denrées alimentaires. De plus, les dépenses pour l'entretien des prisonniers étaient différentes selon les pays. Par exemple, les camps de prisonniers de Vishersky et Villevsky ont économisé environ 1 rouble sur l'entretien des prisonniers, soit 25 %, tandis que le camp de Kotomyshsky a dépensé 22 kopecks par jour et par prisonnier (5,5 %). Ce dépassement de budget est principalement dû à l'apport de nourriture supplémentaire aux prisonniers (stimulant) et, en conséquence, comme l'indique le rapport sur le camp, la réalisation des plans de la lagune de Kotomysh pour la production par jour-homme a été de 127 % pour la récolte et de 138 % pour le halage.

La diminution du coût unitaire de production est due à la réduction des frais d'entretien des prisonniers, à la réduction de la distance moyenne de transport du bois (il était prévu 4,5 km en moyenne, mais la distance réelle était de 3,5 km), en raison du nettoyage incomplet des sites d'exploitation (le département des forêts du GULAG a estimé ce travail non réalisé à 261 mille roubles) [483]Mais, néanmoins, le coût du bois récolté par Usolag était inférieur à celui des trusts civils. Ainsi, le coût commercial d'un

[482] GARF. F.R-9414. Opt.1. Д.853. Л.224.
[483] Ibid. F.R-9414. Op.1C. Д.1085. Л.20,27-28.

mètre de bois récolté par Usollag était de 16,84 roubles, par Glavlestyazhprom trust - 23,15 roubles, par Obleszag trust - 20,43 roubles.[484] (tableau n° 28).

Le raid de Rjabininski a été poursuivi par Usollag pour 2678842 roubles pour la qualité des produits et pour le développement du bois gelé (Usollag est arrivé trop tard pour faire fondre le bois, ce qui était prévu par le contrat). Mais elle a refusé de payer, l'affaire a été soumise au Comité d'arbitrage d'État de l'URSS et a été classée au début de 1939 parce que le raid de Ryabininsky a été transmis à l'Usolag. La somme de 2678842 roubles aurait dû être attribuée aux pertes du camp.

Le camp n'était même pas prévu pour être autosuffisant, car la subvention de l'Etat de 19100 mille roubles était prévue. "Le camp n'a même pas parlé d'autosuffisance dans les plans, car la subvention de l'Etat de 19100 mille roubles était prévue. Extrait du document "Chiffres financiers des entreprises de l'Usollyag pour 1938. (en milliers de roubles)", on peut voir que la plupart des unités du camp ont terminé l'année avec des pertes[485]. Le tableau n° 29 présente les résultats financiers des subdivisions de l'Usolag pour l'année 1938. Il s'est finalement avéré que la somme des pertes de production était supérieure à la somme des bénéfices. La direction du camp a attribué les résultats négatifs du travail et les mauvaises performances sur presque tous les points du programme de production à des difficultés organisationnelles. Le plan a été calculé pour 19 000 prisonniers, mais en septembre, il n'y en avait que 14 000. Mais au 4ème trimestre, leur nombre, selon le rapport, était de 150% du plan. Le matériel disponible a été très peu utilisé. Par exemple, le camp comptait 101 tracteurs et 46 véhicules. Selon le rapport, 29,5 % des équipes possibles de tracteurs et 69 % des équipes de véhicules ont été utilisées dans la production. À la fin de l'année, il y avait 56 tracteurs sur 101 disponibles, dont 4 étaient "usés" jusqu'à ce qu'ils soient amortis. Cette situation s'explique par "...la mauvaise qualité des réparations et la faible qualification des conducteurs de tracteurs de zk. zk.[486][487][488].

La productivité du travail prévue pour Usollyag dans la zone d'exploitation

---

[484] GARF. Ф.5446. Op. 4a. Д.485. P.3 ; GAPK. F.P-550. Op.1. Д.77. P.2ob.
[485] Ibid. F.R-9414. Op.1c. Д.1085. Л.37-40,130.
[486] Ibid. Л.13,17-18.
[487] Tableau compilé par : GARF. F.R-5446. Op. 4a. Д.484. L.11 ; PERMGANY. Ф.105. Op. 5. d. 184. P.59 ; GAPK. F.P-550. Op.1. Д.77. Л.56.
[488] Tableau compilé par : GARF. Ф.-5446. Op. 4a. Д.484. P.11 ; GAPK. F.P-550. Op.1. Д.77. LIGNE 93 ; PERMGANY. Ф.105. Op. 5. d. 184. Л.59.

forestière étant de 2,86 mètres par personne et par jour, les prisonniers ont fait en moyenne 2,62 mètres par an parmi les autres organisations d'exploitation forestière, ce qui est l'indicateur le plus faible, comme le montre clairement le tableau n° 25.

Tab. n° 25495. Chiffres de productivité réelle en moyenne pour 1938 en f.m. pour 1 personne dans les ITL et les trusts civils

Organisation	En f.m.	% par rapport aux performances de l'ITL
Usollag	2.62	100
Narkomles	3.8	145
Uralzapadoles	4.1	156.4
Obleszag	4.35	166

De plus, les normes prévues pour l'ITL étaient inférieures à celles des trusts civils à près d'une fois et demie.

Tab. n° 26496. Rapport entre les normes prévues dans les trusts civils et l'ITL en 1938.

Nom	Normes de planification	% des normes ITL prévues
Usollag	2.86	100
Narkomles	4.8	167.8
Obleszag	4.2	146.8
Uralzapadoles	4.1	143.3

Les documents disponibles nous apprennent que pour 1938, le groupe A était prévu pour 8176 personnes. Il est probable que le plan a été calculé en tenant compte du nombre croissant de prisonniers, puisque le document indique que le besoin en main-d'œuvre pour septembre 1938 était de 19 000[489] personnes. Si l'on prend ce chiffre pour le groupe A prévu, la liste approximative du camp pour septembre devait être de 26388 personnes (du groupe A prévu - 72% (19000) = 100% (26388). Malheureusement, les documents ne contiennent pas de données sur le nombre exact de personnes employées pour l'abattage, l'ébranchage, le débardage, le chargement, etc. Mais il existe des données de Bereznikovsky LPH avec une division par phases de travail pour 1936 - début 1937 (le tableau n° 32 montre la répartition de tous les travailleurs par types de travail dans la station de machines Shemeisky de Bereznikovsky LPH) : ainsi, le 26 décembre 1936, 209 bûcherons ont récolté 700 fest. mètres de bois par jour, soit une productivité de 3,34 fest. mètres par homme. Le même jour, les bûcherons de la station de machines Surmogsky (futur LP d'Usollag) ont eu une productivité de 4 fest. mètres par personne. Le Bystry

---

[489] GARF. F.R-9414. Op.1c. Д.1085. Л.13,30-31.

Mechpunkt du 31 décembre 1936 a donné les résultats suivants : 78 bûcherons (26,8 % du nombre total de travailleurs) ont récolté 338 mètres cubes de bois, la productivité étant de 4,3 mètres cubes par personne. Le 1er janvier 1937, à la station de coupe de bois "Zmeevka", il y avait 325 ouvriers, dont 130 (40%) à l'abattage, la productivité à l'abattage était de 2,9 fest. m[490]. Ainsi, le nombre de bûcherons à différents jours et dans différentes stations mécaniques LPH et LPH varie de 20 à 40% du nombre total de travailleurs, soit en moyenne 30% des bûcherons.

Dans les documents comptables de l'Usollyag pour 1938, il existe un "Rapport sur l'utilisation du travail des prisonniers", qui fonctionne avec les concepts et les chiffres suivants : le principal indicateur de ce rapport est le nombre de jours-homme. Le principal indicateur du rapport est le nombre de jours-homme travaillés par les prisonniers. 28,2 % des jours-homme[491] travaillés par les prisonniers (contre 34,7 % dans le plan). Sous le rapport, il y a une note : "moyenne pondérée des jours de travail à Usollag 308".

Sur la base de ce rapport, nous pouvons essayer de reconstituer la planification des activités de production des camps. La production principale et la production auxiliaire se sont vu attribuer respectivement 1438,9 et 211,7 jours-homme, soit au total 1650,6 jours-homme (il convient de noter que 211,7 jours-homme auraient dû être attribués non seulement à la production principale, mais aussi à la production secondaire et auxiliaire (scieries, etc.), c'est-à-dire que le chiffre obtenu de 1650,6 est approximatif). Essayons de distinguer le nombre de bûcherons de ce nombre. Sur la base des données de l'entreprise Berezniki, sélectionnons 30% des 1650,6 jours-homme, il s'avère que 495,2. Multiplions 495,2 jours-homme par la productivité prévue du travail par jour 2,86 f.m., nous obtenons 1416272 fest. m, c'est-à-dire presque égal au chiffre prévu de 1400000 fest. m.

En 1939, selon les chefs du goulag, le camp disposait déjà du nombre de prisonniers et de l'équipement nécessaires et devait produire une quantité importante de bois. Il était prévu de récolter 4 millions de mètres carrés de bois et d'exporter la même quantité. La planification était probablement basée sur le nombre de 30 000 prisonniers (les documents de calcul du département de planification du GULAG concernant l'approbation du coût

[490] PERMANENCE. Ф.59. Opt.1. Д.247. Л.18-19,25-26,39.
[491] GARF. F.R-9414. Op.1a. Д.1085. Л.126.

des jours-homme répertoriés et travaillés des camps forestiers pour 1938-1939 contiennent des données sur 30 000 prisonniers de l'Usolag pour 1939). [492]) Le groupe "A" devait représenter 76%[493] ou 22800 personnes selon le plan. Par analogie avec l'année précédente, on peut supposer que 50 % d'entre eux devaient être engagés dans la production forestière principale (selon le plan de 1938, 48,2 % du groupe "A" devaient être engagés dans la production forestière principale et 7,1 % dans les industries auxiliaires et de services - pas seulement la foresterie), soit 11400 personnes. Comme pour le LPH civil, environ 30 % de ce nombre de travailleurs devaient être directement engagés dans l'abattage des forêts, soit 3420 personnes. Pour la récolte, une productivité moyenne de 3,2 fsf par personne et par jour[494] a été prévue. Si vous multipliez le nombre prévu de bûcherons par la productivité prévue, vous obtenez 10944 fest. mètres par jour. Le règlement de 1930 sur les camps de travail correctionnels et l'"Instruction temporaire sur le régime de détention dans l'ITL du NKVD de l'URSS" de 1939 ne réglementaient pas strictement les périodes de repos des prisonniers (jours de congé), l'"Instruction temporaire sur le régime de détention dans l'ITL du NKVD de l'URSS" de 1940 contient une disposition sur 4 jours de congé par mois[495] . Ainsi, si nous appliquons hypothétiquement cette disposition (environ 4 jours de repos par mois) aux camps, nous devons soustraire environ 50 jours du nombre total de jours dans l'année (plus de vacances - 1er mai, 7 novembre). En d'autres termes, le nombre de jours de travail par an dans le camp est hypothétiquement égal à 315 (bien que nous sachions qu'en 1938 l'Usollag, ayant commencé à travailler à la mi-février, travaillait 308 jours par an). En multipliant 10944 fest. m par 315 jours, on obtient 3447360 fest. m de bois. Il était prévu de faire 4000000 f.m.. Il est probable que l'administration du goulag a vu un peu plus de réserves internes ou externes - par exemple, l'augmentation du temps de travail total (c'est-à-dire non pas 315 jours de travail par an, mais plus. Si l'on multiplie 10944 par 365, on obtient 3994560 fest. m, c'est-à-dire presque le chiffre prévu), augmentation du temps de travail, attraction d'un plus grand nombre de bûcherons, attraction d'agriculteurs collectifs et de travailleurs indépendants.

[492] GARF. F.R-9414. Op.1c. Д.2963. Л.17-18.
[493] PERMANENCE. Ф.4460. Op.1. Д.194. Л.33.
[494] Ibid. Д.192. Л.230.
[495] Suslov, A.B. op. cit. - C.36.

En fait, le groupe "A" a représenté en moyenne 65,1 % du personnel au cours de l'année, ce qui est inférieur de plus de 10 % aux prévisions. En moyenne, 38,4 % du personnel travaillait dans les principaux travaux forestiers, dont 28 % dans les principaux travaux (c'est-à-dire l'abattage, le transport, l'ébranchage et le chargement). Ainsi, au 4ème trimestre 1939, 25% de la population active n'était pas au travail en raison du manque d'uniformes et de chaussures. Au troisième trimestre de 1939, 6019 travailleurs travaillaient au lieu des 7046 prévus. Pour réaliser le programme de production, le comité du parti a envoyé 100 hommes à pied et 66 charretiers avec des chevaux des fermiers collectifs pour aider le camp. Sur les 104 tracteurs disponibles dans le camp, seuls 14 fonctionnaient le 13 novembre. Au camp Kokorinsky en octobre, les tracteurs ne travaillaient que 18% de leur temps de travail, au camp Oralovsky - 16%. En décembre 1939, le camp de Visherskaja a été équipé de tracteurs pour 160 % du plan, et le plan de halage a été réalisé pour 96 %[496]. En conséquence, au cours de l'année, le transport mécanisé dans tout le camp a représenté 30 % du plan avec une disponibilité totale des machines. La productivité du travail des prisonniers a diminué de 20 % par rapport à 1938 (en 1939, la productivité moyenne était de 2,1 mètres Fest. par personne et par jour[497], alors qu'en 1938, elle était de 2,62 mètres Fest.)

En conséquence, le camp a respecté le plan à 58,5%[498]. Dans un examen général des activités de tous les camps forestiers en 1939, il a été noté que sur 17 camps forestiers, seuls 8 d'entre eux ont respecté le plan. L'Usollag a réalisé une perte de 605 000 roubles sur les ventes, et de 6 millions de roubles sur les opérations de rafting. Afin d'aider tous les camps forestiers, le Goulag a décidé d'allouer 75 millions de roubles.[499] Le résultat financier de 1939 pour l'Usolag était une perte de 32 millions de roubles[500] et la caractéristique suivante : "... parmi les camps du goulag, l'Usolag est à la toute dernière place et à la honte"[501]. Afin d'assurer la rentabilité du camp d'Usolag, il a été décidé de changer 7 scieries pour traiter du bois de qualité inférieure pour la production de biens de

[496] PERMMANENCE. Ф.105. Opt. 6. Д.347. L. 40 ; D. 346. L. 7-13.
[497] GARF.F. R-9414. Opt.1. Д.853. Л.233,242.
[498] RGAE.F. 7637. Opt.5. d. 81. P.4 ; GARF. F.R-P-9414. Op.1. D.2989 ; PERMGANI.F.4460. Op.1. Д.192.
[499] GARF. F.R-9414. Opt.1. Д.2989. Л.3,15,23.
[500] PERMANENCE. Ф.4460. Op.1. Д.194. Л.2.
[501] Ibid. Ф.4460. Op.1. Д.192. Л.233.

consommation [502]. La nécessité de produire des biens de consommation a été dictée par le grand nombre de prisonniers handicapés et affaiblis qui ne pouvaient pas travailler dans les bois. Dans les camps forestiers nouvellement créés, les conditions de vie étaient mauvaises, les abris non préparés, les pénuries de fournitures et les conditions de travail difficiles, ce qui a entraîné un taux élevé de mortalité et de morbidité (le tableau 34 donne le nombre de décès dans les camps en pourcentage du nombre total en 1938-1939.) En mai 1938, le nombre de personnes handicapées et malades dans le camp d'Ousolsk était de 13,9%[503]. Sur l'ensemble de l'année 1939, seuls les malades représentaient en moyenne 12% du nombre total de prisonniers [504]. Pour tous les camps forestiers [505][506]En 1939, le goulag comptait 15,7 % de personnes handicapées, de jeunes prisonniers et de femmes (c'est-à-dire la main-d'œuvre inférieure). Après 1938, le système de planification a été modifié et le principe principal du nouveau système de planification était probablement la formule "à partir des résultats obtenus". C'est pourquoi il n'y a pas eu de grandes différences entre le plan et les chiffres réels à l'avenir.

Fig. 1.14514. Dynamique de l'activité de production d'Usollag

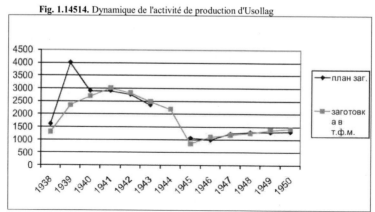

[502] GARF. F.R-9414. Opt.1. Д.2989. Л.21.

[503] Ibid. F.R-9414. Opt.1. Д.1139. Л.47.

[504] PERMMANENCE. Ф.4460. Op.1. Д.192. Л.229.

[505] GARF. F.R-9414. Opt.1. Д.2989. Л.1.

[506] Chiffre compilé à partir de : RGAE. Ф.7637. Opt. 5. d. 81. L.4,7,42 ; GARF. Ф.9414. Op. 1. D.853 ; D.331. Ligne 3 ; D.2989 ; Op.1a. D.137. L.59 ; PERMGANY. Ф.4460. Op.1. D.192 ; D.1. LIGNE 24 ; D.28. L.35 ; D.25. L.41.43 ; F.105. Op.7. d.400 ; Op.8. d.141 ; D.189. 1.219 ; Op.12. D.491. LIGNE 63 ; D.495. L.49 ; Op.15. D.143. P.140 ; Op.13. D.312. P.42 ; GAPK. F.r-493. Op.4. D.418. P.3 ; D.471. P.2 ; D.522. Л.50.

En 1938, le bois a été coupé avec des scies à tronçonner, en 1939, la scie à oignons a été introduite comme étant plus productive. Selon le plan d'Usollyag, au 1er octobre 1939, tous les travailleurs de la forêt devaient passer aux scies à longerons. En fait, en octobre 1939, seuls 55 % des bûcherons de l'Usollyag les utilisaient. L'introduction de dés à coudre traînés pour le transport du bois a également pris du retard par rapport au plan, ce qui aurait théoriquement dû favoriser la croissance de la productivité du travail. Ainsi, en novembre, seuls 16% des porteurs de chevaux travaillaient avec des attelles traînées[507].

L'augmentation de la production en 1940, alors que le nombre de prisonniers a diminué et que la productivité du travail a baissé, peut s'expliquer par les nouveaux équipements, qui ont probablement permis de redéployer des forces supplémentaires de l'exploitation forestière à l'abattage. En 1940, l'Usolag est de nouveau à la traîne - le plan est réalisé à 88,5 %, à condition de disposer de ressources : main-d'œuvre - 107 % (24926 personnes) ; tracteurs - 265,4 % ; main-d'œuvre (chevaux) - 95 %[508][509]. Au rythme moyen de la scierie - 3 fest. mètres, les prisonniers donnaient 2 fest. mètres, c'est-à-dire que la productivité du travail diminuait encore plus (en 1939 - 2,1 fest. mètres). Avec un tel nombre de prisonniers techniquement équipés et excessifs et une faible productivité du travail, il a fallu augmenter le coût de production, comme le montre le tableau 35. Ce tableau compare le plan et les paramètres réels des travaux d'Usollyag en 1940. Par rapport à 1938, le coût de revient d'un mètre de bois a augmenté presque deux fois (coût de revient commercial - 16,84 roubles pour un mètre de bois).

Tab. n°27517. Coût de 1 f.m. de bois récolté par les prisonniers de l'Usollyag en 1940.

	Plan	Fait	Perte de production
Billet	4.8 p.	6.32 p.	4 089 t.p.
L'éducation	5.32 p.	5.92 p.	1,031 p.t.
A emporter	7.57 p.	9.96 p.	6.347 t.r.
Alliage	11.12 p.	11.75 p.	1.343 t.r.
Total	28.81 p.	33.95 p.	12 810 t.r.

Les résultats financiers de 1940 ont été résumés lors de l'assemblée économique du parti du camp : "La perte totale du camp pour 1940. 42200 mille roubles. Le profit par

[507] PERMMANENCE. Ф.4460. Op.1. Д.194. Л.35.

[508] PERMANENCE. Ф.4460. Op.1. Д.1. Л.24.

[509] Tableau compilé à partir de : PERMMGANI. Ф.4460. Opt.1. D.18. P.47.

phases individuelles de l'économie a reçu pour des raisons indépendantes de la volonté du camp 8121 mille roubles. La perte prévue ou la différence de prix est de 37436 mille roubles, ce qui laisse une perte nette de 643 mille roubles". [510]La différence de prix est probablement la différence entre le coût unitaire de production et le prix de vente fixé (moyenne pour un type de produit donné). Ainsi, dans le rapport au Commissariat du peuple aux finances pour 1940, le Goulag a déterminé que la valeur de vente d'un mètre de bois était de 15,92 roubles, le coût de production d'un mètre de bois à Usollyag étant de 33,95 roubles[511].[512]

Le coût élevé de la production, ainsi que la faible productivité du travail et la mauvaise gestion de l'administration du camp, étaient facilités par un important parc de machines peu utilisées. Habituellement, le coût des mécanismes eux-mêmes, le coût de leur fonctionnement (réparations, pièces de rechange, carburant et lubrifiants, et formation du personnel) étaient inclus au moyen de coefficients spéciaux dans le coût de production.

Tab. №28520. Disponibilité des mécanismes dans l'Usollyag à partir du 01.01.1940.

Mécanisme	Unité	Valable
Scie à chaîne M-P-220	17	8
C.B. scies d'équilibrage.	14	14
Clivages mécaniques Lebedev-Nazarov	12	12
équilibrer les scies avec l'entraînement	3	75%
Locomobiles	16	
centrales électriques fixes	12	
les centrales électriques mobiles	9	
Automobiles	30	
Tracteurs	98	
Bateaux	21	

Au 3e trimestre 1940, le nombre de mécanismes augmente : il y a 104 tracteurs, 128 véhicules. L'utilisation de ces machines était extrêmement faible. De 13 à 40 % des tracteurs et des automobiles étaient utilisés pour l'exploitation forestière[513].

Dans les mois d'avant-guerre de 1941, la tendance de l'activité de production est la même que celle de l'année précédente. La plupart des indicateurs étaient négatifs. En mars 1941, lors de la réunion économique du parti de Vishersky, il a été noté : "... il n'y a pas

[510] Ibid. Ф.4460. Op.1. D.18. P.47.
[511] Tableau compilé par : GARF. F.R-9414. Opt.1. Д.853. Л.227-230.
[512] RGAE. Ф.7631. Opt. 1. Д.1814. Л.15.
[513] PERMMANENCE. Ф.105. Opt.6. D.346. P.7-8.

eu un seul jour de travail en 1941 où nos indices ont égalé 100% de la production en bonne et due forme. Nous avons toujours de 30% à 60% avec une utilisation à 100% des ressources" [514]. Lors de la discussion des résultats de l'activité économique en 1941, il a été noté que tous les retardataires à Usollag avaient une faible productivité du travail.

En 1941, tout en maintenant une faible productivité du travail (en moyenne 1,8 fest. m par an pour la récolte[515][516][517][518]) et une faible utilisation des machines, le plan était toujours respecté (tableau №29). Davantage de bois a été effectivement récolté (le tableau n° 30 montre le plan et le résultat réel des travaux pour 1940 - 1941). Ce chiffre a été obtenu en augmentant de près de 10 000 le nombre de prisonniers au début de la guerre (le tableau 31 compare le nombre de prisonniers en 1940 et 1941). En fait, la récolte de bois a augmenté de 11,6 % par rapport à l'année précédente, tandis que le nombre de prisonniers a augmenté de 36,6 %.

Tab. n°29524. Indicateurs de réalisation du plan de production de l'Usollyag en 1941.

Zone de production	Mise en œuvre du plan en %.
Billet	103.6
Mechscheme	104
A emporter	94.5
Alliage	96.5
Productivité du travail au cantonnement	82.4
Sur l'enlèvement par quart de travail du tracteur	71
Par transport par véhicule par poste	57.6

Tableau n° 30525. Dynamique de l'exécution du plan de production par Usollag

	Plan	En fait
1940 г.	2900 t.f.m.	2693,2 t.f.m.
1941 г.	2900 t.f.m.	3006 t.f.m.

Tab. n°31526. Dynamique du nombre de prisonniers à Usollyag

1940 г.	27150
1941 г.	37111

Même avant la guerre, Usollag récoltait des "assortiments spéciaux" en petites quantités   (avifanera, aviacephalus, avialipa). Pendant la guerre, il La production a été fortement augmentée. La production de skis, de luges à un cheval, de

[514] Ibid. Ф.4460. Op.1. D.9. P.19.
[515] Ibid. Ф.105. Opt.8. d. 94. Л.44.
[516] Tableau compilé à partir de : "Le système des camps de travail correctionnels en URSS". - M., 1998. C.272.
[517] Tableau compilé à partir de : PERMMGANI. Ф.4460. Op.1. D.25. P.10.
[518] Tableau compilé par : GARF. F.R-9414. Opt. 1. D. 853 ; RGAE. Ф.7637. Opt. 5. d. 81. P.7 ; PERMMGANI. Ф.105. Opt.7. D.400 ; Opt.8. D.141 ; F.4460. Op.1. Д.1. Л.24.

luges NKL-16, d'arches, de non-tekpelekka, de bouchons spéciaux, d'air-bar, d'air-board, d'ébauches pour M-82, de formol, d'auto-carburant et de quelques autres a également été organisée. De nouveaux ateliers ont été mis en service : TVZ (commandes militaires en cours), électrolyse, usine de carbure de calcium, production organisée de pièces de rechange pour la réparation du parc de tracteurs dans des ateliers de réparation locaux (plus de 300 pièces produites localement), outils d'exploitation forestière et de métallurgie, savon, allumettes, articles ménagers et plusieurs autres articles de consommation ont été produits pour leurs propres besoins[519].

Le plan d'approvisionnement en bois pour 1942 a été réduit de 5% par rapport au plan d'avant-guerre (2760 000 m fœtus, alors qu'avant la guerre - 2900 000 m fœtus), et officiellement rempli de 102,1%. L'inventaire a révélé un déficit de 224 000 fest. m, soit près de 8 % des chiffres communiqués. Si nous soustrayons ce bois réellement non récolté, il s'avérera que le plan n'a pas été respecté. Le coût de production s'est avéré supérieur de près de 10 millions de roubles à celui prévu. La hausse des coûts de production a été affectée par les pénuries constatées, les détournements et vols, la dévaluation et la non-rentabilité du bois, les amendes[520].

Le coût de production était dû au mauvais travail des prisonniers et à l'utilisation insignifiante des machines disponibles (malgré la disponibilité de plus de 100% des machines, une partie du bois était enlevée à la main). Les raisons de ce travail des prisonniers étaient comprises même par les autorités du camp : "...attitude insensible à la vie quotidienne des prisonniers, alimentation non organisée et, par conséquent, faible productivité du travail...". [521]L'utilisation de mécanismes ".dans les mêmes conditions de travail des trusts d'exploitation forestière" à l'hiver 1942 a été la plus faible à Usollag - 22,2% du plan. Dans le même temps, le trust forestier "Chusovlesdrevmet" a utilisé des mécanismes à 106,7 % du plan.

Tab. n° 32530. Utilisation de mécanismes dans différents <u>organismes d</u>'exploitation forestière à l'<u>hiver 1942.</u>

L'entreprise	% de réalisation du plan de transport mécanisé du bois
Chusovlesdrevmet	106.7
Komipermles	67

[519] PERMANENCE. Ф.105. Opt.9. d. 451. Л.2.
[520] Ibid. Ф.4460. . D.28. LIT. 35,37 ; D.41. LIT. 39.
[521] Ibid. Ф.105. Opt.8. d. 94. Л.45.

Uralzapadoles	30.4
Usollag	22.2

En conséquence, le coût d'un mètre de bois récolté en 1942 à Usollyag était de 25,44 roubles. [522][523] [524] [525] À titre de comparaison, le prix auquel les organismes d'État achetaient du bois au goulag était en moyenne de 13 roubles par mètre de bois.

Tableau n° 33532. Prix de vente du bois de différents producteurs en 1942.

... ... 533	
Glaveles a	16h12 par f.m.
Pour les autres entités	23.35 p.
Au goulag.	11.83 p.
Glavvostsibdalles achetait du bois	
Glavsevles a	19.35 p.
Autres entités	17.75 p.
Aux Glavologokomilets.	33.01 p.
A Glavvostles.	25.40 p.
Au goulag.	14.15 p.

Le plan pour 1943 est à nouveau réduit (de 19% par rapport au plan d'avant-guerre - 2350 thsf[526]). Mais une tâche a été confiée pour la production de "flans de stock" d'un montant de 240 000 pièces, de "barres de baril" d'un montant de 250 000 pièces. [527]Le plan de productivité du travail dans la zone de récolte a été réduit à 2,2 mètres de bois par bûcheron. Dans ces conditions, le plan de nombreux indicateurs a été dépassé[528]. En même temps, le plan du transport mécanique a été sous-utilisé de 50,2%, et a été surutilisé pour de nombreuses phases de production - un total d'environ 11 millions de roubles pour l'année. [529]

En 1944, on a récolté encore moins de bois qu'en 1943 - 2 184 t.f.m. [530]avec le nombre de prisonniers au 01.01.1945. - Le 1er janvier 1945, il y avait 28849 prisonnier[531].

---

[522] Tableau compilé par : GAPK. F.R-471. Opt.1. Д.4. Л.8.
[523] PERMANENCE. Ф.4460. Opt.1. D.28. P.37.
[524] Le tableau a été compilé à partir de : RGAE. Ф.7637. Op. 1. Д.1556. Л.71.
[525] Malheureusement, il n'y a pas d'organisations d'exploitation forestière de la région de Molotov dans le tableau. Mais il y a une tendance - le bois du goulag est le moins cher.
[526] GARF.F.R-9401. Opt.1a. D.137, P.59.
[527] Ibid. F.R-9401. Op.1a. D.140. P.10.
[528] PERMGANY.F.4460. Op.1. D.25. L.41,43 ; F.105. Op. 8. d. 189. l.217.
[529] Ibid. Ф.4460. Op.1. D.41. P.44.
[530] GARF. F.R-9414. Opt.1. Д.331. Л.3.
[531] Le système des camps de travail correctionnels en URSS, 1923-1960 : Manuel. - Moscou : Zvenya, 1998. - C.272.

À ces indicateurs, il faut ajouter 75,2 mille pièces de boulons de ski produits, 252 mille pièces de boulons de fusil, 32,2 mille pièces de revêtements[532] de canon. Le travail d'Ousollyag en 1944 a été jugé insatisfaisant par le comité régional du parti Molotov. En 1944 également, Usollag avait le taux de morbidité et de mortalité le plus élevé parmi les camps forestiers du goulag[533].

Au début de 1945, "...afin de renforcer la gestion de la production et des activités économiques...". L'Usollag était divisé en deux camps distincts - Usollag et Nyroblag (ordre NKVD n° 01 du 4.01.1945[534]) Nyroblag par la reconnaissance des employés de l'administration du camp était organisé ".sur la base des unités arriérées de l'Usollag dotées d'un personnel faible et d'un contingent faible" [535]. Ainsi, selon les résultats de l'activité de production des camps en 1945, Usollag était légèrement en avance sur Nyroblag. Les deux camps, selon les documents, ont reçu des subventions de l'État en 1945 (le tableau n° 42 montre le solde des recettes et des dépenses pour l'année de ces camps).

La productivité du travail à Usolsk ITL en 1945 a encore plus diminué et a fait en moyenne pendant un an - 1,9 mètres de fest. sur le bûcheron, et dans les subdivisions séparées de lag encore plus bas - 1,4 mètres de fest. à Surdinsky OLP, 1,5 mètres de fest. à Simsky et Kokorinsky OLP. En conséquence la production était plus chère que le plan sur 2782 mille rbl. Par exemple, le festmètre du bois d'Usollag en phase de production en usine coûtait 38,81 roubles. Le coût du bois du [536]trust Oblesozag au stade de la production commerciale est de 29,82 roubles, toutes taxes comprises. [537]

En 1946, le plan a été réduit une fois de plus, et s'est élevé à 1 million de mètres de bois[538] (en 1945 - 1075 mille mètres[539]). Le plan de production par bûcheron a également été réduit à 1,9 Fest. m par jour[540][541].

Si l'on compare toutes les données disponibles sur la productivité du travail à Usollag, on peut constater que la productivité des prisonniers à Usollag n'a jamais dépassé

---

[532] GARF. F.R-9414. Opt.1. Д.331. P.3ob.
[533] PERMMANENCE. Ф.4460. Op.1. Д.62. Л.41.
[534] GARF. F.R-9401. Op.1a. Д.184. P.1-1ob.
[535] PERMMANENCE. Ф.3839. Opt.1. 1. Л.51.
[536] PERMMANENCE. Ф.3839. Op.1. Д.1. P.51 ; F.4460. Op.7. D.2. P.4ob-5 ob. ; Op.1. Д.62. Ligne 4ob ; Op.1. Д.76. P.9ob.
[537] GAPK. F.P-550. Opt.1. Д.101. Л.86.
[538] PERMGANY.F.105. Op. 12. Д.495. Л.49.
[539] GARF.F. R-9414. Opt.1. Д.331. P.3 ; PERMMGANI. Ф.105. Opt.12. Д.491. Л.63.
[540] PERMMANENCE. Ф.4460. Opt.1. Д.76. Л.8.
[541] Tableau compilé à partir de : PERMMGANI. Ф.3839. Op.1. Д.1. P.20 ; Op.10. D.5. P.150 ; F.105. Op.15. D.131. P.25.

3 fest. m par personne, et était souvent inférieure à 2 fest. m par personne. La productivité du travail dans les camps de Nyrobsky et de Kizelovsky était à peu près la même.

Tab. 34549. Productivité du travail des prisonniers à Nyrobsky et Kizelovsky ITL

Année	Plan en f.m.	Fait
Nybroblag		
1945 г.	2.1	1.9
1946 г.	2.4	2.5
Kizellag		
1948 г.	1.6	1.31

Le travail des prisonniers était clairement improductif et n'a pas vraiment changé au cours de la décennie, bien que de nouvelles technologies de production plus rapides et de nouvelles machines - scies à faisceau, tracteurs, véhicules à moteur, scies à moteur - aient été introduites. Par exemple, en 1949, Usollag disposait de 10 centrales électriques mobiles "Phénomène" et de 53 scies électriques. Les capacités techniques des scies permettaient de produire jusqu'à 600 fest. mètres par jour et jusqu'à 16 500 fest. mètres par mois. Le camp a indiqué que les scies électriques ont produit 8 300 fest. mètres en janvier et 5 100 fest. mètres en février, soit moins de 30 %. Seules 4[542] centrales sur 10 travaillaient à l'exploitation forestière. En 1950, l'exploitation forestière se faisait encore avec des scies à poutre et seulement 27% avec des scies électriques et à moteur [543]. La même situation s'est produite à Nyroblag - en 1952, alors que 120% de l'approvisionnement était assuré par des scies électriques, le bois était abattu en de nombreux endroits avec des [544]scies à poutres. La production dans les camps était manifestement très importante. Ce point a été discuté lors de la réunion du En 1950, une réunion du parti au Nyoblag a noté : "La tâche de production n'est pas accomplie en augmentant le taux de production. En 1950, lors du meeting du parti Nyroblag, il a été noté : "...la tâche de production   ne se fait pas en augmentant la productivité, mais par le nombre de personnes, où 100 personnes sont nécessaires - 200 personnes sont utilisées"[545][546] .

---

[542] PERMANENCE. Ф.4460. Op.1. Д.164. Л.18.
[543] GARF. Ф.8360. Opt.1. Д.4. Л.10.
[544] PERMANENCE. Ф.3839. Opt.6. D.8. P.49.
[545] Ibid. Ф.3839. Opt.6. Д.4. Л.54.
[546] Compilé à partir de : GARF. Ф.9414. Rep. 1a. Д.1085. P.13 ; D. 1139. P.47 ; Op. 1. Д.853. Ligne 244 ; D.130. Ligne 26-26ob ; D.1302. LIGNE 81 ; D.686. Ligne 9 ; D.586. Ligne 128 ; Op.1c. Д.1174. LIGNE 7 ; D.471. L.1 ; F.8360. Op.1. Д.1. P.123 ; D.4. L.9 ; PERMMGANIE. Ф.4460. Op.1. D.25. L.107 ; D.28. L.37 ; D.62. P. 15ob. 18 ; Д.104. Ligne 4ob ; D.158. 1.16,36,45 ; D.192. P.229 ; F.105. Op.6. D.346. P.7 ; Op.7. D.69. P.139ob ; Goulag. 1918-1969. Documents. - M., 2002. C. 272,415.

À la fin des années 1940 et au début des années 1950, le nombre de prisonniers ne travaillant pas dans les camps forestiers a également augmenté pour diverses raisons, qui ne pouvaient que

affectent le coût de production.

Fig. 15554. Dynamique du nombre de prisonniers dans l'ITL Usolskiy et du groupe "A"

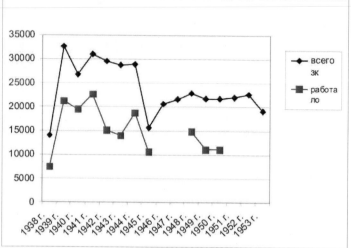

D'année en année, le nombre de refus a augmenté. Rien que dans l'Usollag, pour la première moitié de 1949, le nombre de refus en jours-homme était de 15339, et pour la même période en 1950. - 19425[547] . Le coefficient d'utilisation utile du travail des prisonniers, déjà faible, diminue encore. Dans le tableau n° 44, la quantité de bois récolté pendant l'année a été divisée par le nombre total de prisonniers, ce qui a donné un ratio hypothétique d'utilisation de la main-d'œuvre. Ce tableau montre que le coefficient le plus élevé a été enregistré en 1940. - Cette année, chaque détenu a récolté 1 f.m. de bois dans le camp. Les années 1945-1948. - Il y avait 0,5 f.m. pour 1 personne.

Tableau n° 35556. Dynamique du nombre de prisonniers dans l'Usolskiy ITL et de la quantité de bois récolté557

Année	Nombre de détenus	Bois récolté	Facteur
1938 г.	14058	1299	0.09
1939 г.	32660	2340	0.07
1940 г.	26778	2693.2	0.1

[547] Ibid. Ф.4460. Opt.6. D.42. P.34.

1941 г.	30986	3006	0.09
1942 г.	29453	2817	0.09
1943 г.	28800	2478	0.08
1944 г.	28849	2184	0.07
1945 г.	15571	846	0.05
1946 г.	20582	1111	0.05
1947 г.	21615	1190	0.05
1948 г.	22930	1250	0.05
1949 г.	21724	1381	0.06
1950 г.	21804	1424	0.06

En 1950, les salaires ont été introduits pour augmenter la productivité et la motivation des travailleurs pénitentiaires. En conséquence, Nyroblag a fait état d'une diminution des coûts de production pour l'année, mais en réalité la diminution des coûts de production a été de 70 % des économies de salaire, c'est-à-dire que les prisonniers travaillaient tout aussi mal, respectivement gagnaient peu, ce dont il a été dit lors de la réunion du parti du camp : "Nous avons de grandes économies de coûts de production, qui ne peuvent cependant en aucune façon être reconnues comme basées sur une saine [548][549] La règle générale est la suivante, puisque, outre ces économies, les recettes [558] une partie de l'estimation du camp..."

Alors qu'au début des années 1930, le coût de l'emprisonnement était faible - un tiers du salaire d'un travailleur indépendant -, dans les années 1950, il a considérablement augmenté. Ainsi, en avril 1930, dans le camp spécial de Solovetsky, le calcul des gardes était le suivant : 1 gardien pour 30 détenus,[550][551] soit 3,3 %, et en 1950 à Nyroblag, selon les instructions, il devait y avoir 10,5 % du nombre de prisonniers[552], dans la région de Molotov de l'UITLK selon l'ordre n° 1007 - 9,3 %, à Kizellag 9 %, et dans la région de

---

[556] Tableau compilé par : GARF. F.R-9414. Op. 1a. Д.1085. LIGNE 13 ; D.1139. P.47 ; Op.1. D.130. Ligne 26.26ob ; D.586. L.9 ; D.853. LIGNE 244 ; D.1302. L.81 ; Op.1c. D.137. L.59 ; D.331. L.3 ; D.471. L.1 ; D.1174. L.7 ; F.8360. Op.1. Д.1. P.123 ; D.4. P.9 ; RGAE. Ф.7637. Op.5. D.81. LIGNE 4.7.42 ; PERMGANY. Ф.4460. Op.1. Д.1. LIGNE 24 ; D.25. L.41.43.107 ; D.28. L.35.37 ; D.62. P. 15ob. 18 ; Д.104. P.4ob. ; D.158. l.16. 36. 45 ; Д.192. P.229 ; F.105. Op.6. D.346. P.7 ; Op.7. D.69. L.139ob ; D.141 ; D.400 ; Op.8 ; D.189. Д.491. L.63 ; D.495. L.49 ; Op.15. D.143. P.140 ; Op.13. D.312. P.42 ; GAPK. F.r-493. Op.4. D.418. P.3 ; D.471. P.2 ; D.522. P.50 ; GULAG. 1918-1969. Documents. - M., 2002. - C. 272, 415, 422.
[557] Le tableau a été compilé comme suit - la quantité de bois récolté pendant l'année a été divisée par le nombre total de prisonniers dans le camp d'Ousolsk.
[550] Brodsky, Yu.A. op. cit. - C.399.
[551] PERMANENCE. Ф.3839. Dépt. 6. Д.4. Л.20-24.
[552] PERMANENCE. Ф.3839. Opt.6. D.6. P.41.

Moscou de l'UITLK 14[553] % . Il n'existe pas de données sur le nombre de gardiens dans le camp d'Ousolsk, mais théoriquement il n'aurait pas dû être inférieur à celui de Nyroblag, car la composition des prisonniers était approximativement la même (avec une légère prépondérance dans le degré de gravité du contingent du camp d'Ousolsk). Ainsi, à Nyroblag, au 3e trimestre 1950, 4574 personnes ont été condamnées pour des crimes contre-révolutionnaires (sur 22317)[554], soit 20,7 %. Au 26 mai 1951, l'Union soviétique comptait 5 278 prisonniers (sur 2 2194), soit 23,7 % des prisonniers d'Usollag. En outre, des ressortissants étrangers et des apatrides[555] ont été détenus à Usollag au camp "Polom" et aux prisonniers de guerre de Simskoye . Avec l'augmentation du nombre de gardiens et des systèmes de sécurité en général, le coût de la détention des prisonniers a augmenté. Le coût de la détention des prisonniers a également augmenté en raison des énormes gaspillages, des vols et des détournements de fonds. En outre, le désir des prisonniers de s'éloigner de la production a également augmenté le coût du produit fabriqué. Et la conséquence la plus importante du recours au travail forcé pour l'économie de l'industrie est peut-être le caractère extensif de la production, qui est devenu particulièrement évident à la fin des années 1940 - début des années 1950. À cette époque, de nouvelles technologies et de nouveaux équipements ont été activement introduits, mais ils ont rencontré une grande résistance. Par exemple, alors qu'en 1948, les scies électriques des sociétés d'exploitation forestière civiles avaient presque entièrement remplacé l'exploitation manuelle564 , l'exploitation forestière dans les camps se faisait encore à l'aide de scies à poutre. Depuis 1950, a commencé à mettre en œuvre une nouvelle technologie de récolte - le débardage avec des couronnes, la forêt ne devait travailler que l'opérateur de scies électriques et son assistant, sur l'entrepôt supérieur il y avait un processus d'ébranchage. Cela a permis de réduire considérablement les intervalles entre les opérations - il n'était pas nécessaire que des équipes entières d'ébrancheurs se promènent dans les parcelles, collectant et brûlant les membres à différents endroits565. L'utilisation des nouvelles technologies dans le camp était extrêmement problématique, car la mécanisation des opérations de production, voire d'ébranchage, nécessitait des travailleurs expérimentés et

[553] GARF. F.R-9401. Opt.1a. Д.381. Л.131,134.
[554] Ibid. F.R-9414. Op.1a. Д.169. Л.4.
[555] Ibid. F.R-9414. Op.1c. Д.471. Л.1-2.

qualifiés. Dans le camp, avec son organisation du travail, il y avait peu de travailleurs de ce type, et les machines coûteuses devenaient rapidement inutilisables en raison de leur inaptitude.

Une tentative d'introduction des salaires en 1950 a montré que même les patrons du goulag n'étaient plus satisfaits des relations de travail dans les camps. En 1953, les camps forestiers ont été réorganisés - le nombre de prisonniers a été réduit et le nombre de voyages (c'est-à-dire la production) a été réduit.

Tab. n°36[566]. Réorganisation des camps forestiers en 1953.

Nybroblag	
15.03.1953 г.	15.07.1953 г.
Nombre de détenus	
27033	15819
Nombre d'unités de retard	
11	7
Nombre de retardataires	
53	32
Usollag	
15.03.1953 г.	15.07.1953 г.
Nombre d'unités de retard	
13	9
Nombre de retardataires	
42	24

[564] Kremnev, A.I. op. cit. - C.73.
[565] Bederson, A. M. Advanced technology in lespromkhoz area / A. M. Bederson, I. K. Kamashev // Issues of Economics of the forest industry : collection d'articles / éd. par A. M. Bederson. - Molotov, 1956. - C.18.
[566] Tableau compilé à partir de : GARF. F.R-9414. Op. 1c. Д.570. FOL. 108 ; D. 586. FOL. 147.

Dans le secteur forestier, au cours de la période considérée sur le territoire de Perm, les différentes formes de travail forcé ont largement dépassé le travail indépendant. Déjà à la fin des années 1920, un nombre important de prisonniers du camp de Vishersky étaient employés dans l'exploitation forestière. Au début des années 1930, des dizaines de milliers de colons spéciaux sont venus remplacer les prisonniers. À la fin des années 1930, pendant la période de répressions massives, le grand camp forestier Usolskiy a été créé. Au même moment, le nombre de colons spéciaux, principalement engagés dans l'exploitation forestière, a été complété par des Polonais exilés, puis par des Allemands, les Tatars de Crimée.

Le recours massif au travail forcé a imposé certaines caractéristiques au développement de l'industrie. Tout d'abord, il s'agissait d'une tendance au développement extensif, c'est-à-dire qu'une augmentation du produit fabriqué était obtenue en augmentant le nombre de travailleurs. Au XXe siècle, une telle évolution ne pouvait qu'entraîner de graves crises et l'industrie était très en retard sur ses homologues à l'étranger. Deuxièmement, la tendance à l'utilisation du travail forcé a donné lieu à une attitude dédaigneuse des chefs de trusts, des camps, des ministères vis-à-vis des conditions de vie dans les colonies forestières, ce qui a créé une situation de cercle vicieux. Sans conditions de vie appropriées et sans bons salaires, les travailleurs indépendants refusent de travailler dans de telles conditions, et la direction est obligée de demander à leurs supérieurs d'allouer des lots supplémentaires de conduits spéciaux. De son côté, il n'est pas nécessaire de créer de bonnes conditions de vie, mais le spetskontingent ne fait pas preuve d'une diligence particulière dans son travail et les plans ne sont pas réalisés.

Les fruits de l'industrialisation sont l'arrivée de différents équipements dans les camps, qui ont été mis au bilan, les coûts d'amortissement ont été inclus dans le coût du produit (bois). Les particularités deAu début des années 1950, l'inadéquation entre les forces productives et les relations de production est devenue si évidente pour les dirigeants du goulag. Au début des années 1950, le décalage entre les forces productives et les relations de production est devenu si évident que le goulag et les dirigeants du pays L'étape suivante de la réorganisation a été le retrait de la production du département du Goulag au profit des ministères civils concernés. L'étape suivante de la réorganisation a été le retrait de la production du département du Goulag au profit des ministères civils concernés.

* * *

Au moment où le système de travail forcé a été créé en URSS, le concept d'"efficacité du travail carcéral" au sens économique général n'était pas du tout pris en compte. En s'attaquant aux problèmes apparus au cours de l'industrialisation et de la modernisation socialiste de la société, les autorités ont porté leur attention sur les pratiques pénitentiaires qui existaient alors et qui, de l'avis des autorités, étaient assez coûteuses, mais pertinentes en raison du nombre croissant de prisonniers. En faisant appel à leur travail, les autorités entendaient résoudre plusieurs problèmes à la fois. Premièrement, pour réduire les coûts, et idéalement - pour passer à l'autosuffisance ou même à la rentabilité des lieux de détention. Deuxièmement, fournir de la main-d'œuvre aux régions peu peuplées et riches en ressources naturelles du pays, tout en ne dépensant pas beaucoup d'argent pour engager des indépendants. En conséquence, des usines et des complexes industriels ont été construits, des canaux ont été creusés, et le marché mondial a été rempli de bois soviétique bon marché. Les autorités ont trouvé leurs actions rationnelles et efficaces. Le travail forcé et une baisse significative du niveau de vie des citoyens étaient perçus par les autorités comme une épreuve temporaire qu'il fallait endurer et à laquelle il fallait survivre. La particularité de la vision rationnelle du monde des marxistes[566] et plus tard des bolcheviks leur a permis d'ignorer les problèmes et les valeurs humanistes. Le système de travail forcé a servi son objectif spécifique dans la société soviétique et a joué un rôle important dans la création de la base industrielle du pays pendant les cinq premières périodes. La mobilité et la non-liberté, c'est-à-dire la capacité du pouvoir à répartir les ressources de travail, étaient les principales valeurs du travail forcé pour les autorités. L'idée qui a émergé dans les années des premiers plans quinquennaux visant à transformer les établissements pénitentiaires d'une institution publique coûteuse en des établissements rentables ou du

---

[566] Leibovich, O.L. op. cit. - C.124.

189

moins autonomes a dominé les esprits des dirigeants du pays et du Parti pendant toute la période étudiée (1930-1950). En effet, si l'on abordait la question sous cet angle, sans considérer les conséquences possibles et sans tenir compte des intérêts publics (prévention et lutte contre la criminalité) et des valeurs humanistes, l'effet des activités productives des établissements pénitentiaires et de travail était L'effet dans le sens d'économiser de l'argent pour l'entretien et la correction des prisonniers et de gagner quelques fonds qui ont au moins partiellement récupéré les coûts des pratiques pénales. De plus, le caractère obligatoire du travail en prison a permis d'économiser sur la création de conditions de vie et de travail acceptables pour les libérés. Le travail en prison est devenu tout simplement indispensable "...dans des régions sauvages éloignées, où aucun logement, école, hôpital ou magasin ne pouvait être construit pendant de nombreuses années. Pour travailler avec un pic et une pelle - à l'apogée du XXe siècle[567]".

L'effet économique qui en résulte (plutôt des économies) n'a pas pu être comparé aux dommages subis. Il s'agissait d'un programme à plusieurs niveaux - micro et macroéconomique, spirituel, mental et politique pour le pays. L'un des effets économiques les plus importants du travail forcé a été l'anomalie à long terme de la croissance économique du pays - une croissance extensive, lorsqu'une augmentation de la production a été obtenue en augmentant le nombre de personnes employées dans la production, plutôt qu'en utilisant de nouvelles technologies et de nouveaux équipements. Cela ne pouvait qu'entraîner une crise des relations de production fondées sur la coercition à l'ère du développement technologique.

Les particularités de l'organisation du travail forcé ont inhibé la croissance de la productivité du travail et souvent supprimé l'initiative de rationalisation des travailleurs. Dans le travail forcé, c'est l'intérêt du travailleur pour sa survie plutôt que pour son travail qui domine. Le travailleur est aliéné du travail et n'est pas intéressé par ses résultats [568]. Au contraire, le travailleur forcé a intérêt à survivre, à faciliter son travail en détention, à ne pas travailler du tout. Le caractère temporaire de l'enfermement et de

---

[567] Soljenitsyne, Archipel du goulag A. I., 1918-1956 : l'expérience de la recherche artistique. En 2 vol./ A. I. Soljenitsyne. - Moscou : Centre du Nouveau Monde, 1991. - C.201.
[568] Ozernikova, T. Coercition au travail dans une économie de transition. // Voprosy ekonomiki, 2003. - №5. - C.102.

l'exil du travailleur forcé a rendu assez difficile l'amélioration des qualifications du travailleur. Outre l'attitude du travailleur forcé à l'égard du travail et des machines, le faible niveau de qualification des prisonniers a entraîné d'importants temps d'arrêt et des pannes des machines disponibles. Toutes les raisons mentionnées ci-dessus sont des facteurs qui ont augmenté le coût de production et entravé le développement de l'économie. Le mécanisme administratif du goulag est un autre facteur qui rend la production plus coûteuse. Ce mécanisme s'est développé assez rapidement et a pris le dessus sur l'attitude à l'égard du travail des prisonniers. En d'autres termes, le - mécanisme administratif et de production du goulag est rapidement devenu maladroit et mal géré, l'aliénation des résultats de leur propre travail est devenue caractéristique non seulement des prisonniers, mais aussi de l'administration des camps et des colonies - chacun a commencé à travailler "comme pour l'oncle d'un autre" [569]. Un autre trait caractéristique des relations industrielles forcées était l'attitude profondément hostile de l'employeur (l'administration) et du travailleur (le détenu). Dans ce cas, le sens de la tâche de production est déplacé de la sphère du créateur vers la sphère de ces tâches de production dans lesquelles une partie dépense son énergie pour faire travailler le prisonnier, tandis que l'autre partie utilise tous les moyens disponibles pour conserver son énergie, c'est-à-dire ne pas travailler, et si elle travaille, alors loin de "choquer". Naturellement, de telles relations industrielles ne pourraient pas développer l'économie. En coopération avec des facteurs historiques concrets - l'augmentation significative de la population carcérale au début des années 1950, les soulèvements des camps - les activités productives des camps et des colonies sont devenues si peu rentables et si coûteuses que la nécessité de réformer le système de travail forcé est devenue évidente pour le goulag et les dirigeants du pays.

---

[569] Soljenitsyne, A. op. cit. - C.206-207.

Conclusion

Le système de travail forcé en Russie soviétique a commencé à prendre forme dans les années des premiers plans quinquennaux, lorsque, selon le plan d'industrialisation forcée du pays, des dizaines de milliers de travailleurs étaient nécessaires. À cette époque, la main-d'œuvre non qualifiée était nécessaire en grande quantité sur les chantiers de construction et de manière assez primitive pour extraire les ressources naturelles.

Les particularités du processus de modernisation de la Russie soviétique, dont l'industrialisation faisait partie intégrante, ont créé un certain nombre de facteurs qui ont contribué à l'émergence du goulag.

La modernisation effectuée par les autorités poursuit certains objectifs - tout d'abord, atteindre la parité militaire et économique avec l'Ouest. Historiquement, la relation entre le gouvernement et la société en Russie a permis aux autorités de concentrer toutes les ressources sur le développement industriel du pays. Tous les autres éléments du processus de modernisation ont été considérés comme subordonnés ou basés sur les ressources. Cela a entraîné un déséquilibre important dans le développement de deux secteurs économiques interdépendants - agraire et industriel. Cela a entraîné des problèmes chroniques en matière de ressources humaines (pénurie de travailleurs) et de produits agricoles.

La transition vers une économie planifiée et les tentatives d'abandon du marché ont inévitablement conduit à la destruction ou à la déformation du marché du travail. La répartition prévue de la main-d'œuvre a été mise en œuvre le plus facilement parmi les catégories non libres de la population du pays - les prisonniers, les colons spéciaux.

L'économie centralisée a permis aux autorités de mettre en œuvre les méthodes d'exploitation de la population les plus dures - en augmentant la durée de la journée de travail et en réduisant les coûts de production, c'est-à-dire les salaires, les fournitures, l'infrastructure des colonies de travailleurs. En conséquence, les citoyens libres n'étaient pas prêts à changer ou à vendre leurs compétences professionnelles pour de faibles salaires et de mauvaises conditions de vie. Les travailleurs ont essayé de trouver des endroits plus confortables pour vivre. Chantiers de construction frappants, qui sont souvent apparus dans des zones inhabitées, 205

ont été laissés sans travailleurs. C'est alors qu'a commencé l'utilisation massive du travail forcé - prisonniers, colons spéciaux et dépossédés. Testé dans les camps de Solovetsky et Vishersky, le travail des prisonniers a rapidement trouvé une demande auprès des responsables de divers chantiers et services. Les comités régionaux et exécutifs du Parti et les autorités soviétiques ont commencé à recevoir des centaines de demandes pour le travail peu exigeant des prisonniers et des colons spéciaux. L'évolution ultérieure des relations entre le camp et l'industrie a abouti à leur fusion en une seule agence. Ainsi, dès 1929, un homme, le tchékiste E.P. Berzin, était chargé de la construction de l'usine de papier et de pâte à papier de Krasnovishersk et du camp de Vishersk. Plus tard, des camps spécialisés sont apparus avec leur fonction économique spécifique. La combinaison des fonctions de production et de répression au sein d'une même agence a donné des possibilités illimitées d'exploitation des prisonniers.

La logique interne du processus de modernisation devait conduire à une mécanisation de plus en plus importante de la production, en remplaçant le travail manuel par un opérateur hautement qualifié de la machine, de la machine, du convoyeur. Les particularités du travail forcé et des incitations extra-économiques au travail ont considérablement entravé le processus de mécanisation de la production et, par conséquent, tout le processus de modernisation de la société. Un aspect important du processus de modernisation est l'émergence d'un grand nombre de personnes entreprenantes et instruites, qui auraient dû reprendre les initiatives de modernisation du pouvoir et les développer. Un État totalitaire, au contraire, supprime ces initiatives ou n'encourage que dans une certaine direction - le progrès technique, tout en entravant simultanément le progrès social et politique. Autrement dit, le modèle de l'impulsion de modernisation de la fin des années 20 avait certaines limites. Dans les premières années de l'industrialisation, alors que des millions de travailleurs non qualifiés étaient nécessaires, la coercition extra-économique au travail et le recours à grande échelle au travail forcé ont permis de construire des milliers d'usines industrielles, de canaux, d'extraire la richesse naturelle. Mais lorsque les entreprises industrielles construites ont commencé à produire des machines en grand nombre, lorsque sur la base de nouvelles technologies ont souvent radicalement changé la technologie de production, il a fallu des travailleurs qualifiés s'intéressant personnellement à leur travail. Ainsi, le processus de modernisation devait soit s'éteindre, soit les relations de travail dans le pays devaient changer. Les symptômes de l'affaiblissement du processus sont apparus dans les années d'avant-guerre, lorsque des centaines d'unités de machines étaient inutilisées dans diverses entreprises, l'exploitation forestière, la construction.

La tendance générale des relations entre le gouvernement et la société et la menace réelle de guerre ont conduit à l'extension des méthodes non économiques de participation au travail à toute la population valide du pays (décrets de 1940). C'est-à-dire que, par ces décrets, la crise de la modernisation n'a fait que s'intensifier et probablement, s'il n'y avait pas eu de guerre, a été résolue d'une certaine manière beaucoup plus tôt.

La période de guerre a fortement augmenté la demande de travail forcé. Pendant la guerre, les prisonniers travaillaient dans presque tous les secteurs de l'économie nationale, y compris dans l'industrie de la défense. Le travail des prisonniers commence à se spécialiser, et des spécialistes qualifiés apparaissent parmi les prisonniers, qui sont très demandés. Avant même la guerre, les bureaux de conception des camps - "sharashki" - sont apparus, auxquels des spécialistes de tout le goulag ont été rassemblés. Au milieu des années 1930, presque tous les prisonniers, y compris les professeurs, les mécaniciens et les inventeurs, étaient utilisés comme ouvriers. Dans les années d'avant-guerre et de guerre, il y avait une demande au goulag pour des travailleurs qualifiés - monteurs, opérateurs de machines et inventeurs. L'exploitation des camps pendant les années de guerre a atteint son apogée. La contribution des prisonniers à la Victoire a été significative - des millions d'obus et de mines produits aux derniers développements techniques de la "sharashka". Dans l'après-guerre, alors que des milliers de travailleurs sont à nouveau nécessaires pour reconstruire l'économie détruite, le travail forcé est à nouveau très demandé. Mais déjà à la fin des années 1940 et au début des années 1950, le système du travail forcé était en crise. La cause principale de la crise a été L'incompatibilité des formes forcées d'organisation du travail et la croissance de l'armement technique des entreprises, l'introduction de nouvelles technologies, l'intensification de la production sont devenues. Les formes d'organisation du travail, le recours à la contrainte directe au travail, l'utilisation de travailleurs involontaires ont entravé et empêché le développement de technologies avancées, nécessitant des travailleurs qualifiés, éduqués et intéressés. Ainsi, dans les années 1950, les dirigeants d'entreprises et de chantiers de construction comptaient de moins en moins sur une main-d'œuvre de travailleurs forcés. Dans le même temps, des formes économiques d'incitations au travail ont commencé à être introduites dans tous les secteurs de l'économie nationale. Après la mort de Staline, toutes les activités de production du goulag ont été transférées aux sièges économiques ou aux ministères concernés. La préoccupation de la MIA pour les activités économiques au détriment du pénitencier lui-même a été condamnée. Le système de marché des relations économiques a ses propres méthodes de motivation et de stimulation de l'activité professionnelle des citoyens. Le rejet du marché devait inévitablement conduire au développement de nouvelles méthodes pour stimuler l'activité professionnelle. La nouveauté consistait principalement en des méthodes non économiques de coercition au travail. Pour l'ensemble du pays, il s'agissait de divers décrets qui durcissaient le droit du travail, interdisaient la démission volontaire du travail et augmentaient de façon dictatoriale le temps de travail. Pour le système de travail dans les camps, il s'agissait d'une alimentation différenciée en fonction du rendement du travail, de la possibilité de libération anticipée. Des incitations économiques ont également été utilisées : divers systèmes de primes, y compris des primes en espèces, et un système de salaire à la pièce. On peut attribuer en partie la stimulation économique du travail au mouvement stakhanovien. Mais la principale tendance des premières périodes de cinq ans a été la destruction du marché du travail dans le pays et son remplacement par le système de distribution prévu. Pendant la période étudiée (1930-1950), un certain système d'organisation du travail forcé dans les camps de travail et les colonies pénales a été mis en place. La principale caractéristique de ce système était de la contrainte extra-économique exercée sur les prisonniers pour les faire travailler par le biais de diverses méthodes de coercition et d'incitation. Au cours de la période étudiée, la combinaison de ces méthodes était différente et n'était pas toujours efficace. Les changements dans l'organisation du travail au sein de l'ITLK ont été reflétés dans des actes législatifs - les codes et règlements du travail correctionnel ou les instructions sur les camps de travail correctionnels. Ainsi, le système existant de travail forcé dans les camps et les colonies a été reflété dans le Règlement sur les camps de travail correctionnels (1930) et le Code du travail correctionnel (1933). La fusion de la production et du confinement a donné lieu à une nouvelle législation - l'instruction temporaire sur le régime de confinement dans l'ITL du NKVD de l'URSS (1939) et l'ordonnance n° 001019 du NKVD de l'URSS du 19 août 1940. "Sur la réorganisation du goulag du NKVD de l'URSS". La crise du système de travail forcé au goulag se reflète dans des documents tels que les résolutions du Comité central du PCUS datées du 12 mars et du 10 juillet 1954, "Règlement sur les camps de travail et les colonies du ministère de l'Intérieur" daté du 10 juillet 1954. Les premières expériences de travail forcé ont eu lieu dans le camp spécial de Solovetsky. Il s'agissait de méthodes de force - coups et méthodes de stimulation - nutrition différentielle. Plus tard, une autre méthode efficace de stimulation du travail a été ajoutée : la libération conditionnelle. Cette méthode est devenue la principale méthode pour motiver le travail des prisonniers. Déclarée par les lois, l'amélioration des conditions d'alimentation et de logement des prisonniers répondant aux normes n'a souvent pas été réalisée. Lorsque la libération conditionnelle a été abolie, l'incitation positive au travail a complètement disparu. Mais, il y en a eu des négatifs - des punitions - des quartiers d'isolement punitifs, des casernes, des conditions de vie quotidienne détériorées, et des pelotons d'exécution. Une telle oppression n'a fait qu'aggraver la productivité des prisonniers. Par conséquent, la libération conditionnelle a été - rapidement restituée.Dans les années 1950, un système de salaire à prime progressive a été introduit pour augmenter la productivité des prisonniers. En 1953, la production et les organisations économiques ont été transférées du ministère de l'Intérieur aux ministères civils concernés.

Les conditions et les circonstances du camp ont souvent entravé le fonctionnement des méthodes de coercition et d'encouragement. Ainsi, l'étendue considérable des pouvoirs conférés à l'administration pénitentiaire a permis d'en abuser

- pour réduire les normes alimentaires, pour remplacer certains aliments par d'autres - moins caloriques, pour économiser de la nourriture, enfin, pour voler simplement de la nourriture, pour réduire le temps de repos des prisonniers afin d'atteindre certains objectifs prévus. La possibilité d'une telle surexploitation est née du lien entre le camp et la production. Cette surexploitation a conduit à un taux de mortalité et de morbidité élevé parmi les détenus, ce qui a eu un impact sur le nombre de prisonniers qui travaillent. L'association du commandant de camp et du commandant de camp a également imposé ses effets négatifs sur la production. Tous les officiers du NKVD ne sont pas des économistes-nés. Les archives contiennent de nombreux témoignages de mauvaise gestion de l'économie et des activités de production par les autorités du camp. L'exploitation des prisonniers était activement contrée par des "conneries", des détournements de fonds, des refus de travailler, des évasions, des soulèvements, des meurtres d'administrateurs de camps et une attitude négligente et souvent malveillante à l'égard des machines et des outils.

L'économie planifiée a souvent conduit au fait que les grands plans étaient publiés pour de courtes périodes, les plans n'étaient souvent pas dotés des ressources nécessaires (matières premières, personnes, logements et fournitures pour les personnes, etc.) Le résultat a souvent été un échec dans la mise en œuvre du plan et une sanction pour l'administration pénitentiaire - monétaire, réprimande et même prison.

En combinaison avec la résistance active des prisonniers, qui essayaient de survivre, c'est-à-dire de ne pas accomplir des tâches impossibles, une mentalité particulière de commandant de camp est apparue. L'une des principales caractéristiques de cette mentalité était la volonté de tromper les autorités supérieures qui avaient donné une tâche impossible - écrire des "conneries" dans le rapport.
En d'autres termes, non seulement les prisonniers, mais aussi l'administration des camps se sont aliénés les résultats de leur travail.

Cette même approche a suscité des sentiments d'antimécanisation chez les commandants de camp. Il était plus facile de demander quelques milliers de prisonniers spéciaux de plus que d'introduire de nouvelles technologies, équipements, formes de production. En outre, elle a été causée par des raisons objectives - les relations de production fondées sur la coercition ne correspondent pas en principe à une production intensive, dans le cadre de telles relations de production, il est en fait impossible d'introduire de nouvelles techniques et technologies.

Toutes ces conditions se reflètent dans la production du camp. Un autre facteur qui a eu un effet négatif sur l'organisation de la production des camps était la différence entre les objectifs du régime (isolement et protection) et les besoins de la production (rapidité, transfert des équipages d'un site à l'autre). L'administration du camp exigeait que les prisonniers bénéficient du chantier, mais les besoins de la production exigeaient souvent la participation de travailleurs extérieurs. Les temps d'arrêt étaient fréquents en raison de l'absence d'escorte.

Au moment où le système de travail forcé a été créé en URSS, le concept d'"efficacité" du travail carcéral au sens économique général n'était pas du tout pris en compte. En s'attaquant aux problèmes qui se sont posés au cours de l'industrialisation et, plus largement, de la modernisation socialiste de la société, les autorités ont porté leur attention sur la pratique pénitentiaire existante à l'époque, assez coûteuse, de l'avis des autorités. Le problème pénitentiaire a été mis à jour par le nombre croissant de prisonniers. En recourant au travail des prisonniers, les autorités entendaient résoudre plusieurs problèmes à la fois. Premièrement, réduire le coût de la pratique pénitentiaire, et idéalement transférer vers un lieu de détention autonome, voire rentable. Deuxièmement, fournir de la main-d'œuvre aux régions peu peuplées et riches en ressources naturelles du pays, sans dépenser beaucoup d'argent pour engager des indépendants. En d'autres termes, les autorités ont résolu des problèmes historiques spécifiques selon les méthodes inhérentes à ce pouvoir.

L'analyse de la productivité du travail des détenus de l'industrie forestière dans le kraï de Perm montre que la productivité du travail de 1929 à 1955 n'a pas augmenté. Mais il y a eu une augmentation significative du nombre de mécanismes. Cela indique que dans l'industrie forestière, les particularités du NKVD-MVD en matière de travail forcé ont conduit à la préservation du travail manuel, ce qui a eu un impact négatif sur le coût de production. Mais les conditions de vie dans les LPH (entreprises forestières) civiles étaient si instables qu'il y avait un manque constant de personnel. Par conséquent, même avec une faible productivité du travail et des coûts de production élevés, le nombre de prisonniers de la région de Perm employés dans l'industrie du bois ne faisait qu'augmenter.

L'efficacité des activités de production dans les camps et les colonies était extrêmement faible et souvent négative. Les spécificités de l'utilisation et de l'organisation du travail forcé en général et en Union soviétique en particulier y ont contribué. Cependant, l'idée de faire passer les pénitenciers d'une institution publique coûteuse à une institution rentable, ou du moins à une institution autonome, qui est apparue dès le début de la période de cinq ans, a prévalu dans l'esprit des dirigeants du pays et du Parti tout au long de la période étudiée (1930-1950). En effet, si nous abordons la question de ce point de vue, sans tenir compte des conséquences possibles et sans prendre en considération l'intérêt public (prévention et prévention de la criminalité par la correction du délinquant), il y a eu un effet des activités productives des établissements de travail correctionnel. L'effet dans le sens de l'économie d'argent pour l'entretien et la correction des prisonniers et l'obtention de certains fonds qui ont au moins partiellement récupéré les coûts des pratiques pénales. En outre, le caractère obligatoire du travail en prison a également permis d'éviter la création de conditions de vie et de travail acceptables pour les libérés.

Mais en fin de compte, l'effet économique qui en résulte (économies plutôt qu'effets) ne pouvait pas être comparé aux dommages qui en résultent. Le principal type de dommage a été la mort de centaines de milliers de personnes. L'effet économique le plus important du recours au travail forcé a été l'anomalie à long terme de la croissance économique du pays - une croissance extensive, lorsque l'augmentation de la production a été obtenue en augmentant le nombre de personnes employées dans la production, plutôt qu'en utilisant de nouvelles technologies et techniques. Cela ne pouvait qu'entraîner une crise des relations de production fondées sur la coercition à l'ère du développement technologique.

Le mécanisme de production du goulag devint rapidement maladroit et mal géré, et l'aliénation des résultats de son propre travail devint caractéristique non seulement des prisonniers, mais aussi de l'administration du camp et de la colonie - chacun commença à travailler "pour l'oncle de quelqu'un d'autre[570]". Et pas seulement dans le camp de détention, mais aussi dans le "camp socialiste" général. En effet, les nombreuses années de contrainte au travail ont développé un réflexe persistant de résistance basé sur l'instinct de conservation - après tout, le bon et dur travail dans le camp a souvent entraîné la mort, l'invalidité et la maladie. Une autre caractéristique des relations de production basées sur la coercition est la relation profondément hostile entre l'employeur (l'administration) et le travailleur (le détenu). Dans ce cas, le sens de la tâche de production est déplacé de la sphère de la création à la sphère de ces tâches de production, dans laquelle une partie dépense son énergie pour faire travailler le prisonnier, l'autre partie utilise tous les moyens disponibles pour conserver son énergie, c'est-à-dire ne pas travailler, et si elle travaille, alors loin de "choquer". Naturellement, de telles relations industrielles ne pourraient pas développer l'économie.

Conjointement avec des facteurs historiques spécifiques - l'augmentation significative de la population carcérale au début des années 1950, les soulèvements des camps - les activités de production des camps et des colonies sont devenues si peu rentables et si coûteuses que la nécessité de réformer le système de travail forcé est devenue évidente pour le goulag et les dirigeants du pays.

---

[570] Solzhenitsyn A. Op. cit. - C.207.

Liste des sources et de la littérature utilisées

Sources non publiées

1. **Archives d'État de la Fédération de Russie**

Ф. R-9414 Direction principale des lieux de détention du ministère de l'Intérieur de l'URSS,

Op.1. Д.21, 41, 45, 76, 77, 107, 115, 135, 169,216, 328, 329, 331, 332, 352, 368, 374, 611, 651, 824, 853, 918, 1037, 1085, 1124, 1139, 1162, 1174, 1182, 1229, 1230, 1302, 1800, 1919, 1969, 1980, 1988, 1996, 2003, 2005, 2015, 2060, 2947, 2977, 2980, 2989, 2920, 2989, 3050, 3189 ;

Op.1c. Д.471, 570, 586, 592, 819, 1085, 2963, 3083, 3088, 3106, 3117, 3139, 3189, 3238 ;

Ф. R-9401 Ordres du NKVD,

Op.1a. Д.21, 39, 99, 107, 114, 127, 128, 131, 137, 140, 153, 184, 225 ;

Ф. P-8360 Direction principale de l'industrie forestière, NKVD, vol.1. Д.1, 4 ;

Ф. R-5446, URSS SNK, Op. 4a. Д.484, 485, 555 ;

Ф. P-5515 Commissariat du travail du peuple de l'URSS, département 17. d.7, 132 ; département 29. Д.107.

2. **Archives d'État de l'économie russe**

Ф. 7637 Ministère de l'industrie forestière de l'URSS, D.1. D.1814, 1556, Op.5, D.81.

3. **Archives d'État du kraï de Perm**

Ф. P-438 Bureau du procureur de l'ITL et construction du HPP de Shirokovskaya, vol. 1. Д.1 ;

Ф. R-471 Représentant autorisé du Comité d'État de planification de l'URSS dans la région de Molotov, vol. Д.4 ;

Ф. P-493 Direction de la statistique de la région de Perm, d.472, 617, 418 ;

Ф. P-550 Leslogging Trust "Obleszag", vol.1. Д.101, 118, 77 ;

Ф. R-736 Première division de l'UITLK UMVD dans la région de Molotov, Op.1, D.3. Д.3 ;

Ф. P-783 Fonds personnel de V.F. Tiunov, op.1. Д.8 ;

Ф. R-1074 Uralzapadols Logging Trust, Op.1. Д.16, 17 ;

Ф. P-1365 Bureau du procureur de Molotov, op.2. Д.286 ;

Ф. P-1366 Bureau du procureur de la région de Perm, op.1. Д.53, 65, 130, 285, 324, 650, 651, 652, 653, 654, 656, 657, 707 ;

Ф. R-1656 Usine chimique de Berezniki, Dépt.1. Д.5.

4. Archives d'État de Perm pour l'histoire contemporaine

Ф. 1 Comité du parti municipal de Perm, d. 1. Д.20, 569, 736, 950, 951, 952, 953.

Ф. 58 Le Comité municipal de Perm du Parti communiste bolchevique de l'Union tout entière, Opt. 1. Д.1, 16, 18, 21, 28, 42,

Ф. 59 Comité de la ville (district) de Berezniki du Parti communiste bolchevique de l'Union, D.1. F.8, 16, 50, 51, 74, 76, 119, 193, 246, 247, 296, Op.3. d.16, 29, 33, 50, 77, 152, 247,

F.105, Comité régional de Perm du Parti communiste de l'Union soviétique, d.89, d.4 ; d.5. 87, 91, 131, 184, 187, 188, 191, 193, 231 ; d.6. D.87, 106, 128, 302, 304, 312, 345, 346, 347 ; op.7. D.64, 69, 78, 80, 87, 91, 94, 96, 98, 108, 387, 400, 402, 420 ; op.8D.94, 98, 113, 126, 141, 189, 421 ; op.9. D.94, 108, 153, 399, 451 ; op.10. D.142, 153, 156, 190, 608, 609 ; op.11. D.172 ; Op.12. D.138, 145, 156, 491, 492, 495 ; op.13. D.147, 312, 444, 538, 539, 586 ; op.14. D.135, 136, 162 ; Op.15. D.131, 167, 261, 511, 131, 155 ; Op.16. D.164, 191, 432 ; Op.20. D.157, 158, 159.

Ф. 156 Comité du district de Verkhne-Kamsky du Parti communiste bolchevique de l'Union tout entière, op.1. Д.66, 112, 115, 211, 215, 291, 295.

F.231 Raikom Sverdlovskiy district of Perm, vol.1. Д.41, 42, 63, 87, 111, 144,

Ф. 1627 Organisation du parti du Building Trust n° 12, op.1, doc. Д.38 ;

Ф. 1882 Département politique de Shirokstroi Ministère des affaires intérieures, vol. 1. Д.1, 5, 19, 26, 41, 45, 65, 71, 81, 83, 108.

F.1915, Le département politique du ministère de l'Intérieur de Ponyshstroi, vol.1. Д.1, 2, 4, 44.

Ф. 2464 Département politique de l'UITLK dans la région de Molotov, vol.1. Д.2, 6, 19, 47, 61, 63, 79, 125.

Ф. 3387 Organisation principale du parti de l'administration de l'UITLK dans la région de Molotov, Op.1. Д.2, 3.

F.3454 Organisation principale du parti de la branche n° 10 de l'UITLK de Lagotnoye dans la région de Molotov, d.1. Д.3.

Ф. No.3478 Organisation du Parti primaire de la branche Lahotnoye No.4 de l'UITLK dans la région de Molotov, Op.1. Д.1.

Ф. 3480 Organisation du parti primaire de Lagotnoye UITLK n° 19 dans la région de Molotov, op.1. Д.1, 2, 8.

Ф. 3490 Organisation du Parti primaire de la branche n°1 de l'UITLK de Lagot dans la région de Molotov, Rep. 1. Д.1, 2, 4, 6, 8.

Ф. F.3501 Organisation du parti principal de l'établissement correctionnel n° 13 de l'UITLK dans la région de Molotov, Rep. 1. Д.2, 5.

Ф. 3839 Département politique de Nyrobspetslesa Ministère des affaires intérieures de l'URSS, Op.1, D.1 ; Op.6. D.4, 6, 7, 8 ; Op.10. D.5, 41.

F.4460 Département politique de l'Usolskiy ITL du ministère de l'intérieur, vol.1. F.1, 3, 9, 18, 22, 25, 28, 37, 38, 41, 60, 62, 74, 76, 96, 99, 192, 104, 138, 164, 192, 194 ; Op.7. D.42 ; Op. 7. D.2.

F.641/1 Dossier d'archives et d'enquête de V.S. Vladimirov, département 1. Д.12820.

5.   Archives commémoratives de Moscou

Mémoires de S.L. Guzakova, "Memorial", F.2. D.21. Souvenirs de S.L. Guzakova.

Sources publiées

I. Publications de référence

1.   Le système des camps de travail correctionnels en URSS, 1923-1960 [Texte] : manuel / Memorial Society, Archives d'État de la Fédération de Russie ; [co-éditeur M. B. Smirnov ; rédacteurs scientifiques N. G. Okhotin, A. B. Roginsky]. - Moscou : Zvenia, 1999. - 599 с.

2.   L'économie populaire de la région de Molotov [Texte] : coll. stat. - Molotov :

édition de livres, 1957. - 160 c.

3. L'économie nationale de la région de Perm pendant les années du pouvoir soviétique [Texte] : résumé statistique - Perm : Maison d'édition de livres, 1977. - 144 c.

4. Industrie forestière de l'URSS. 1917-1957 [Texte] : [en 3 volumes. - Moscou : Goslesbumizdat, 1957. - 3 т.

II. Collections de documents

1. Goulag (Direction principale des camps), 1918-1960 [Texte] : doc. "Demokratiya" [Fondation internationale Demokratia] ; co-auteurs. A. I. Kokurin, N. V. Petrov ; éd. scientifique N. Chostakovski. - Moscou : MDF : Materik, 2002. - 888 c.

2. Les enfants du goulag, 1918-1956 [Texte] / Comp. C. C. Vilenskii [et al]. - M. : MFD, 2002. - 628 c.

3. Histoire du goulag de Staline : fin des années 1920 - première moitié des années 1950 [Texte] : un ensemble de documents. En 7 vol. T. 2 : Système punitif : structure et personnel / ed. N. V. Petrov. - MOSCOU : ROSSPEN, 2004. - 696 c.

4. Histoire du goulag de Staline : fin des années 1920 - première moitié des années 1950 [Texte] : un ensemble de documents. En 7 vol. T. 3 : L'économie du goulag / ed. et co-auteur. O. V. Khlevnyuk - M. : ROSSPEN, 2004. - 624 c.

5. Histoire du goulag de Staline : fin des années 1920 - première moitié des années 1950 [Texte] : un ensemble de documents. En 7 vol. T. 4 : Population du goulag : nombre et conditions de détention. - MOSCOU : ROSSPEN, 2004. - 624 c.

6. Histoire du goulag de Staline : fin des années 1920 - première moitié des années 1950 [Texte] : un ensemble de documents. En 7 vol. T. 6 : Insurrections, révoltes et grèves de prisonniers / otv. rouge. et co-comp. V. A. Kozlov ; comp. O. V. Lavinskaya. - M. : ROSSPAN, 2004. - 736 c.

7. Pocętenie : Komi Resp. martirologue des victimes de répressions politiques massives [Texte] : [collection]. T. 4 / Komi Resp. Fondation publique des représentations politiques "Repentance". - Syktyvkar : Pok Pokajanie, 2001. - 608 c.

8. Répressions politiques dans la région de Kama, 1918-1980. Le document est

une collection de documents et de matériaux / Adm. de la région de Perm, Kom. on arch. de la région de Perm, Gosudarstvennaya obshchestva - arh. polit. de la région de Perm. [Chercheur O.L. Leibovich]. - Perm : Pushka, 2004. - 560 c.

9. Les Raskulatnye Spetseselenetsi na Urala (1930 - 1936) [Texte] : une collection de documents / Académie des sciences de Russie, branche de l'Oural, Institut d'histoire et d'archéologie. L'Académie des sciences de Russie, branche de l'Oural, Institut d'histoire et d'archéologie. Tatiana I. Slavko, A. E. Bedel. - Ekaterinbourg : Nauka : Institut d'histoire et d'archéologie, 1993. - 221 c.

10. Les décisions du Parti et du gouvernement sur les questions économiques. Dans 5 vol. T. 3 : 1941-1952. - Moscou : Politizdat, 1968. - 751 c.

11. Le village soviétique vu par la Tchéka-OGPU-NKVD : 1918-1939 [Texte] : documents et matériels. En 4 volumes. T. 2 : 1923-1929 / co-comp : L. Borisova et [autres] ; éditeurs : A. Berelovich et [autres]. - M. : ROSSPAN, 2000. - 1166 c.

12. Le village soviétique vu par la Tchéka-OGPU-NKVD : 1918-1939 [Texte] : documents et matériels. En 4 volumes. T. 3 : 1930-1934 / comp : L. Borisova [et al] ; éditeur : A. Berelovich [et al]. - M. : ROSSPAN, 2003. - 860 c.

13. La résistance au goulag : mémoires, lettres, documents [Texte] : collection - M. : Retour, 1992. - 236 c.

14. L'économie du goulag et son rôle dans le développement du pays. L'économie du Goulag et son rôle dans le développement du pays. Acad. des sciences, Institut d'histoire russe ; co-comp. M. I. Khlusov. - Moscou : Institut d'histoire russe, 1998. - 172 c.

III. Périodiques

1. Résolution de la réunion des travailleurs et des employés de Koyanovskaya MTS [Texte] // Zvezda. - Perm, 1937. - 16 septembre.

2. A Koyanovo, le malheureux [Texte] // Zvezda. - Perm, 1937. - 23 octobre.

3. Il est ridicule de parler de dumping [Texte] // Izvestia. - M., 1931. - 5 mars.

4. Rapport du commissaire pré-soviétique Molotov au Congrès des Soviétiques [Texte] // Izvestia. - M., 1931. - 11 mars.

5. Zaslavsky D. Ce n'est pas un fait, mais un serment [Texte] / D. Zaslavsky //

Pravda. - M., 1931. - 6 mars.

IV. Souvenirs et mémoires

1. Aleksandrovskiy V.G. Zapiski, médecin de camp [Texte] / V.G. Aleksandrovskiy. - Moscou : Le retour, 1996. - 78 c.

2. Brodsky Y.A. Solovki : vingt ans de mission spéciale [Texte] / Y.A. Brodsky. - M. : ROSSPAN, 2002. - 528 c.

3. Borisov N. Une fois de plus sur les premiers constructeurs du KTsBK [Texte] / N. Borisov // Années de terreur : livre de mémoire des victimes de la répression politique / co-créateur : A. Suslov, N. Gasheva. - Perm, 2000. - Ч. 2. - C. 181-183.

4. Dementyev V. Esclaves du XXe siècle [Texte] / V. Dementyev // Années de terreur : livre de mémoire des victimes des répressions politiques / co-compilé par A. Suslov, N. Gasheva : A. Suslov, N. Gasheva. - Perm, 2000. - Ч. 2. - C. 77-108.

5. Dombrovskiy A. We were exiled to the Urals [Texte] / A. Dombrovskiy // Years of Terror : livre de mémoire des victimes de la répression politique / co-composé par A. Suslov, N. Gasheva : A. Suslov, N. Gasheva. - Perm, 2000. - Ч. 2. - C. 154.

6. Le destin d'un ingénieur [Texte] / G. Velikanova // Années de terreur : livre de mémoire des victimes de la répression politique / co-composé par A. Suslov, N. Gasheva : A. Suslov, N. Gasheva. - Perm, 2000. - Ч. 2. - C. 179-181.

7. Kaufman, A. I. Médecin de camp : 16 ans en Union soviétique : souvenirs d'un sioniste [Texte] / A. I. Kaufman. - Tel-Aviv : Am Oved, 1973. - 433 c.

8. Kaspiarovitch, E. Au bord de la vie et de la mort / E. Kaspiarovitch // Years of Terror : livre de la mémoire des victimes de la répression politique [Texte] / co-composé par A. Suslov, N. Gasheva : A. Suslov, N. Gasheva. - Perm, 2000. - Ч. 2. - C. 8-42.

9. Labeznikov, A. Joyful songs [Texte] / A. Labeznikov. - Tel-Aviv, 1987. - 142 c.

10. Loresh, F. Timsher et autres [Texte] / F. Loresh // Years of Terror : livre de mémoire des victimes de la répression politique / co-créateur : A. Suslov, N. Gasheva. - Perm, 2000. - Ч. 2. - C. 141-150.

11. Margolin, Y.B. Voyage au pays de zeka [Texte] / Y.B. Margolin. - Tel-Aviv :

La société pour perpétuer la mémoire du Dr Yuri B. Margolin, 1997. - 414 c.

12. Markova, E. V. Il était une fois au XXe siècle [Texte] / E. V. Markova. - Syktyvkar, 2006. - 334 c.

13. Malanichev N. God forbid this to anyone [Texte] / N. Malanichev // Années de terreur : livre de la mémoire des victimes de la répression politique / compilé par A. Suslov, N. Gasheva : A. Suslov, N. Gasheva. - Perm, 2000. - Ч. 2. - С. 155-156.

14. Melnikov, G. From Memoirs [Text] / G. Melnikov // Gody Terror : livre de mémoire des victimes de la répression politique / co-composé par A. Suslov, N. Gasheva : A. Suslov, N. Gasheva. - Perm, 2000. - Ч. 2. - С. 58-77.

15. Le destin et la vie [Texte] / E. Mochilin // Années de terreur : livre de mémoire des victimes de la répression politique / co-composé par A. Suslov, N. Gasheva : A. Suslov, N. Gasheva. - Perm, 2000. - Ч. 2. - С. 121-127.

16. Narinsky A. S. Memories of the Chief Accountant of the Gulag [Texte] : (compte rendu d'un témoin oculaire des événements) / A. S. Narinsky. - SPb. Latona, 1997. - 335 c.

17. Pleshkova N. Histoire de notre vie [Texte] / N. Pleshkova // Années de terreur : livre de mémoire des victimes de la répression politique / co-comp : A. Suslov, N. Gasheva. - Perm, 2000. - Ч. 2. - С. 42-57.

18. Radzevsky N. Survived [Texte] / N. Radzevsky // Years of Terror : livre de mémoire des victimes de la répression politique / co-comp : A. Suslov, N. Gasheva. - Perm, 2000. - Ч. 2. - С. 150-153.

19. Razgon, L. Émeute à bord... Razgon L. / L. Razgon // Years of terror : livre de mémoire des victimes de la répression politique / comp : A. Suslov, N. Gasheva. - Perm, 2000. - Ч. 2. - С. 192-208.

20. Sitko L.K. Rose of the Gulag Winds : Notes of a Political Prisoner [Texte] / L.K. Sitko. - MOSCOU : BONFI, 2004. - 376 c.

21. Soljenitsyne, Archipel du goulag A. I., 1918-1956 : l'expérience de la recherche artistique. [Texte] : en 2 volumes / A. I. Soljenitsyne. - Moscou : Centre Nouveau Monde, 1991. - 2 т.

22. Soljenitsyne, A. I. dans le premier cercle [Texte] / A. I. Soljenitsyne. -

MOSCOU : INCOM NV, 1991. - 352 c.

23. Snegov, S.A. Language that hates [Text] / S.A. Snegov. - M. : Prosvet, 1991. - 251 c.

24. Smetanin, S. There were different people [Texte] / S. Smetanin // Years of Terror : livre de mémoire des victimes de la répression politique / comp : A. Suslov, N. Gasheva. - Perm, 2000. - Ч. 2. - С. 174-175.

25. Terpilovskaya, N. Through all trials [Texte] / N. Terpilovskaya // Years of Terror : book of memory of victims of political repressions / comp : A. Suslov, N. Gasheva. - Perm, 2000. - Ч. 2. - С. 109-121.

26. Felshtinsky I. Nous marchons sous escorte : récits de la vie du camp [Texte] / I. Felshtinsky. - Moscou : Maison d'édition chrétienne, 1997. - 328 c.

27. Shalamov, V.T. Shovel Artist [Texte] / V.T. Shalamov // Œuvres complètes. En 4 vol. - M., 1998. - T. 1. - С. 401-412.

28. Shalamov, V.T. Vishera : anti-roman [Texte] / V.T. Shalamov // Œuvres de collection. En 4 vol. - M., 1998. - T. 4. - С. 149-292.

29. Shalamov, V.T. Glove, or KR-2 [Texte] / V.T. Shalamov // Œuvres de collection. En 4 vol. - M., 1998. - T. 2. - С. 279-456.

Littérature

1. Abramkin, V.F. Le monde carcéral à travers les yeux des prisonniers politiques, 19401980 - e années. Abramkin V.F., Chesnokova V.F.. - Moscou : Maison d'édition ZAO Muravay, 1998. - 384 c.

2. Ayrumov A. M. Analyse de l'activité économique d'une entreprise industrielle [Texte] / A. M. Ayrumov. - Tachkent : Gosizdat. Uz d'URSS, 1959. - 199 c.

3. Akimov A. I. Le progrès technique dans l'industrie du bois et les moyens d'augmenter encore la productivité du travail [Texte] / A. I. Akimov // Questions d'économie de l'industrie du bois : recueil d'articles / éd. par A. M. Bederson. - Perm, 1959. - С. 37-51.

4. Aleksandrovsky A. P. Analysis of industrial enterprise work [Texte] / A. P. Aleksandrovsky. - M. : V/O Soyuzorguchet, 1938. - 384 c.

5. Artemyev V. P. Régime et protection de l'ITL MVD [Texte] / V. P. Artemyev.

- Munich, 1956. - 221 c.

6. Babintseva N. S., Litvyakov M. M., Savkovich O. S. // Industrialization : historical experience and modernity : an inter-university collection / S.-Peterburg State University ; edited by N. S. Babintseva [et al. - SPb., 1998. - C. 8-23.

7. Bazarov, A. Durelom ou les Gentlemen of Collective Farmers : en 2 livres. [Texte] / A. Bazarov - Kourgan : Zaurale, 1997. - 2 kn.

8. Baklanov G. I. Analyse de l'activité économique des entreprises industrielles [Texte] / G. I. Baklanov. - M. : Gosudolitizdat, 1956. - 85 c.

9. Bederson A.M., I.K. Kamashev // Les problèmes de l'économie de l'industrie forestière : articles recueillis / édité par A.M. Bederson. - Molotov, 1956. - C. 17-48.

10. Bederson A.M., Komeko S.K. Forest richesses of Molotov Region and development of logging in the fifth and sixth five-year period [Text] / A.M. Bederson, S.K. Komeko // Issues of forest industry economy : collection d'articles / édité par A.M. Bederson. - Molotov : Maison d'édition de livres, 1956. - C. 3-16.
L'histoire de l'Union soviétique est une source d'information, et l'histoire de l'Union soviétique est une source d'information, et l'histoire de l'Union soviétique est une source d'information. Opposition et représentations : procédures de la conférence scientifique. - C. 38-42.

11. Berdnikova T. B. Analyse et diagnostic de l'activité financière et économique d'une entreprise : manuel / T. B. Berdnikova. - M. : INFRA-M, 2004. - 215 c.

12. Berdinskikh, V.A. Histoire d'un camp (Vyatlag) [Texte] / V.A. Berdinskikh. - Moscou : Agraf, 2001. - 463 c.

13. Berezin, P. N. Institution AM-240 plus de 50 ans [Texte] / P. N. Berezin. - Solikamsk, 1996. - 84 c.
Blok, M. Apology of History, or The Craft of the Historian [Texte] / M. Blok ; traduit par E. M. Lysenko. - M. : Nauka, 1986. - 254 c.

14. Butenko A. P. D'où et où nous allons : le point de vue d'un philosophe sur l'histoire de l'Union soviétique. L'histoire de la société soviétique [Texte] / A. P. Butenko. - Л. Leninizdat, 1990. - 288 c.

15. Boukharine, N. I. La reconstruction socialiste et la lutte pour la technologie [Texte] / N. I. Boukharine // Boukharine N. I. Les problèmes de la théorie et de la pratique du socialisme. - M., 1989. - C. 309-330.

16. Boukharine, N. I. Économie de la période de transition [Texte] / N. I. Boukharine // Boukharine N. I. Problèmes de la théorie et de la pratique du socialisme. - M., 1989. - C. 94176.

17. Weber, M. L'éthique protestante et l'esprit du capitalisme [Texte] / M. Weber // Izbr. - M., 1990. - C. 61-272.

18. Weizman, N. R. Analyse de l'activité économique d'une entreprise industrielle [Texte] / N.R. Weizman. - M. : Gosudolitizdat, 1948. - 64 c.

19. 18 mois qui ont créé le Combinat Vishkhimz [Texte]. - Krasnovishersk, 1933. - 45 c.

20. Contribution des prisonniers du goulag à la victoire dans la Grande Guerre nationale [Texte] // Histoire nouvelle et contemporaine. - 1996. - № 5. - C. 131-150.

21. Gaidar, E.T. Anomalies de la croissance économique [Texte] / E.T. Gaidar // Soc. : en 2 vol. - M., 1997. - T. 2. - C. 278-525.

22. Gvozdkova L. I. Histoire des répressions et des camps de Staline au Kouzbass (années 30-50) [Texte] / L. I. Gvozdkova. - Kemerovo : Kuzbassvuzizdat, 1994. - 516 c.

23. Gvozdkova L. I. Forced labour : correctional labour camps in Kuzbass (30-50s) : in 2 vol. Texte] / L. I. Gvozdkova. - Kemerovo : Kuzbassvuzizdat, 1994. - 2 т.

24. Gordon L.A. Qu'est-ce que c'était ? Réflexions sur les conditions préalables et les résultats de ce qui nous est arrivé dans les années 30-40 [Texte] / L.A. Gordon, E.V. Klopov. - M. : Politizdat, 1989. - 319 c.

25. Gorcheva A. Yu. Les camps d'enfants de l'OGPU et du NKVD et la presse [Texte] / A. Yu. Université d'État de Moscou. Ser. 10, Journalisme. - 1993. - № 4. - C. 1323.

26. Gulag press (1918-1955) [Texte] / A. Gorcheva. - Moscou : maison d'édition de l'université d'État de Moscou, 1996. - 151 c.

27. Goulag : ses bâtisseurs, ses habitants et ses héros : (Russie - sur les routes du fanatisme et du martyre) [Texte] / éd. par I. Dobrovolsky. V. Dobrovolskiy. - M. ; SPb. Norma, 1998. - 176 c.

28. Goulag : Economics of Forced Labor [Texte] / ed. by L. I. Borodkin, P.

Gregory, O. V. Khlevnyuk. - M. : ROSSPAN, 2005. - 320 c.

29. The cases and fates : scientific-technical intelligentsia of the Urals in 20-30-ies [Texte] : [coll. of papers] / édité par M. E. Glavatsky, V. G. Chufarov. - Ekaterinbourg, 1993. - 121 c.

30. Detkov M. G. Le contenu de la politique punitive de l'État soviétique et sa mise en œuvre dans l'exécution de la sanction pénale sous forme d'emprisonnement dans les années trente - cinquante : monographie [Texte] / M. G. Detkov ; Rep. Institut de formation avancée des employés du ministère russe de l'Intérieur. - Domodedovo : RIPK des employés du ministère de l'intérieur de Russie, 1992. - 156 c.

31. Le système des lieux de détention dans la RSFSR et l'URSS. 1917-1930 [Texte] / M. Dzhekobson, M.B. Smirnov // Le système des camps de travail correctionnels en URSS, 1923-1960 : manuel / Société "Mémorial", Archives d'Etat de la Fédération de Russie ; [co-éditeur M.B. Smirnov ; rédacteurs scientifiques N.G. Ohotin, A.B. Roginsky]. - M., 1998. - C. 10-24.

32. Dugin A. N. Le goulag inconnu : documents et faits [Texte] / A. N. Dugin. - Moscou : Nauka, 1999. - 103 c.

33. Jouk V. I. Développement du OKB-172 [Texte] / V. I. Jouk // Mémorial de Vestnik. - SPb. 2001. - № 6. - C. 54-59.

34. Zemskov V. N. Goulag, où la victoire a été forgée [Texte] / V. N. Zemskov // Rodina. - 1991. - № 6-7. - C. 69-70.

35. Zemskov, V. N. Gulag : Historical and Sociological Aspect [Text] / V. N. Zemskov // Sotsiol. issledov. - 1991. - № 6. - C. 10-27 ; № 7. - C. 3-16.

36. Zemskov, V. N. Prisonniers, colons spéciaux, exilés et exilés : (stat.-aspect géographique) [Texte] / V. N. Zemskov // Histoire de l'URSS. - 1991. - № 5. - C. 151-165.

37. Zemskov, V. N. "Kulak exile" in the 30's [Text] / V. N. Zemskov // Sotsiol. issledov. - 1991. - № 10. - C. 3-21.

38. Zemskov, V. N. Colons spéciaux (1930-1959) [Texte] / V. N. Zemskov // La population de la Russie dans les années 1920-1950 : nombre, pertes, migrations. - M., 1994. - C. 145-194.

39. Ivanova G.M. Goulag dans le système d'État totalitaire [Texte] / G.M. Ivanova. - M. : MONF, 1997. - 227 c.

40. Ivanova G.M. Camp economy [Texte] / G.M. Ivanova // Le goulag : ses bâtisseurs, ses habitants et ses héros : (Russie - sur les routes du fanatisme et du martyre) / éd. par I. I. Dobrovolok. V. Dobrovolsky. - Moscou // SPb., 1998. - C. 28-40.

41. Ivanova L. A. 1937 dans le village (sur les matériaux de la région de Kama) [Texte] / L. A. Ivanova // Lectures d'Astaf'ev. - Perm, 2005. - Vol. 3. - C. 277-285.

42. Ivanova M. Collectivisation à Prikamye : violence sans frontières [Texte] / M. Ivanova // Années de terreur : livre de mémoire des victimes de la répression politique. - Perm, 1998. - C. 47-67.

43. Iofe V. V. "Dans le monde de deux dictatures". La Russie et l'Allemagne au XXe siècle [Texte] / V. V. Iofe // Iofe V. V. Frontières du sens : articles, discours, essais. - SPb, 2002. - C. 40-43.

44. Iofe V. V. Iofe / V. V. Iofe // Frontières du sens : articles, discours, essais. - SPb, 2002. - C. 138-148.

45. Iofe, V. V. L'effondrement du SVIRLag [Texte] / V. V. Iofe // Vestnik Memoriala. - SPb. 2001. - № 6. - C. 27-41.

46. Iofe V. V. Iofe / V. V. Iofe // Frontières du sens : articles, discours, essais. - SPb, 2002. - C. 17-27.

47. Histoire de l'Oural : un manuel pour les étudiants, les enseignants et l'auto-éducation. En 2 volumes. T. 2 : Période du socialisme [Texte] / [V.F. Popov et al.] - Perm : Maison d'édition de livres, 1977. - 542 c.

48. Histoire des représentations dans l'Oural : idéologie, politique, pratique (19171980) [Texte] : recueil d'articles des participants à la conférence scientifique "Histoire des représentations dans l'Oural" / N.-Tagil. ped. inst. - Nizhniy Tagil, 1997. - 207 c.

49. Enseignement de l'histoire : sens, contenu, nouvelles lectures : collection de textes sur la méthodologie de l'histoire [Texte] / Zapad.-Ural. - Perm : ZUUNTs, 1998. - 167 c.

50. Carr, E. H. Histoire de la Russie soviétique. [En 14 vol. : traduit de l'anglais].

Livre 1, tome 2 : La révolution bolchevique de 1917-1923 [Texte] / E. H. Carr. [Texte] / E. H. Carr. - M. : Progress, 1990. - 764 c.

51. Kelle, V. J. Theory and History [Texte] : [Problèmes du processus de la théorie de l'histoire] / V. J. Kelle. - Moscou : Politizdat, 1981. - 288 c.

52. Kimerling A. S. La politique punitive soviétique de 1945-1953 ans : énoncé du problème [Texte] / A. S. Kimerling // Lectures d'I Astafiev. - Perm, 2003. - C. 79-83.

53. Kirillov, V. M. Emergence de la législation répressive [Texte] / V. M. Kirillov // Victimes de la répression : Nijni Taguil, 1920 - 1980 / auteur-compilateur. V. M. Kirillov. - Ekaterinbourg, 1999. - C. 13-19.

54. Kirillov, V. M. Raskulachi - Réinstallation spéciale dans l'Oural [Texte] / V. M. Kirillov // Victimes de la répression : Nijni Taguil, 1920 - 1980 / auteur-compilateur. V. M. Kirillov. - Ekaterinbourg, 1999. - C. 33-37.

55. Kirillov, V. M. Histoire des répressions dans la région de Nijni Taguil dans l'Oural dans les années 1920 - début des années 1950. V. M. Kirillov. - Nizhniy Tagil : Oural, Université pédagogique d'État, 1996. - 2 ч.

56. Kiselev, V. G. Pages de l'histoire des "îles" de Perm du Goulag [Texte] / V. G. Kiselev, A. B. Suslov // Pages de l'histoire de l'Oural : collection d'articles et de documents d'information / Institut régional de Perm pour le développement professionnel des éducateurs. - Perm, 1995. - Dans. 2. - C. 94-101.

57. Klimovich, G. S. Resistance in Gulag (notes d'un ancien prisonnier) [Texte] / G. S. Klimovich // Le totalitarisme en Russie (URSS) 1917-1991. Opposition et répression : matériaux de conf. scientifique - Perm, 1998. - C. 6465.

58. Kotov V. N. Introduction à l'étude de l'histoire [Texte] / V. N. Kotov. - Kiev : Vyshcha Shkola, 1982. - 132 c.

59. Kovalev, V. V. Analyse de l'activité économique de l'entreprise : manuel [Texte] / V. V. Kovalev. - M. : Prospect, 2000. - 421 c.

60. Kodin E. "Archives de Smolensk" et la soviétique américaine [Texte] / E. Kodin ; Université pédagogique d'État de Smolensk. - Smolensk : SGPU, 1998. - 286 c.

61. Conquest, R. The Great Terror [Texte] : en 2 volumes / R. Conquest ; traduit

de l'anglais par L. Vladimirov. - Riga : Rakstnieks, 1991. - 2 т.

62. Korotayev V. I. Problème du développement du Nord européen par la répression [Texte] / V. I. Korotayev // Contribution de la répression au développement du Nord européen de la Russie et de l'Oural : documents du symposium scientifique régional, Syktyvkar, 19 octobre. 2001 / éd. par A.F. Smetanin [etc.]. - Syktyvkar, 2004. - C. 9-17.

63. Kremnev A. I. Économie de l'industrie forestière de l'URSS [Texte] / A. I. Kremnev. - Moscou : Goslesbumizdat, 1958. - 182 c.

64. Les représentations AA de Kouznetsov dans l'économie nationale pendant la Grande Guerre Patriotique [Texte] / A.A. Kouznetsov // Eve et période initiale de la Grande Guerre Patriotique, 1941-1945. Materials of scientific-conf., 22 juin 2001 / ed. V. G. Svetlakov. - Perm, 2001. - C. 40-45.

65. Kouznetsov A.A., Konstantinov A.A. Unités militaires pénales pendant la Grande Guerre Patriotique [Texte] / A.A. Kouznetsov, A.A. Konstantinov // Eve et période initiale de la Grande Guerre Patriotique, 1941-1945. Materials of scientific-conf., 22 juin 2001 / ed. V. G. Svetlakov. - Perm, 2001. - C. 23-29.

66. Kustyshev A. N. Européen au nord de la Russie dans la politique répressive du XXe siècle [Texte] / A. N. Kustyshev. - Ukhta : UGTU, 2003. - 127 c.

67. Kustishev, A. N. Gulag prisoners' attitude to labour : semantic aspect of the problem [Text] / A. N. Kustishev // Problems of material and spiritual culture of peoples of Russia and foreign countries : proceedings of V All-Russian scientific conference of students and post-graduate students, 28-29 March 1997 - Syktyvkar, 1997. - C. 100-101.

68. La paysannerie AA Kurenishev, la NEP et la modernisation de l'économie et des relations sociales de l'URSS (fin des années 1920 - début des années 1930) [Texte] / A.A. Kurenishev // Lectures d'Astafiev. - Perm, 2005. - Vol. 3. - C. 307-311.

69. Kruk N.S. Matériaux pour l'histoire du OKB-172 [Texte] / N.S. Kruk // Vestnik Memoriala. - SPb. 2001. - № 6. - C. 59-101.

70. Kruk, N.S. Armes de la victoire [Texte] / N.S. Kruk // Vestnik Memoriala. - SPb., 2001. - № 6. - C. 46-54.

71. Lavrenti Beria. 1953 : transcription du plénum de juillet du Comité central du PCUS et autres documents. [Texte] / co-complété par : V. Naumov, Yu. - Moscou : Fondation internationale pour la démocratie, 1999. - 509 c.

72. Lebed, A. Transport significance of USSR hydraulic structures [Texte] / A. Lebed, B. Yakovlev. - Munich, 1954. - 180 c.

73. Leibovich, O. L. Modernisation en Russie : vers une méthodologie d'étude de l'histoire russe moderne [Texte] / O. L. Leibovich ; Centre académique et scientifique Zap.-Ural. - Perm : ZUUNTs, 1996. - 157 c.

74. Lénine, V.I. Discours lors de la réunion du Présidium du Soviet suprême de l'économie nationale le 1er avril 1918. Texte] / V. I. Lénine // Œuvres complètes. en 55 vol. - ed. 5-e. - M., 1962. - T. 36. - C. 212-213.

75. Lénine, V.I. Version initiale de l'article "Tâches prioritaires du pouvoir soviétique". Texte] / V. I. Lénine // Œuvres complètes. en 55 vol. - ed. 5-e. - M., 1962. - T. 36. - C. 127-164.

76. Marx, K. Œuvres choisies. En 9 vol. T. 7 : Capital : Critique de l'économie politique. T. 1, livre 1 : Le processus de production du capital / Marx, Engels. - Moscou : Politizdat, 1987. - 811 c.

77. La région de l'exil : particularités de la formation et du développement du système de colonisation dans les années 1930-1950. La région de l'exil : particularités de la formation et du développement du système de colonisation dans les années 1930-1950 (basé sur les régions de l'Oural et du Nord) / L. N. Mazur // Contribution des refoulés au développement du Nord européen de la Russie et de l'Oural : documents du symposium scientifique régional, Syktyvkar, 19 octobre 2001. 2001 / éd. par A.F. Smetanin [etc.]. - Syktyvkar, 2004. - C. 34-43.

78. Makurov, V. G. Le rôle du goulag dans le développement industriel de la Carélie. 1920-1930s. Texte] / V. G. Makurov // Contribution du réprimé au développement du Nord européen de la Russie et de l'Oural : documents du symposium scientifique régional, Syktyvkar, 19 octobre. 2001 / éd. par A.F. Smetanin [etc.]. - Syktyvkar, 2004. - C. 128-136.

79. Maksimova L.A. Population refoulée et développement de l'industrie [Texte] /

L.A. Maksimova // Contribution des refoulés au développement du Nord européen de la Russie et de l'Oural : documents du symposium scientifique régional, Syktyvkar, 19 octobre. 2001 / éd. par A.F. Smetanin [etc.]. - Syktyvkar, 2004. - C. 136-147.

80. Maksimova L.A. Stalin's camps and development of the European North-East [Texte] / L.A. Maksimova // Essais sur l'histoire des répressions politiques à Komi / I.L. Zherebtsov [etc.] ; Komi Charity public fund of victims of political repressions "Penance". - Syktyvkar. 2006. - C. 109-182.

81. Manevich V. E. Economic discussions of the 20-s [Text] / V. E. Manevich. - M. : Économie, 1989. - 142 c.

82. Mau, V. Réformes et dogmes, 1914-1929. Essais sur l'histoire du système économique du totalitarisme soviétique [Texte] / V. Mau. - M. : Delo, 1993. - 254 c.

83. Medushevskaya O. M. Source study : theory, history and method [Text] / O. M. Medushevskaya ; Russian State Humanities University. - M. : Institut humanitaire d'État, 1996. - 80 c.

84. Le mythe de la stagnation : [Vie sociale et économique de l'URSS avant la perestroïka] [Texte] / co-comp. E. Nikanorova B., Prokhvatilova S. A. - Л. Lenizdat, 1991. - 478 c.

85. Morozov N. A. Gulag in Komi Krai, 1929 - 1956 [Texte] / N. A. Morozov ; Université d'État de Syktyvkar. - Syktyvkar : SSU, 1997. - 190 c.

86. Le premier est le premier, mais le second est le second, le second est le second, le premier est le second. Oppositions et répressions : les travaux de la conférence scientifique. - C. 66-68.

87. Morozov F. N. Analyse économique de l'efficacité de la production de bois [Texte] / F. N. Morozov. - M. : Les. promyshlennost', 1978. - 135 c.

88. Motylev, V. E. Problème du rythme de développement de l'URSS [Texte] / V. E. Motylev. - M. : Académie communiste, 1929. - 172 c.

89. La population de la Russie au XXe siècle : essais historiques. En 3 vol. T. 1 [Texte] / RAS, Département d'histoire, Conseil scientifique de démographie historique et de géographie historique, Institut d'histoire russe ; Rédacteur en chef Yu. - M. : ROSSPAN, 2000. - 463 c.

90. Nachapkin, M. N. Labour legislation in prewar, military periods, and its impact on the lives of workers and peasants [Texte] / M. N. Nachapkin // L'Oural dans l'histoire militaire de la Russie : traditions et modernité : documents de la conférence scientifique internationale - Ekaterinbourg, 2003. - C. 87-90.

91. Nakhapetov B.A. To the History of Gulag Sanitary Service [Texte] / B.A. Nakhapetov // Vopros historii. - 2001. - № 6. - C. 126-136.

92. "Sur la mécanisation de l'exploitation forestière, le développement de nouvelles zones forestières et la création des conditions nécessaires à la consolidation des travailleurs et des ingénieurs et du personnel technique du ministère de l'Industrie forestière de l'URSS (extrait) [Texte] : Décret du Conseil des ministres de l'URSS du 08.08.1947 // Décisions du Parti et du gouvernement sur les questions économiques : en 5 vol. - M., 1968. - T. 3. - C. 436-447.

93. "Sur l'augmentation des taux de mécanisation de l'exploitation forestière et des travaux de coupe et sur l'augmentation de la productivité des travailleurs employés dans l'industrie du bois" [Texte] : Résolution du Conseil des ministres de l'URSS du 26.04.1949 // Décisions du parti et du gouvernement sur les questions économiques : en 5 vol. - M., 1968. - T. 3. - C. 578-589.

94. Ozernikova T. Coercition au travail dans une économie de transition [Texte] / T. Ozernikova // Vopros ekonom - 2003. - № 9. - C. 100-110.

95. Orlov A. F. We are Aggregators : Essais sur l'histoire de l'Association de production de granulats de Perm nommée d'après M. I. Kalinin : docs, souvenirs, interviews [Texte] / A. F. Orlov. - Perm : B. &, 1990. - 206 c.

96. Osokina E. Derrière la façade de "l'abondance de Staline". Distribution et marché de l'approvisionnement de la population dans les années d'industrialisation 1927-1941 [Texte] / E. Osokina ; RAS, Institut d'histoire russe. - M. : ROSSPENS, 1998. - 272 c.

97. Pazhyt, Yu. Conditions de vie des prisonniers dans les camps de la région de Sverdlovsk pendant la guerre [Texte] / Yu. Pazhyt // L'Oural en 1941-1945 : économie et culture de la guerre : au 60e anniversaire de la Victoire de l'URSS dans la Grande Guerre nationale : documents d'un séminaire scientifique régional. - Tcheliabinsk,

2005. - C. 135-145.

98. Petrov, N. V. Qui a dirigé le NKVD, 1934-1941 : handbook [Texte] / N. V. Petrov, K. V. Skorkin ; édité par N. G. Okhotin, A. B. Roginsky ; Memorial Society [et autres]. - Moscou : Zvenia, 1999. - 503 c.

99. Plotnikova I. K. Le destin de l'intelligentsia technique à l'époque du totalitarisme : Stepan Pavlovitch Solyakov (1911-1978) [Texte] / I. K. Plotnikova // Lectures d'Astafiev. - Perm, 2004. - Dehors. 2. - C. 201-204.

100. Prikam'e. Century XX : textbook / L. A. Obukhov [et al]. - Perm : Le monde du livre, 1999. - 365 c.

101. La science déprimée [Texte] : [collection]. Vol. 1 / Académie des sciences de l'URSS, Institut d'histoire naturelle et de technologie, branche de Leningrad ; co-comp. A. I. Melua, V. M. Orel. - Л. Nauka. Branche de Leningrad, 1991. - 559 c.

102. La science déprimée [Texte] : [collection]. Vol. 2 / Ros. Acad. des Sciences, branche de S.-Pétersbourg. Institut d'histoire de l'ingénierie et de l'histoire naturelle ; sous la direction de M.G. Yaroshevsky. - SPb. Nauka, 1994. - 320 c.

103. Rintel, M. Ya. Fournir aux lespromkhozes un personnel permanent qualifié [Texte] / M. Ya. Rintel // Quelques questions économiques sur le développement de l'industrie forestière pendant la construction communiste : articles recueillis / Ural. lesotechn. inst. - Sverdlovsk, 1963. - C. 70-104.

104. Manuel de Rossi J. sur le goulag : en 2 parties. [Texte] / J. Rossi. - M. : Prosvet, 1991. - 2 ч.

105. Rubinov, M. V. Formation et développement du système pénitentiaire soviétique. 1918-1934. La formation et le développement du système pénitentiaire soviétique en 1918-1934 (sur les matériaux de l'Oural). - Perm, 2000. - 350 c.

106. Rubinov, M. V. Formation du système pénitentiaire soviétique. 19181921. La formation du système pénitentiaire soviétique en 19181921 (sur les matériaux de la province de Perm) [Texte] / M. V. Rubinov // Années de terreur : un livre de mémoire des victimes des répressions politiques. - Perm, 1998. - C. 17-29.

107. Samuelson L. Estimations occidentales du potentiel militaire et économique de l'Oural, 1941-1945. L'Oural dans l'histoire militaire de la Russie : Traditions et

modernité : Actes de la Conférence scientifique internationale - Ekaterinbourg, 2003. - C. 257-260.

108. Sanukov K. N. Représentations des années 1930 contre les paysans et l'utilisation de leur travail au Goulag [Texte] / K. N. Sanukov // Contribution des réprimés au développement du Nord européen de la Russie et de l'Oural : documents du symposium scientifique régional, Syktyvkar, 19 octobre. 2001 / éd. par A.F. Smetanin [etc.]. - Syktyvkar, 2004. - C. 5-9.

109. Semyannikov, V. V. Mikhail Tanich. Lesopoloval' Usolg [Texte] / V. V. Semiannikov // Les répressions politiques dans l'histoire de la Russie : thèses de la conférence scientifique-pratique, 13 novembre 1999 - Perm, 2000. - C. 103-106.

110. Silina T. I. Sverdlovskiy rayon. Time, events, people [Texte] / T.I. Silina ; éd. par M.V. Viktorova. - Perm : Pushka, 2001. - 286 c.

111. Slavko T. I. Kulak exilé dans l'Oural, 1930-1936 [Texte] / T. I. Slavko. - Moscou : Mosgorarchive, 1995. - 174 c.

112. Smirnov, M. B. Système des lieux de détention en URSS. 1929-1960] / M. B. Smirnov, S. P. Sigachev, D. V. Shkapov // Système des camps de travail correctionnels en URSS, 1923-1960 : manuel / Société de mémoire, Archives d'État russes ; [co-rédacteur M. B. Smirnov ; rédacteurs scientifiques N. G. Okhotin, A. B. Roginsky]. - M., 1999. - C. 25-74.

113. Smykalin, A. S. Colonies et prisons en Russie soviétique [Texte] / A. S. Smykalin ; Académie de droit d'État de l'Oural. - Ekaterinbourg : Académie de droit de l'Oural, 1997. - 364 c.

114. Le système pénitentiaire de la Russie soviétique 1917 - début des années 1960. Texte] : Résumé de l'auteur de Doctorat en droit / A. S. Smykalin. - Ekaterinbourg, 1998. - 43 c.

115. Sokolov A. K. Le travail forcé dans l'économie soviétique : années 1930 - milieu des années 1950. Goulag : Économie du travail forcé (en russe) / A. K. Sokolov // Goulag : Économie du travail forcé. - M., 2005. - C. 17-66.

116. Staline, I.V. Nouvelle situation - nouvelles tâches de la construction économique [Texte] / I.V. Staline. - M. : Gosolitizdat, 1952. - 23 c.

117. Stepanov M.N., Bankovsky L.V. Perm Oblast : un essai sur le développement socio-économique [Texte] / M.N. Stepanov, L.V. Bankovsky. - Perm : Maison d'édition de livres de Perm, 1988. - 159 c.

118. Bâtiment n° 503 (1947-1953) : a doc. Matériel. Enquêter. Vyp. 1. - Krasnoyarsk : Grotesk, 2000. - 208 c.

119. Destin des dépossédés des terres spéciales dans l'Oural (1930-1936) [Texte] : un recueil de documents / co-complété par A. E. Bedel, T. I. Slavko. A. E. Bedel, T. I. Slavko. - Ekaterinbourg : Oural. Éditeur universitaire, 1994. - 228 c.

120. Suslov A. B. Sur la question du comptage des victimes des répressions politiques dans la province de Perm (1929-1953 ans) [Texte] / A. B. Suslov // Les répressions politiques dans l'histoire russe : thèses de la conférence scientifique-pratique, 13 novembre 1999 - Perm, 2000. - C. 48-52.

121. Suslov, A. B. Élément de système de la société soviétique à la fin des années 20 - au début des années 50 : le continent des spets [Texte] / A. B. Suslov // Vopros historii. - 2004. - № 3. - C. 125-134.

122. Suslov, A. B. Condamné spécial dans la région de Perm (1929-1953) [Texte] / A. B. Suslov // Années de terreur : Livre de la mémoire des victimes des représentations politiques. - Perm, 1998. - C. 169-229.

123. Suslov, A. B. Concentration spéciale dans la région de Perm (1929-1953) [Texte] / A. B. Suslov ; Université d'Etat de l'Oural, Institut pédagogique d'Etat de Perm. - Ekaterinbourg ; Perm, 2003. - 383 c.

124. Tatur, S. Fondements de l'analyse économique des entreprises [Texte] / S. Tatur. - Moscou : Mosk. rabochiy, 1956. - 300 c.

125. Tiunov, V. Les plans quinquennaux industriels de l'Oural occidental [Texte] / V. Tiunov. - Perm : Perm. kn. izdvol, 1977. - 514 c.

126. Les auteurs de l'article sont d'avis que la production industrielle de Komi dans les années 1920-1980 du XXe siècle est un facteur très important dans le développement de la République de Komi. Les auteurs n'ont pas connaissance du fait que la République de Komi fait partie du Nord européen et de l'Oural : documents du symposium scientifique régional, Syktyvkar, 19 octobre 2001 / ed. 2001 / éd. par A.F. Smetanin

[etc.]. - Syktyvkar, 2004. - C. 154-162.

127. 37ème dans l'Oural : [sur les victimes des répressions de Staline : collection] [Texte] / ed. L. G. Adamova. - Sverdlovsk : maison d'édition Sred.-Ural., 1990. - 320 c.

128. Trotsky, L. Révolution trahie [Texte] / L. Trotsky. - Moscou : NII Kultura, 1991. - 256 c.

129. Tryakhov V. N. Goulag et guerre : la vérité brutale des documents [Texte] / V. N. Tryakhov. - Perm : Canon, 2005. - 399 c.

130. Uvarova N.A. Camp méthode de développement des territoires du nord. Le problème de l'efficacité [Texte] / N.A. Uvarova, L.A. Maksimova // Contribution des refoulés au développement du Nord européen de la Russie et de l'Oural : documents du symposium scientifique régional, Syktyvkar, 19 octobre. 2001 / éd. par A.F. Smetanin [etc.]. - Syktyvkar, 2004. - C. 162-164.

131. Criminal-executive law of Russia : theory, legislation, international standards, domestic practice of late XIX - early twentieth century [Texte] : textbook for universities / M. G. Detkov [et al] ; ed. by A. I. Zubkov. - M. : Norma : INFRA-M, 2002. - 699 c.

132. Ural - to the front [Text] / P.G. Agaryshev [etc.] ; éd. par A.V. Mitrofanova. - Moscou : économie, 1985. - 344 c.

133. Feldman, M. A. On the degree of readiness of Ural industry to the Great Patriotic War [Texte] / M. A. Feldman // L'Oural dans l'histoire militaire russe : traditions et modernité : documents de la Conférence scientifique internationale - Ekaterinbourg, 2003. - C. 159-160.

134. Fitzpatrick, les paysans de S. Staline. Histoire sociale de la Russie soviétique dans les années 30 : le village [Texte] / S. Fitzpatrick ; traduit de l'anglais par L. Yu. - M. : ROSSPAN, 2001. - 424 c.

135. Fliege, I. Fact and event in Gulag biographies : interpretations in sources [Text] / I. Fliege // Right to the name : biographies du XXe siècle : méthode de biogr. en sciences sociales et historiques : lectures à la mémoire de Veniamin Iofe, 18-19 avril 2003 : [une collection de rapports]. - SPb., 2004. - C. 63-75.

136. Harrison, M. Production soviétique 1941-1945. Pour une réévaluation [Texte]

/ M. Harrison // La Russie au XXe siècle. - M., 1994. - C. 492-501.

137. Khlevnyuk O. Le travail forcé dans l'économie de l'URSS 1929-1941. Texte] / O. Khlevnyuk // Svobodnaya mysl. - 1992. - № 13. - C. 73-84.

138. L'économie de l'OGPU-NKVD-MVD de l'URSS en 1930-1953. The Gulag : Economics of Forced Labor / ed. by L. I. Borodkin, P. Gregory, O. V. Khlevnyuk. - M., 2005. - C. 67-89.

139. Les paradoxes de la prison [Texte] / G.F. Khokhryakov. - Moscou : Jurid. lit., 1991. - 224 c.

140. Tsakunov S. V. Dans le labyrinthe de la doctrine : à partir de l'expérience du développement du cours économique du pays dans les années 1920. Tsakunov S.V. ; Association pour l'étude de la société russe au XXE siècle. - M. : Centre d'édition "Jeune Russie", 1994. - 186 c.

141. Tchernykh A. Formation de la Russie soviétique : les années 20 dans le miroir de la sociologie [Texte] / A. Tchernykh. - Moscou : Monuments de la pensée historique, 1998. - 283 c.

142. Chupriyanov V. I. Chermozsky zavod. Faits, moments et événements (17611956) [Texte] / V. I. Chupriyanov ; ed. A. Zelenin, N. Zenkova. - Perm : Canon, 2001. - 303 c.

143. Shcherbakova I.L. Mémoire du goulag. L'expérience de l'étude des mémoires et des témoignages oraux d'anciens détenus [Texte] / I. L. Shcherbakova // Siècle de mémoire, mémoire du siècle : l'expérience du traitement du passé au XXe siècle : recueil d'articles / Tcheliab. branche de la Société russe d'histoire intellectuelle ; rédacteur : I. V. Narskii [et autres]. - Tcheliabinsk : Ceinture de pierre, 2004. - C. 168-186.

144. Shabalin, V. "Les saboteurs n'ont pas toujours mal travaillé" [Texte] / V. Shabalin // Years of Terror : livre de mémoire des victimes de la répression politique. - Perm, 1998. - C. 109-116.

145. Shmyrov V. A. To the Problem of Gulag (Vishlag) Formation [Texte] / V. A. Shmyrov // Years of Terror : livre de mémoire des victimes de la répression politique. - Perm, 1998. - C. 70-90.

146. Statistiques économiques : manuel / édité par M.I. Leshchinskiy, N.N.

Ryauzov. - M. : Statistiques, 1971. - 439 c.

147. Iouzefovitch, A. N. Unité spéciale de construction et de montage n° 29 à la veille et pendant la Grande Guerre patriotique [Texte] / A. N. Iouzefovitch ; Ministère de l'éducation et des sciences de la Fédération de Russie, Université technique d'État de Perm, Ros. Acad. des sciences. - Perm : Université technique d'État de Perm, 2004. - 171 c.

148. Yozefovich, A. N. Builders-Heroes - "clients" du Goulag [Texte] / A. N. Yozefovich // Les répressions politiques dans l'histoire russe : thèses de la conférence scientifique - Perm, 2000. - C. 65-68.

149. Junge, M. How terror became "big" : secret order № 00447 and technology of its execution [Text] / M. Junge, R. Binner. - M. : Amiral Ushakov, 2003. - 352 c.

150. Yakovlev, B. Les camps de concentration de l'URSS [Texte] / B. Yakovlev. - Londres : Zarya, 1983. - 253 c.